길 위에서 만나는
신로의
즐거움

길 위에서 만나는
신뢰의
즐거움

알폰소 링기스 지음 / 김창규 옮김

오늘의책

차 례

머리말 _ 6

Ⅰ

Ⅱ

Ⅲ

아라오유안 _ 17   옛 병원 _ 81   타이푼 _ 89

노리아의 노래 _ 31   상파울루 _ 103

파사드 _ 37   남자 _ 106

미지의 지성 _ 53   편지 _ 119

고리들 _ 61   순수의 노래 _ 123

아디스아바바 _ 140

사랑 중독자 _ 143

IV

이해 _ 171

무시무시하고 신비로운 연회 _ 187

소멸했던 종교의 회귀 _ 200

랄리벨라 _ 216

부두 _ 222

탈주 _ 237

V

침묵 _ 259

미주 _ 267

머리말

　우림을 걷다 보면 난을 만나게 된다. 난은 떨리는 꽃잎을 펼치며 곡선을 자랑하고, 아무런 조건도 없이 자신만의 색조와 광채로 우리의 눈을 황홀함으로 채워준다. 난에 대해 완벽히 묘사해 놓은 글을 읽어 봤다 해도 눈으로 직접 보는 순간 그것은 충격이고 놀라움이며 새로운 발견이다.

　우리는 남극지방의 해안 절벽에 자리를 잡고 펭귄이 서식지를 기어오르면서 자기 새끼를 구별해내는 광경을 관찰한다. 바다로 내려가 보면 다양한 수심에 따라, 혹은 산호초 속 여기저기에 모여 사는 물고기를 볼 수 있다.

　커다란 고래가 새처럼 노래한다는 사실을 생물학자들이 밝혀낸 것은 최근의 일이다. 고래의 노래는 공기 중으로 나오지 않고 수면 아래에서만 전파되기 때문이다. 현대 녹음 기술을 이용하면 그 노래를 음반에 실어 넣을 수도 있어 우리는 거실에 앉아서 공기를 매개삼아 고래들의 향연을 즐길 수 있다. 하지만 그보다는 바닷속으로 들어가 고래와 함께 그들의 노래에 몸을 담가보는 게 훨씬 멋질 것이다. 우리 신체를 이루는 물질의 대부분이 물이기 때문에 가능한 일이다.

고대 도시에 관한 것들은 이제 폐허 속에 잠들어 있다. 신들은 오래전 인간의 기억 저편으로 사라졌지만 그들을 모시는 사원은 문화재로 보호받으며 세부에 이르기까지 복원되었다. 우리는 책과 비디오테이프의 글과 그림을 통해서만 그런 신이나 사원을 알 뿐이다. 하지만 폐허 속 돌 틈 사이를 거닐면 비록 오랜 시간이 지났어도 여전히 남아 있는 신들과 신성함을 접하게 된다. 그것은 충격이자 놀라움이며 새로운 발견이다.

대규모 서식지에 사는 펭귄들은 성문聲紋을 이용해서 수천 마리의 펭귄들 가운데 자신의 새끼를 가려낸다. 우리는 숲 속의 새들을 눈으로 보지 않고도 노랫소리로 구분할 수 있다. 하지만 우리와 같은 인간 종이 살고 있는 외국에 나가게 되면 그 공간을 채우고 있는 낯선 언어 때문에 눈앞이 흐려져서 눈에 보이는 것과 그들이 거주하는 공간을 제대로 바라보지 못한다. 설사 언어를 이해할 수 있다 해도 사정이 달라질 게 없다. 그들의 외모나 얼굴 윤곽, 피부색과 복장이 이국적으로 보이는 것이 단지 그들의 말을 알아들을 수 없기 때문일까?

게다가 어떤 누군가와 일대일로 대면하고 이야기를 나눌 때면 그가 한 사람의 개인으로서 말하는 것이 아니라 그의 성별, 가족, 계급, 교육, 문화, 경제적·정치적인 이익, 무의식적인 동기 등에 따르는 목소리를 낸다는 사실을 잊지 말라고 배워왔다. 또한 그 순간의 육체적 건강이나 각성 상태에 따라 많은 차이를 만들어낸다는 사실도 알고 있다. 상대방을 알려고 노력하는 일은 결국 이 모든 층을 파악한다는 것이고, 그런 노력은 또 다른 노력을 불러들여 결과적으로 점점 더 단편적이고 피상적인 지식만 쌓이게 된다.

오늘날 그와 관련된 것들을 다루는 전문가들은 과거의 전문적인 노력이 얼마나 피상적이고 얼마나 잘못된 사실로 인도했는지를 밝히는 책을 쓰고 있다. 제국주의적인 관점이나 기독교적 관점, 빅토리아 시대풍의 관점, 낭만적인 관점, 오리엔탈리즘적 관점에서 나온 우화를 만들어낸 사람들은 사실 고향을 떠나 머나먼 곳을 사랑하게 되어 결혼까지 하고 결국 돌아가지 않은 사람들이다. 실증주의자나 프로이드 학파나 막시스트들의 우화는 구세대 문화 인류학자들의 것이고, 이성주의자나 구조주의 비평가나 포스트모던의 우화는 현 세대의 것이다.

사람들을 만나다 보면 그들이 나 자신을 보는 것이 아니라 나의 사회적 지위나 몸동작, 복장, 그리고 머리 모양 등을 상대하고 있다는 사실을 너무나 자주 깨닫는다. 그들이 인식하는 것은 미국인 교수일 때도 있고, 고급 식당의 잘 차려 입은 손님일 때도 있다. 하지만 그들이 보는 이미지 속에는 진정으로 생각하고 자유 의지에 따라 움직이는 나 자신은 따로 있는 것이다.

형식적으로 알고 있던 사람이 다가와서 진정한 나와 접촉하는 경우가 없는 것은 아니다. 이때의 나란 진정한 그 무엇, 나의 핵심이다. 어떤 힘이 일반적으로 통용되던 외형을 꿰뚫고 들어와 진짜 나를 붙잡는 경우는 매일같이 발생한다. "이봐요, 당신!", "어이, 알!" 이런 말들이 날아와 나를 곧바로 치고 들어오며 내 멱살을 움켜잡는 것은 참으로 놀라운 일이다. 이런 현상은 이론으로는 설명할 수 없다. 누군가가 나에게 곧장 흥미를 느끼고 무언가를 요구해온다. 그때 사용하는 말들은 직업이나 사회적 지위, 외모나 말로 설명 가능한 형태를 모두 건너뛰어 나의 핵심을 온전하게, 곧바로 가리킨다. 내가 혼잣말로 의문을 품고 거기에 대답할 때에도 바로 그런 현상이 벌어진다는 것을 알 수 있다.

　우리가 매일같이 마주하는 사람들은 상호 간에 잘 정의되고 인가받은 행동이 모여 설립된 사회 체계에서 일정한 위치를 차지하고 있다. 우리는 정해진 일정표대로 움직이는 버스 운전사에게 의지해 살고, 은행 직원이 대출용 담보 등급을 제대로 정해줄 것이라고 간주한다. 우리가 그들을 신임하는 것은 교통 체계나 상업 체계에 대한 지식이 있기 때문에 가능한 일이다.

　반면 누군가를 신뢰한다는 것은 알고 있는 지식을 넘어서서 진정한 그에게 의지하는 것이다. 여러 외과의와 내 몸 상태에 대해 상담하다 보면 나는 그 사람들이 최신 외과 지식과 기술을 대변한다고 확신하게 된다. 하지만 나를 수술해줄 한 사람의 외과의를 고를 경우 내 신뢰는 그런 수준을 넘어서 하나의 실재적 개인과 연결된다. 그 의사의

식견이나 동기를 알 수 없음에도 그렇다. 그 의사가 무지하거나 부적격하거나 정직하지 못하거나 악의를 품고 있을 가능성이 있음에도 그렇다.

고향과 공동체를 떠나 한동안 먼 곳에서 지내는 경우를 생각해보자. 그때 우리는 매일 낯선 사람을 신뢰하게 된다. 그 사람과 핏줄로 이어져 있지 않은 것은 물론 신념이나 공동체를 공유하지도 않고 계약으로 묶여 있지도 않다. 그 사람이 무슨 말을 하는지도 모르고, 그가 어떤 가족이나 부족의 일원인지도 모르며 그가 사는 마을의 위치도, 그가 사회와 자연과 우주 속에서 어떤 부문을 대변하고 있는지도 모르면서 그를 신뢰한다. 그의 말이나 몸짓도 이해 못하고, 목적이나 동기도 파악할 수 없다. 하지만 그때 발생하는 신뢰라는 것은 사회적으로 잘 정의되어 있는 행동으로 이루어 놓은 공간을 건너뛰어 그 자리에 당신과 함께 있는 진짜 개인과 곧바로 접촉하는 것이다.

일단 누군가를 신뢰하기로 마음먹으면 우리의 정신 속으로 평안함 뿐 아니라 자극과 흥분이 파고 들어온다. 신뢰란 다른 생명체와 맺어지는 관계 가운데 가장 큰 기쁨을 준다. 하지만 누군가와 함께하는 즐거움을 누릴 때면 위험이라는 요소와 함께 신뢰도 생겨나며, 그 결과 즐거움은 환희의 경계를 향해 치닫게 되는 것 또한 사실이다.

공포를 느낀다는 것은 위험하고 파괴적인 힘을 인식한다는 뜻이기도 하고, 누군가가 다가오거나 저 앞 어딘가에서 어슬렁거리고 있다는 것을 인식한다는 뜻이기도 하다. 상상력에 의해 위험의 존재감은 더욱 크게 부풀려지고, 그 결과 공포감은 깊어간다. 우리는 그런 위험이 비현실적이라는 것을 밝힘으로써, 그리고 앞으로 닥쳐올 일을 효과적이고 확실하게 처리할 수 있는 지식과 도구와 능력을 동원함으로써 공포심을 약화시킨다. 죽음이란 먼 미래의 일이고 현실이 아니며 잠이나 일종의 변화 같은 것이라고 생각하다가도 그것이 깨지는 순간 죽음 그 자체와 직면한다.

죽음에 직면하면 무엇이 보이는가? 죽음은 나라는 존재의 배경이 되는 것들은 완전히 지워버리고 나의 개별적 존재를 돌이킬 수 없는 상태로 소멸시켜버린다. 거기에 있는 것은 오직 끝없는 부정不定의 심연이며 무無 그 자체이다. 그 심연은 불안정해 보이는 모든 길 아래에서, 부서지거나 잘못 작동할 수 있는 모든 행동 수단의 아래에서 커다란 입을 벌리고 있다. 존재의 핵심은 늘 불안으로 고동치고 있으며, 바로 그렇기 때문에 심연은 우리 코앞에 닥쳐와 있는 것이다. 하지만 우리 앞에 죽음이 등장하면 우리 자신의 깊은 곳 어딘가에서 용기가 솟아오른다. 본연의 죽음이 다가올 때 우리를 의연하게 만들고 정신을 맑게 해주는 것이 용기라는 이름의 힘이다.

용기와 신뢰는 공통점이 있다. 용기와 신뢰는 심상이나 개념을 대하는 태도의 한 종류가 아니다. 용기는 우리의 예상, 기대, 희망이 산산이 부서질 때 솟아올라서 단단해지는 힘이다. 솟아오른 용기는 자리를 잡고 제 힘으로 자라난다. 그리고 신뢰란 죽음만큼이나 동기를 짐작할 수 없는 어떤 인물에게 의지하게 만드는 힘이다. 낯선 이를 신뢰하려면 용기가 필요하다. 독립적으로 존재하고 있는 대상을 신뢰한다는 것은 흥분되는 일이다. 신뢰와 용기가 불어넣어 주는 흥분은 서로 구분하기가 어렵다.

웃음과 성적인 매력 또한 심상이나 개념을 꿰뚫고 오가는 힘이다. 웃음은 대화 도중에 돌발적으로 모순이 발생하거나, 의미가 어긋나거나, 어색하고 서투른 노력이 목격되거나, 공들여 달성하려던 목표가 사라질 때 터져 나온다. 대폭소란 활동에 추진력과 기술을 제공하던 과거가 단절되는 순간에 터지고, 말과 행동에 의미와 목적을 제공하던 미래와의 연결이 끊어지는 순간 터져 나온다. 그 순간에 남는 것은 현재뿐, 그리고 발가벗겨져 무의미해진 사물과 격렬한 몸짓이다. 그리고 웃는 사람의 과도한 에너지가 남을 뿐이다. 그 에너지는 적나라하게 드러난 본질에 부딪혀 튕겨 나오면서 폭소의 원동력이 된다.

웃음에는 전염성이 있다. 웃음은 개개인의 경계를 관통하는 힘이다. 혹독한 현장 조사에 대비해 헬스클럽에서 1년 동안 운동을 한 인류학자가 강에 놓인 통나무 위를 대담하게 걷는 모습을 떠올려보라. 통나무 중간쯤에서 미끄러진 그는 한손에는 비디오카메라를 든 채 다른 손으로 통나무를 잡으려다가 지저분한 물속으로 굴러떨어진다. 흙탕물이 흘러내리는 카메라를 높이 치켜든 채 얼굴을 들어보니 비위를 맞춰가며 연구대상으로 삼으려 하던 원주민들 사이로 웃음의 물결이 퍼져 나간다. 인류학자는 전파되는 웃음의 힘을 통해 원주민들의 현실적인 존재와 직접성을 느낀다. 그는 원주민들과 함께, 그들처럼 유쾌하게 웃는다.

성적인 충동은 치장과 가장이라는 기교를 통해 야기된다. 관능성은 화려하고 짙은 색상의 의상과 맨살 위에서 반짝거리는 유리와 금속 장신구로 인해 자극을 받는다. 무언가를 암시하며 눈을 치켜뜨는 행동, 손가락을 세우고 돌리는 행동, 도발적인 자세, 외설적인 단어들은 유혹의 수단이다. 그처럼 유혹적인 겉모습과 복장에 매료되면 여러 이미지 뒤에 숨겨져 있는 익명의 동물적 육체를 관통하고픈 탐욕스러운 욕구가 튀어나온다. 성적인 갈망은 우리를 괴롭히면서 평범하고 실용적인 세계의 호소와 간구로부터 우리를 차단한다. 성적 갈망 또한 익명성을 띠며 전염되고, 우리가 서로에게 솔직하게 만들어준다. 사육제 기간에 브라질 살바도르에서 한 쌍의 남녀가 30년 전 사육제 때 바로 그곳에서의 결혼식에서 입었던 턱시도와 하얀 웨딩드레스 차림으로 춤추고 있다고 상상해보자. 이 남녀는 춤을 추면서 포옹하고 상대방의 옷을 하나씩 벗긴다. 턱시도가 벗겨지면서 남성의 나체가 드러나고, 웨딩드레스 밑에서 여성의 나체가 드러난다. 우리는 그들에게서 눈을 떼지 못하고 주위에 있는 남자와 여자, 백인과 흑인, 청년과 중장년 사이를 흐르는 공모의 물결을 느끼게 될 것이다.

이처럼 웃음과 성적인 갈망은 이미지나 개념, 사물의 이름 등을 꿰뚫고 유일한 실재와 직접 접촉한다는 점에서 용기 및 신뢰와 유사하다. 정말로 그렇다. 신뢰 안에는 용기뿐 아니라 기쁨과 유쾌함도 들어 있다. 신뢰는 위기가 닥쳤을 때 웃게 해준다. 그리고 성적인 매혹도 신뢰와 아주 흡사하다. 누군가에게 성적으로 푹 빠지면 한없이 끌려가게 되듯 무조건적인 신뢰도 마찬가지다. 역으로 신뢰에도 성적인 면이 있다. 왜냐하면 신뢰는 타인의 알 수 없는 핵심에 집착하는 맹목적인 의지가 아니기 때문이다. 신뢰는 타인의 감정 및 영향력과 연결된다. 스카이다이버가 낙하산을 건네기 위해서 자신의 뒤를 따라 낙하하는 동료에게 보이는 신뢰감에는 어딘가 성적인 면이 있다. 정글에서 길을 잃은 사람이 원주민 젊은이에게 보이는 그 신뢰감도 마찬가지다. 신뢰란 대담하면서도 아찔하고 탐욕스럽다.

아라오유안

낙타를 타고 아라오유안에 갔다가 통북투로 돌아오는 데 2주일이 걸렸다. 로빈과 켄은 그 이전에 아프리카를 떠났다. 차량을 준비한 것은 투아레그 부족인 25세의 청년 아지마였다. 아지마는 아라오유안에서 태어나 가족들과 함께 그곳에 살고 있다. 아지마는 학교 교육을 받지 않았는데도 프랑스 어가 능숙하고 영어 또한 꽤 훌륭하다. 그리고 대부분의 말리 사람들처럼 4개 국어를 모국어처럼 사용한다. 그 다음날 운전사 이자흐가 랜드 크루저를 몰고 왔다. 그는 촘촘하게 짠 하늘색 터번을 머리에 두르고 투아레그 족의 푸른색 부부를 입고 있었다. 몸집이 크고 이가 가지런한 이자흐는 프랑스 어가 유창하며 활기 넘치는 중년 남성이었다. 그는 모하메드라는 젊은이를 데려와

정비사라고 소개했다. 여행 중의 요리 담당도 모하메드였다. 가는 길에 아마두라는 이름의 중년 남자도 합류했다. 아마두는 아랍 인 같은 외모에 늘씬했으며 늘 진지하고 말이 없었다. 그가 안내 담당이었다.

우리는 차를 몰고 통북투의 모랫길을 따라 사막으로 들어갔다. 사막에는 낙타와 염소가 먹을 수 없는 가시나무와 덤불이 흩어져 있었다. 우리 일행은 모래바람을 막기 위해 눈을 제외한 얼굴 전부를 터번의 끝자락으로 감쌌다. 차는 텅 빈 하늘 아래에서 부릉거리며 모래둔덕과 구덩이를 가로질렀다. 둔덕과 모래구덩이 중에는 소금에 덮여 하얀 곳도 있었다. 때때로 마주치는 검정 구덩이는 한때 물이 있던 자리였다. 모래마루에 차바퀴가 빠지자 모하메드가 차에서 내려 바퀴에서 바람을 조금 빼냈다. 접촉면을 넓히기 위해서였다.

그로부터 몇 시간 뒤 우리는 작은 나무 근처에 차를 세웠다. 그리고 담요를 깔고 점심 식사를 준비했다. 음식은 망고와 대추야자열매, 그리고 검고 납작한 빵이었다. 나뭇가지에 불을 붙이고 양고기를 굽고 쌀도 익혔다. 나는 산책을 나섰다. 모래는 해안가에서 볼 수 있는 것처럼 노란색이고 가늘었다. 견직물의 물결무늬처럼 모래밭이 출렁거렸고 하얀 소금안개가 모래 위에서 소용돌이쳤다. 여기저기에 검정 현무암 자갈들이 깔려 있었다. 모래는 니제르와 차드와 수단이 있는 동쪽으로 한 켜 한 켜 흘러가다가 결국 홍해로 잠겨 들었다.

모래 위를 걷다 보니 처음으로 지구 표면을 걷는 듯한 생경한 느낌이었다. 350만 제곱마일에 걸쳐 펼쳐진 사하라 사막의 파도 속에 있자니 마치 내가 연못의 수면을 미끄러져 다니는 한 마리 물방개 같았다. 이곳에 오기 전에도 지구 곳곳을 걸어 다녀본 적이 있다. 그때마다 나는 빌딩이나 나보다 큰 나무에 둘러싸여 그 그림자에 묻히곤 했다. 이곳에는 나무가 뿌리를 들이밀고, 죽은 자가 묻히는 그 어두운 지하가 존재하지 않았다. 나는 모래 위에 있으며 내 밑에는 모래밖에 없었다. 여기서 죽으면 묻히느니 모래 밑이고 바람이 불어야 드러날 수 있었다.

우리가 도달한 곳에는 식물이라고는 이파리 하나 보이지 않고 오직 사막만이 펼쳐져 있었다. 인간의 관심사나 나의 개인적인 여행은 지질학적인 시간 앞에서 사라져버렸다. 그 시간은 단조로운 하늘 아래에서 이동하는 모래마루와 구덩이 위를 쓸며 늘어나고 있었다. 흘러가는 사막 위에는 지평선이 끝없이 열려 있었다. 간혹 생겨나는 사막의 샘은 지하 심층으로 흘러 들어갔으며 비가 내리는 동안 물이 고이는 검은색 웅덩이는 수백 수천 년 세월이 흘렀어도 늘 똑같은 모습으로 존재했다.

우리는 잠시 차를 멈추었다. 사람들은 밖으로 나가 모래 위에 담요를 펼치고 그 위에 엎드려서 알라를 경배했다. 그들의 머리 위에는 텅 비고 고요한 하늘이 우주적 시간을 향해 열려 있었다.

아마두가 이자흐에게 길 너머를 가리켰다. 그곳은 낙타와 함께 이동하는 투아레그의 사막 상인들, 즉 '아잘라이'가 1천 년 동안 오가던 길이었다. 아잘라이들은 낙타 한 마리에 200파운드짜리 갈색 소금판을 4개씩 싣고 다녔다. 그 소금은 타우데니에 있는 광산에서 캔 것들이다. 낙타들은 어제가 끝날 무렵, 그러니까 고작 한 시간 전에 이 부

19

근 어딘가에 발굽 자국을 남기고 갔으리라. 하지만 그 발자국들은 이미 바람에 지워진 지 오래였다. 사막에 솟아 있는 거대한 사구는 바다에서 출렁거리는 물마루만큼이나 덧없는 존재다. 태고 적부터 이어지는 이 시간 속에서는 모든 사물이 덧없을 뿐이다. 지금 여기저기 보이는 수풀들도 사막 상인들이 한 번 지나가고 나면 곧 사라질 것이 분명했다.

아마두가 가벼운 손짓으로 나아갈 방향을 지시했다. 아지마와 이자흐도 길을 알고 있지만 아마두와는 비교도 되지 않았다. 이자흐에 따르면 아마두는 머리에 지도를 넣고 다닌단다. 그의 머리에는 모리타니아와 리비아와 니제르로 향하는 보이지 않는 길까지 들어 있다고 한다. 사막 상인들은 밤이면 별에 의지해 이동한다. 별은 천공에 새겨진 이정표다. 만약 하늘이 구름에 덮여 있다면 투아레그 인들은 모래의 맛을 보고 길을 찾는다!

오후 늦은 시각에 타이어가 터졌다. 아무것도 없던 공간 속에서 한 남자가 아이를 데리고 나타났다. 그는 아이에게 열이 있다면서 아스피린이 없는지를 물었다. 다행히 가진 것이 있었다.

해가 저물 때쯤 이동을 멈추고 나뭇가지를 모았다. 이자흐가 이제는 나뭇가지를 찾기 어려울 거라고 말했다. 그는 날이 어두워진다는 사실에 별로 신경쓰지 않는 것 같았다. 밤은 정말 금세 닥쳐왔다.

아마두는 그 뒤로도 몇 시간 동안 어떤 자취도 찾을 수 없는 사막 속에서 앞길을 인도했다. 이제 사막의 차원은 한없이 줄어들어서 밤 공기 속을 가르는 헤드라이트의 불빛으로 보이는 곳만이 사막이었다. 아마두는 그 불빛이 이루는 작은 원뿔 속만을 들여다보면서 정확한 손놀림으로 이자흐를 이끌었다. 아마두는 문자 그대로 수백 킬로미터 내에 위치하는 덤불의 모양과 분포를 모조리 기억하고 있었던 것이다! 나는 아마두가 하는 행동을 머릿속에 그려보려 했으나 헛수고였다. 철학자 헤겔의 저서를 읽은 학자들 가운데 그처럼 광대한 정신 공간을 모조리 꼼꼼하게 파악한 사람은 없었으리라 생각한다. 라비 샹카르(인도의 시타르 연주가 겸 작곡가-옮긴이)도 자신이 뜻하는 바를 전달하려면 시타르로 여섯 시간짜리 라가를 작곡해야 했을 것이다.

우리는 10시쯤이 되어서야 마침내 아라오유안에 도착했다. 어둠 속으로 희미하게 이어진 벽들이 보였다. 사람들은 이자흐를 따뜻하게 맞아주었다. 그들은 이자흐와 함께 긴 환영의 기도문을 주고받은 다음 우리를 위해서 모래 위에 담요와 베개를 마련해 주었다. 그리고 20명 가량의 젊은이와 아이들이 우리를 둘러싸더니 웃으며 요란스럽게 농담을 나눴다. 그러다가 이슬람 율법학자가 오자 젊은이와 아이들은 단숨에 물러갔다.

율법학자는 숯이 담긴 작은 화로와 찻주전자를 늘어놓았다. 그리고 한참이 지난 뒤에 3개의 제식용 잔에 민트차를 담아 내주었다. 첫 번째 차는 죽음처럼 썼다. 두 번째는 삶처럼 부드러웠고 세 번째는 사랑처럼 달콤했다. 하늘에는 달이 없었다. 모래 섞인 연무가 밤을 뒤덮고 있어 별빛도 희미했다. 낮의 열기는 없었지만 모래에서 마음을 진정시키는 온기가 나와 감싸 주었고, 구름처럼 뭉쳐져 있는 환한 모래들이 바람에 의해 끊임없이 우리 쪽으로 몰려왔다.

잠에서 깨고 보니 검은 하늘이 투명해지며 황갈색 연무로 변해 있었다. 주변에는 거대한 사구들이 몰려다니고 있었다. 우묵한 모래 골짜기들 사이로 아라오유안의 납작한 방코식 건물 10채가 모래에 반쯤 묻혀 있는 게 보였다. 황톳빛 안개 사이로 백랍 원반 같은 태양이 떠올랐다. 아지마가 모래로 뒤덮인 얼굴을 씻으라고 주전자에 물을 담아 왔다. 한 소녀가 다가오더니 2개의 목걸이를 건네 주었다. 하나는 호박 조각으로 만든 것이고 다른 하나는 한때 사막에서 화폐로 쓰였던 작은 조개껍질 5개를 엮은 것이다.

우리는 율법학자 집에서 차를 마셨다. 밝은 곳에서 본 율법학자는 피부가 창백한 노인이었다. 아마도 베르베르 족의 피를 이어받은 것 같았다. 율법학자의 방은 작았다. 한쪽 구석 높은 곳에 선반이 매달려 있었고 그 위에 몇 권의 책이 있었다. 바닥에는 모래가 두텁게 쌓여 있었다. 아침밥은 모래가 섞인 쌀과 기장 주먹밥이었다. 밖에서는 10여 명의 어린이들이 나무판에 적어 둔 코란 구절을 배우고 있었다.

아라오유안은 통북투보다 오래 된 지방이다. 수많은 옛 방코식 건물들이 발 밑 모래 속에 묻혀 있었다. 아라오유안은 통북투와 타우데니에 있는 소금광산의 중간 지역으로 지금은 아잘라이들이 하룻밤 묵고 가는 숙소로서의 역할을 하고 있다. 하지만 아라오유안은 성스러운 장소이기도 하다. 율법학자들은 아라오유안으로 와서 이곳에 살고 있는 성자를 연구했다. 우리가 만난 율법학자도 이전에 머물던 성자에 대한 연구를 마쳤다고 했다.

아라오유안의 이슬람은 그야말로 초기 모습 그대로였다. 그때의 이슬람은 코란과 기도와 금식으로 이루어져 있었으며, 단순했고, 영원히 존재하는 모래와 하늘의 공허함과 함께했다. 신성함이란 정말로 존재했으며 하찮은 것이라고는 단 하나도 없었다.

이자흐가 다르 탈렉에 데려가 주겠다고 말했다. 탈렉은 모래에 뒤덮였다가 바람 덕분에 다시 모습을 드러낸 고대 마을이다. 이자흐에 따르면 1962년 이곳을 다녀간 고고학자들은 다르 탈렉의 연대를 서기 3세기로 추정했고, 도자기와 유물을 수집한 다음 떠났다. 그들의 작업 현장은 모래에 뒤덮였지만 커다란 건물이나 10여 채의 모스크 벽이 모래 표면에 하얀 등성이를 만들고 있었기 때문에 마치 미래 도시의 축약도처럼 보였다. 식물은 하나도 남아 있지 않았다. 다르 탈렉의 수원이 오래 전에 묻혀버렸기 때문이다.

우리는 되돌아왔다. 나는 염생초塩生草가 너무나 희귀하다는 사실에 놀랐고 지난밤 아마두가 길도 없는 수백 킬로미터의 지역에서 우리를 인도했다는 사실에 새삼 놀랐다.

우리는 두 번 이동을 멈추고 우물에서 물을 보충했다. 낙타와 염소와 양떼도 우물에서 물을 마셨다. 우물은 무척이나 깊었다. 긴 밧줄에 가죽주머니를 매달고 우물로 떨어뜨린 다음 낙타를 몰아서 밧줄을 잡아당기면 물이 가득 찬 주머니가 올라왔다. 그러면 사람이 물주머니를 뒤집어서 여물통에 물을 붓는다. 염소떼와 양떼가 몇 개의 무리로 뭉쳐서 가톨릭 기숙학교 아이들처럼 순서를 기다리고 있었다. 저절로 감탄사가 터져 나오는 광경이었다.

두 번째 우물에서는 양을 한 마리 샀다. 아마두는 투아레그 사람이라면 누구나 허리춤에 차고 다니는 칼을 꺼내서 양의 목을 땄다. 목잘린 닭처럼 양의 몸이 발작적으로 경련하는 모습에 속이 메슥거렸다. 경련이 멈춘 양의 몸을 차 앞쪽에 매단 후 다시 출발했다.

예비 타이어가 부딪치는 바람에 차 뒷유리가 깨졌다. 차를 살펴보던 이자흐가 크게 웃음을 웃고는 다시 차를 몰았다. 정오에 이동을 멈추자 모하메드와 아마두가 양의 가죽을 벗기고 한 냄비에 들어갈 만큼 고기를 자른 후 모닥불을 피워 끓였다.

우리는 계속 차를 몰았다. 모두가 똑같이 생긴 사구 하나를 넘고 나니 갑자기 통북투가 눈앞에 나타났다. 그리고 그 위로 고요한 사막 안개가 머물러 있었다.

아라오유안의 율법학자는 메모판을 가지고 있었다. 마을 아이들이 학습용으로 구입하는 것과 같은 메모판이다. 방문객들은 그 메모판에 자신들이 받은 인상을 남겨 놓았다. 군인과 공무원들은 그곳에 도착하게 해주어 감사하며 경외심을 느꼈노라며 미사여구를 적어 놓았다. 관광객들이 남긴 문구는 그보다는 덜 현란하지만 깊은 인상을 받았다는 점에서는 차이가 없었다. 하나같이 아라오유안이 성지라는 사실을 표현했다. 신성함이란 인과의 치열한 활동 무대가 해체되는 바로 그 지점에서 출현한다. 신성함이란 아라오유안의 집들을 삼키며 흘러가는 사구 속에서, 먼 곳에 있는 바위와 산의 입자들을 운반해 와서 모래 속에 퍼뜨리고 방코식 건물들의 부스러기를 자취 하나

없이 운반하는 바람 속에서 출현한다. 신성함이란 하늘의 심연 아래 무한하게 뻗어가는 지표면의 처량함 속에서 출현한다.

사실 아라오유안은 만물에 영혼이 있다고 믿던 고대로부터 이미 신성한 힘을 지닌 땅이었다. 신성함이란 '생산과 사고思考'의 세계가 소멸하는 저 바깥 어딘가에만 있는 것이 아니다. 그것은 생산과 사고의 밑그림이 만들어지기 훨씬 전의 과거에도 존재한다. 아라오유안은 통북투보다 이전 이 지역 내 투아레그 연맹의 수도였다. 그토록 엄청나게 오래 된 지역이다 보니 오늘날까지 순례자들의 발길이 끊이지 않는다. 캄보디아의 앙코르가 그렇고 태국의 아유타야가 그렇듯이 고대의 수도 아라오유안 또한 건축물은 얼마 남아 있지 않아도 신성한 장소가 되었다.

타우데니와 마라케시와 가오에서 출발한 대상들은 한때 아라오유안에서 멈춰 쉬거나 교역을 했다. 아라오유안에는 극히 최근까지도 노예시장이 존재했다. 투아레그 사람들은 지금도 벨라라고 하는 노예를 거느리고 있다. 그 노예들은 명목상으로는 말리 공화국에서 자유를 얻은 사람들이다. 이런 노예시장은 불과 20년 전에 문을 닫았다. 트럭을 이용한 유통업자들이 낙타를 이용한 대상들을 가차없이 밀어내고 있지만 아지마는 아직도 낙타 대상에 끼곤 한다. 낙타를 이용한 상인의 여행은 편도에만도 32일이 걸린다. 상인들은 알제리와 리비아에서 물건을 싣고 통북투로 운반한다.

사막의 청인青人인 투아레그 족은 위대한 전사다. 그들은 10세기 동안 사하라 사막 전역을 지배했다. 투아레그 사람들은 유럽 인에게

25

전설로 남아 있다. 이 지역을 식민화하려는 프랑스와 스페인, 이탈리아의 침략에 가장 맹렬하면서도 끝까지 저항했기 때문이다. 80년대 기근으로 인해 사하라의 초원지대가 황폐화되었다. 이때 국제 인도주의 구호단이 파견되었으나 정부 관리들이 구호단을 약탈하는 바람에 투아레그에까지는 도달하지 못했다. 그 결과 투아레그 족은 기아의 희생자가 되었다. 1990년 투아레그 족이 폭동을 일으키자 말리 정부군은 역습을 가했다. 정부군은 유목민 캠프를 파괴하고 우물에 독을 풀어 넣었으며 낙타 무리를 사살했다. 아라오유안 사람들은 피신했다. 여성들은 굴을 파고 들어가 모래 밑에 발이 묶였으며 남성들은 반란군과 함께 싸움에 참여했다. 그들이 떠난 빈 집은 부단히 움직이는 사구에 묻혀버렸다.

우리는 모닥불 주위에 모여서 양고기를 구웠다. 이자흐가 이 지역의 인구가 감소한 경위에 대해 말해 주었다. 80년대의 대기근과 1996년까지 이어진 내전 때문에 어마어마하게 많은 낙타와 양, 그리고 염소가 죽었다. 널리 알려진 바와 같이 띠 모양으로 생긴 사하라의 사헬 지대는 해마다 점점 더 모래로 덮여가고, 염소들이 남은 풀을 먹어치우는 바람에 헐벗은 지역도 늘어난다.

"그런데도 정부에서는 손을 놓고 있는 겁니다! 하지만 당신네 미국인들은……"

이자흐가 나를 바라보았다.

"제가 무슨 말을 하려는지 아시겠죠!"

이자흐에 따르면 최근 미국 광물 조사단이 석유를 찾기 위해 이곳에 왔다고 한다.

"리비아가 석유로 큰 재산을 모았으니 이곳에도 상당량이 매장되어 있는 건 분명하죠."

이자흐는 바퀴가 두 번이나 터지고 뒷유리창이 깨진 자동차 쪽으로 시선을 돌렸다. 나는 이자흐가 무슨 생각을 하는지 알 수 있었다. 우리를 안내하고 받는 돈보다 지출이 더 클 것 같았다. 그는 나를 보며 슬픈 미소를 지었다.

"미국인들은 제일 먼저 여기에 포장도로를 깔겠죠."

신성함에 관한 몽상이 순식간에 날아가버렸다. 아라오유안은 유정 기술자들의 마을이 될 테고, 타이어를 수리하는 오두막집이나 텔레비전 소리가 쩌렁쩌렁 울리는 노점 트럭 같은 점포들이 들어설 것이다. 길가에는 트럭 잔해와 쓰레기가 늘어설 것이고 통북투를 둘러싸고 있는 것과 비슷한 사구에는 비닐봉지가 잔뜩 꽂힐 것이다. 경박스러운 생산과 사고의 세계를 확장시키는 방법은 신성 모독뿐이다.

이자흐는 그날 하루 동안 다섯 번 이동을 멈추고 모래 위에 담요를 펴고는 열렬하게 기도를 올렸다. 그는 미국 채굴꾼들이 이곳에 끌어들이는 것이 신성 모독이라고는 생각지 않는 것 같았다. 사실 속세의 인과는 자신이 폭력적이고 의도적으로 신성을 모독한다고는 인정하지 않는다. 하지만 신성 모독의 충동은 종교 그 자체에 이미 내포되어 있다. 종교는 성지를 인정할 뿐 새로 만들지는 않는다. 바로 그런 방식으로 종교는 신성 모독을 저지른다.

이슬람은 8세기부터 이 지역에 들어왔다. 그리고 물활론의 신들은 아라오유안 밖으로 쫓겨났으며 사막은 머리 위의 초월적 영역에 알라를 모시기 위해서 비워졌다. 그러니 신성 모독이 바로 종교적인 활동이다. 아라오유안을 비롯해서 바빌론, 이집트, 콘스탄티노플, 쿠스코의 고대 신을 학살하고 불에 태운 것은 종교에 헌신하는 인간들이다. 사원이란 다른 종교의 사원에서 약탈한 자원으로, 다른 종교의 사원을 부순 자리 위에 짓게 마련이었다.

생산과 사고란 손익을 따지는 계산이다. 전쟁은 끝없는 파괴를 저지르기 위해서 생산과 사고와 생명 등 모든 자원을 끌어모은다. 그리고 정복자들도 결국은 평등하게 죽음과 파괴에 다다르고 만다. 비단 현대전뿐 아니라 십자군 원정이나 100년 전쟁도 마찬가지다. 모든 전쟁이 그러했기 때문에 승리자란 존재하지 않는다. 패배한 문명을 파괴하는 것은 전쟁을 일으키고 정복하고픈 갈망이 있기 때문이다. 종교는 사람들을 전쟁터로 내몬다. 그리고 종교는 전쟁을 축복하고 신성시한다. 종교는 '절대'라는 이름의 차원을 열어 놓는다. 사람과 사람 사이에 오가는 고통은 언제나 잘못된 것이며 상대적이다. 종교는 이것을 절대의 영역으로 올려놓는다.

투아레그 족들이 보여주었던 저항은 오늘날 모리타니아, 알제리, 니제르에서 계속되고 있다. 탈공업화와 다문화 상태에 있는 부유한 국가에서는 신성 모독의 공포가 실시간으로 진행되고 있다. 우리는 이제 미래와 부가 공업중심지가 아닌 첨단 소형 전자제품 산업과 정보산업화에 달려 있다는 사실을 이해하기 시작했다. 우리는 우리 내부의 다양한 문화나 다른 곳에서 마주치는 문화가 성역으로 취급해

온 것들을 보호하려고 노력한다. 우리는 그것들을 정보로, 풍부한 문화의 하나로 변환시킨다. 즉 더 높은 수준의 신성 모독을 저지르는 것이다.

나는 랜드 크루저를 타고 네 시간 걸려서 사막을 건너고 몹티에 가기 위해 이자흐를 고용한 게 아니다. 통북투에는 비행장이 있다. 네 시간 뒤에 나는 바마코에 있었고 그로부터 다섯 시간 뒤에는 파리에 있었다. 그리고 뉴욕에 가기 위해서 여섯 시간에 걸쳐 대서양 위를 날았다. 비행기 밑에는 길이 존재하지 않는 바다가, 물로 이루어진 사하라 사막이 존재하고 있었다. 나는 비행기에 난 조그마한 창을 통해서 투명한 하늘을 보았다. 지구 위에 있는 우리의 눈은 저 우주에 나가 있는 우주비행사의 눈과 연결되어 있다. 우리는 우주비행사의 눈을 통해서 저 먼 바깥에서 우리가 사는 행성의 모습을, 광대한 우주 공간 속에 있는 청록색 구슬을 볼 수 있는 것이다. 허블 망원경을 이용하면 수십 억년 전에 폭발해서 하얗게 빛나며 소용돌이치는 가스의 사진을 찍을 수 있다. 천문학자들은 우리 행성이 불 속에서 장례를 치르기까지, 태양이 소멸하기까지, 은하의 모든 별이 다 연소되어 꺼질 때까지 어느 정도의 시간이 남아 있는지를 예측한다. 우리는 우주론과 천문학을 발전시킨 끝에 우리 개인이나 문명이나 인간 종의 수명을 훨씬 넘는 우주적 시간을 가늠할 수 있게 되었다.

그에 반해서 우리가 우주 속에서 스스로에게 부여할 수 있는 의미는 무한에 가까운 비율로 줄어들고 있다. 그리고 우리 종과 지구와 태양의 종말이 기록되어 있는 우주적 시공이 눈앞에 펼쳐지게 되었다. 과학은 우리가 실용적으로 인식하고 있던 실리적인 영역에 인간이 존재하지 않는 종말론적 우주의 모습을 추가하고 말았다.

태양은 450만 년 전에 몸속에서 액체 상태의 바위를 꺼내어 집어던졌다. 그 바위는 운명을 예고하는 횃불처럼 검은 공간 속에서 불타고 있었다. 바위 표면이 차가워지자 박테리아와 조류와 균류가 공생 이끼류로 발전하면서 바위를 부숴 모래를 만들었다. 우리 인간은 계속해서 지구 표면을 부수고 있다. 이제 우리는 우주 공간 속에서 생산과 사고의 시기가 어떻게 끝나는지, 시간이 어떻게 끝나는지를 볼 수 있다. 신성함은 혜성과, 행성에 충돌하는 운석과, 태양풍과, 별들이 탄생하고 늙어가다가 차갑게 식으며 사멸하는 모습 속에서 나타난다. 신성함은 텅 빈 하늘 아래에서 퍼져 나가는 사막 표면의 공허함 속에서 분명하게 드러난다.

노리아의 노래

　이스라엘에서는 잡초 무성한 평원을 향해 괴성을 지르고 있는 공장들의 전력선이 성스러운 땅을 옭아매고 있었다. 불도저들은 새 '거주지'를 만들기 위해서 언덕의 바위를 뽑아내고 있었다. 우리는 이스라엘을 나와서 시리아 북쪽으로 오랫동안 차를 몰았다. 하루가 끝날 때쯤에야 하마에 도착했다. 하마는 세속화된 정부에 저항하던 1만 2천 명 이상의 무슬림들이 1982년 2월에 학살당했던 장소이다.

　이 부근에는 나무로 뒤덮인 높은 절벽이 있다. 그 절벽 아래로 오론테스 강이 갈라지면서 나선을 그린다. 강이 호를 그리면서 굽은 덕분에 절벽 밑에는 공간이 생겼고, 오래 전 그 안에 도시가 세워졌다. 강은 평원에서부터 흘러 들어오며, 그 옆을 따라서 도시와 이어지는 사막 상인용 숙소와 상가가 줄지어 있다. 굽잇길을 돌 때마다 고대 사원과 마드라사(이슬람 사원에 부속된 교육기관-옮긴이), 천막을 친 수크(시장-옮긴이), 하맘(공중목욕탕-옮긴이)이 방문객들을 기다리고 있다. 도시는 현대에 들어서면서 계속 발전하고 있다. 오론테스 강이 깊이 파놓았던 웅덩이의 상류 쪽 가장자리에는 최근에 세워진 고층 아파트들 때문에 구멍이 나 있었다. 도시 바깥쪽의 오래 된 산들은 조금씩 대지 속으로 가라앉고 있었다. 대지 위에 깔려 있는 늦여름의 연무가 산과 지면의 경계를 모호하게 만들었다.

강이 도시 한가운데까지 침범해서 원을 그리며 구역을 나눠 놓았다. 바로 그곳에서 노리아들과 마주쳤다. 노리아란 거대한 물레바퀴를 가리킨다. 둘로 갈라지는 강줄기 중 하나에는 14미터 높이의 노리아가 돌아가고 있고 다른 줄기에는 각각 10미터, 14미터, 15미터 높이의 노리아가 짝을 이뤄 회전하고 있었다. 노리아의 굴대는 판목이 지지하고 삼각형 모양의 주춧돌이 그 판목을 붙들고 있다. 나무로 만들어진 검정색 물레바퀴가 날아다니는 물방울들 때문에 반짝거린다. 바퀴살들은 굴대에 박힌 채 방사형으로 뻗어 나오는 대신 자전거 바퀴에서 볼 수 있는 것처럼 굴대의 중심을 감싸고 있었다. 물레바퀴 테에는 수백 개의 날이 달려서 물의 흐름에 따라 돌고 있다. 테는 수백 개의 나무상자로 이루어져 있다. 각 상자는 위가 열려 있고 나무주둥이가 달려 있어서 상자가 가장 높은 곳에 다다르면 석재 수로에 물을 쏟아내게 되어 있다. 수로는 회랑을 이루며 둘로 갈라져서 하나는 구 시가지로, 다른 하나는 확장된 상업지구로 춤을 추며 나아간다.

근처 상점에서 지역 역사가가 찍어낸 소책자를 팔고 있었다. 그에 따르면 하마는 5천 년 전에 세워졌다. 노리아에 관한 기록으로 가장 오래 된 것은 서기 5세기에 그려진 모자이크이다. 예전에는 강을 따라 100여 개의 노리아가 돌고 있었으며 지금도 10여 개가 남아 있다. 도시 중심지에 남아 있는 노리아들은 14세기에 만들어진 것이다.

노리아가 강물을 퍼올리면 물레바퀴의 축들이 노래를 부른다. 풍부한 성량의 베이스톤의 노랫소리는 좁은 음역을 오르내린다. 바퀴살에 달린 소리상자가 배음倍音을 추가해 노래를 돋우고 있다. 큰 물레바퀴는 천천히 돌면서 더 낮은 소리로 노래한다. 3개의 물레바퀴가 화음을 만들어내면 다른 강줄기에서 홀로 돌고 있는 물레바퀴도 노래를 부르며 거기에 참여한다. 흩어지는 물방울들은 노리아를 둘러싸고 분홍색 무지개를 띄우면서 우아한 음을 즉흥적으로 가미한 후 이내 사라진다. 이 노래는 명상적이기 때문에 한번 듣기 시작하면 군중의 소란이나 도시의 차량들이 야기하는 소음에도 묻히지 않고 생생히 살아 있다.

무에진들은(이슬람교에서 기도 시각을 알리는 사람-옮긴이) 닷새에 한 번씩 도시에 있는 모스크의 뾰족탑에 있는 계단을 올라 고조되는 운율에 맞춰 '알라 우-아크바!'라며 아리아를 부른다. 이 아리아는 모로코에서 민다나오에 이르기까지 이슬람 문화권 전역에서 1400년에 걸쳐 울려퍼지며 하늘로 날아오르고 있다. 노리아들은 반주로서의 역할을 하며 아리아에 참여하고 음성부가 잦아들어도 노래를 계속한다.

인도에는 만트라라고 부르는 음이 있다. 만트라는 인간의 목소리로 골라 두었다가 다시 밖으로 내보내는 우주의 소리인데, 특히 몸 안으로 끌어들이는 데 큰 의미가 있다. 안으로 끌어들이다 보면 마침내 소리가 사라지고 만트라가 몸 안에 울려퍼지면서 우리 몸이 내던진 거친 목소리들이 한데 모여 조화를 이룬다.

에디르네는 오토만 왕조가 80년 동안 콘스탄티노플을 포위하고 공격하면서 수도로 지정했던 도시다. 나는 그곳에서 위대한 건축가인 시난이 만든 최초의 모스크를 본 적이 있다. 시난은 후에 술탄 아흐메드 모스크와 쉴레마니예 모스크를 지어 이스탄불을 완성시켰다. 모스크는 교회와 달리 성역이 아니다. 모스크는 신성한 장소이다. 하지만 기도하기 위해 사막의 모래 위에 담요를 깔았다면 그곳 역시 모스크와 마찬가지로 신성하다. 모스크가 사막 위의 기도 장소보다 나은 점은 웅장한 예배당이 아니라 주변에 복합적인 시설까지 함께 지어졌다는 데 있다. 모스크 주위에는 학교와 병원, 과부나 고아, 그리고 정신병자들을 수용하는 시설 등이 있다. 여행자를 위한 숙박시설도 있고 가난한 이들에게 식량과 의복을 나눠주는 의료시설도 있다.

에디르네에 있는 예배당은 비록 크기는 작아도 다른 요소들 때문에 보는 이의 눈길을 끈다. 다른 요소들이란 복잡하게 대칭을 이루고 있는 기둥들, 그리고 예배당 정원과 중앙 분수대를 둘러싸고 있는 자선사업용 건물들이다. 자선사업용 건물들의 지붕은 돔 형태로 되어 있다. 내가 큰 관심을 가졌던 곳은 정신이상자들을 수용하는 시설이었다. 시난은 그 시설을 예배당과 밀착시켜 놓았다. 정신이상자들은 각

각 커다란 개인용 방에 묵었다. 방의 지붕은 돔 형식이었고, 4미터 60 센티 높이의 석재 벽이 방 안을 시원하게 해주었으며, 새벽이면 창문의 스테인드글라스를 통해 여명이 붉게 빛났다. 이곳에 머무르는 사람들은 정신적인 장애가 있어 방끼리는 소통할 수 없었다. 대신 모든 방은 안뜰과 연결되어 있었다.

이와 같은 모스크 종합시설에 자금을 대는 기부자는 당연히 자선활동을 계속 유지하고 싶었을 것이다. 그러기 위해서 모스크 주변에는 시장이 서고, 상인들은 세금을 냈으며, 그 세금으로 모스크의 활동에 필요한 자금을 마련했을 것이다. 복합시설이 구체적으로 어떻게 운영되었는지 확인할 수 있는 문서들이 지금도 남아 있다. 에디르네에 있는 수용시설의 환자들을 치료하는 데 음악을 사용했다는 사실도 그런 문서를 통해 알 수 있다.

모스크 안뜰에서는 매일 아침 관현악단이 영혼의 조화를 이끌어내는 연주회를 열었다. 밤에는 샘물이 그 음악을 이어받았다. 700년 뒤 1차 세계대전으로 오토만 제국이 종말을 고하고 모스크 복합시설에 있던 사람들이 떠난 다음 그리스-터키 전쟁 때문에 에디르네가 거의 파괴될 때까지 수용시설에서는 음악이 끊이지 않았다.

나는 하마에 있을 당시 밤시간에 정원에 앉아서 노리아들의 만트라를 받아들였다. 바퀴살들은 달빛 아래에서 나선을 그리며 돌았다. 그 광경에서 눈을 뗄 수가 없었다. 뒤쪽에 있는 수로의 벽은 리듬에 맞춰 오르내리기를 반복했다. 그렇게 여러 시간이 지나면 창세가 시작되고 물 위로 영혼이 떠다닌다. 더 정확히 말하자면 물이 곧 지구의 영혼이다. 물은 햇빛, 달빛, 별빛이 바닥까지 비춰야 비로소 모습을 드러낸다. 물은 끊임없이 움직이고 순수하며 불순물을 없애준다. 또한 부드럽게 움직이면서도 결정력이 있다. 태양이 폭발하면서 행성을 만들어냈다면 물은 그 행성 위에 생명을 창조했다.

수차를 발명한 사람은 얼마나 천재적인 독창성을 가지고 있었는가. 기계는 물질의 성질을 바꾸는 것만이 목적이다. 그리고 그런 변성은 오직 인간 종만이 감지할 수 있다. 하지만 수차는 그런 기계와 다르다. 노리아는 강물을 먹고 자란 나무로 만들어졌고, 빗물 덕분에 땅 위로 드러나 햇볕을 볼 수 있었던 돌로 만든 삼각형 지지대 위에 얹혀 있다. 노리아는 강의 움직임에 따라 물을 끌어올리고 퍼붓고, 강물의 흐름을 거스르지 않는다. 물은 저절로 하늘까지 올라갔다가 비를 타고 떨어지는 법이다. 노리아가 끌어올린 물은 수로의 홈을 따라 흐르다가 오래 된 도시의 정원과 우물로 부드럽게 떨어진다.

노리아의 노래는 목재를 자르고 조립한 사람들이 만든 것이 아니다. 그들은 그럴 생각도 없었다. 나무가 만트라와 같은 노래를 그토록 오랫동안 마음속을 향해 불러주었을 때 그들 또한 놀라 마지않았다. 그로부터 700년이 지났건만 하마 사람들은 지금도 저녁이면 강둑 근처 정원에 모여서 그 노래를 듣고 있다.

파사드

직접 눈으로 보라. 위상학적인 지도에서 이 광경을 찾아보면 대륙의 갈라진 틈이 입을 벌린 것 같다. 빅토리아 시대 사람들은 이 모습을 보고도 너무나 침착하게 '그레이트 리프트 밸리Great Rift Valley'(대열곡-옮긴이)라는 심심한 이름을 붙여놓았다.

나이로비에서 30킬로미터쯤 떨어진 곳에 있는 고원은 둘로 나뉘어 있다. 갈라진 골짜기 절벽은 너무 가팔라 독일 전쟁포로들이 강제로 동원되어 그 아래에 길을 냈던 일도 있었다. 날씨가 좋지 않으면 건너편 수직 벽을 눈으로 식별하기가 어려울 정도다. 그 골짜기 바닥에서부터 끓어오른 용암이 굳으며 융기해서 빙하가 덮인 꼭대기까지 형성한 것이 바로 킬리만자로 산맥과 케냐 산맥이다. 고고학자인 리키 부자가 초기 사람과科 동물의 유골을 발견한 협곡도 바로 여기에 있다. 다른 말로 하자면 이곳이야말로 유인원이 처음으로 두 발로 서서 걸었던 에덴동산이다.

북쪽으로 한참을 가면 그레이트 리프트 밸리가 에티오피아의 고산 성채를 가로지른다. 고고학자인 도널드 존슨은 그 지역에서 제대로 형태를 갖추고 있는 유인원의 유골을 처음으로 발견했다. 그와 동료들은 환각 속에서 유골에 루시Lucy라는 이름을 붙였다. 'Lucy in the Sky with Diamonds'라는 노래(비틀즈의 노래. 도널드 존슨 고고학팀은 발굴 당시 이 노래를 듣고 있었다고 한다-옮긴이)에서 따온 이름이다.

더 북쪽으로 이동하면 물이 가득 차 있는 거대한 균열이 나타난다. 이곳이 아카바 만이다. 아카바 만의 남쪽 끝이 단 하나의 좁다란 해협을 통해 홍해와 연결되어 있다. 아카바 만의 물은 염분 농도가 대양의 두 배이다. 만에서 더 북쪽으로 가면 사해가 있고(사해의 최대 깊이는 400여 미터이다. 이는 지표면의 최저점이기도 하다), 더 위로 올라가면 갈릴리 해가 있다. 아카바 만과 사해 사이에 있는 거대한 반암과 사암층은 구조적인 압력을 받아 솟아오르다가 결국 요르단 강을 막아버렸다. 그 결과 사해의 브롬, 마그네슘, 요오드, 소금 농도가 계속 상승해 그 안에 살고 있던 생물들이 질식하기에 이르렀다. 사해에서 남쪽으로 수백 킬로미터 떨어진 지점에서는 지표면이 산지를 이루며 1킬로미터까지 솟아오른다.

이처럼 높은 지점의 바로 남쪽에는 3천만 년 전 지진으로 인해 바위가 갈지之 자 형태로 쪼개지면서 생긴 균열이 있다. 이 균열을 시크(협곡이라는 의미 – 옮긴이)라고 부른다. 이 지역이 바로 페트라(고대 대상도시 – 옮긴이)이다. 홍수처럼 터져 나오는 와디 무사의 수많은 샘물들로 인해 시크의 넓이는 1.5~3미터까지 벌어져 있다. 그 안으로 들어가 보면 좌우로 180여 미터 높이의 수직벽이 세워져 있고, 그 벽면에는 바위의 균열들이 소용돌이치고 있으며, 두께가 1인치밖에 되지 않는 파편들도 보인다. 바위의 색들은 황토색, 붉은색, 검정색, 자주색, 푸른색에 이르기까지 매우 다양하다. 햇볕이 드는 암벽에는 연두색 무화과나무들이 매달려 있어 아주 오래 전 여행자들에게 그랬던 것처럼 열매를 제공하고 있다. 눈을 들어보면 빠른 유속의 흐름이 내부에 구멍을 뚫어 마치 예술품 같은 바위의 소용돌이를 볼 수 있다. 홍수가 대를 이어 내려오면서 자신이 선호하는 양식과 방식에 따라 펼쳐 놓은 조각품의 화랑인 셈이다(임마누엘 칸트는 데이비드 흄의 글을 읽고 나서 그 안에서 절대 인과관계를 찾을 수 없다고 단언했다. 인과관계란 이성이 고안해낸 조직적인 장치에 불과하기 때문이라는 게 이유였다. 근대 철학의 선험적 명료함이란 얼마나 근시안적인가!).

시크를 따라 1킬로미터쯤 앞으로 나아가서 굽이를 돌면 하나의 바위 벽면에 새겨진 또 하나의 예술품이 등장해 우리를 놀라게 한다. 그 예술품이란 바로 거대한 파사드(건축물의 출입구가 있는 정면부. 특징적인 장식들이 모여 있다 – 옮긴이)이다. 6개의 기둥이 원형 구조물을 받치고 있는데, 그 구조물은 원형 모양의 보받이다. 보받이의 지붕에는 납골 단지가 올려져 있고, 단지 양쪽으로 기둥이 딸린 반원형 입구장식이 붙어 있다. 그리고 돋을새김과 조각으로 된 독수리, 아마존 여전사, 사자, 신들이 마모된 상태로 파사드 전체를 장식하고 있다. 파사드 뒤쪽으로는 아무 치장이 없는 사각형으로 된 작은 방이 있다. 전문가들조차 이곳이 무덤인지 망자를 기리기 위한 능인지, 그도 아니면 사원인지를 밝혀내지 못해 베두 인들이 붙인 이름 그대로 '보물창고'(알 카즈네–옮긴이)라고 부르고 있다. 좀더 앞으로 나가보면 협곡이 넓어졌다가 좁아지거나 굽이치기를 반복하다가 마침내 좌우 산악지대 사이로 탁 트인 공간이 나온다. 그곳에는 조각이 새겨진 수백 개의 동굴들이 있다. 이 동굴들은 사람들의 거주지나 무덤으로 쓰이던 곳이다.

굽이길을 따라가다 보면 사방이 무덤으로 둘러싸인 완벽한 반원형의 광활한 노천극장이 등장한다. 극장 한가운데는 텅 비어 있다. 오른쪽으로는 산이 우뚝 솟아 있는데, 이 산에는 건물의 파사드와 흡사한 부조들이 새겨져 있다. 부조들은 어느 것 하나 중복되는 일이 없고 높이가 45미터에 이르는 것도 있다. 기둥이 줄지어 있는 3개의 경사로는 위로 솟았다가 아래로 내려와서는 산을 따라 올라가는 높은 벽 앞에서 멈춘다.

기둥과 처마돌림띠가 녹아들듯 사라지는 파사드를 한번 보라. 그러면 바위의 다채로운 줄무늬를 야생 명주실처럼 바꾸어 놓았다는 것을 알 수 있으리라. 주랑이 4층에 걸쳐 늘어서 있는 웅장한 파사드는 또 어떤가. 이 파사드는 제벨 알 쿱타 산을 궁성으로 바꾸어 놓았다. 우리는 지금 이곳 건설자들이 레켐이라고 부르던 도시에 들어와 있는 것이다.

이 건설자란 아랍 말을 쓰는 나바테아 인들을 가리킨다. 나바테아의 첫번째 왕 아레타스 1세가 권력을 쥔 것은 기원전 168년의 일이다. 나바테아 인들은 다마스쿠스에서 아카바 만에 이르기까지, 네게브 지방과 시나이와 트란스요르단과 아라비아 반도를 넘어서 헤그라에 이르는 지역까지 힘을 뻗쳤다. 따라서 시리아에서 예멘까지, 나일 강에서 티그리스 강과 유프라테스 강까지, 인도에서 실크로드를 지나 중국까지 이어지는 무역을 관장한 것도 그들이었다. 레켐은 나바테아 인들의 수도로서 좁은 협곡을 통하지 않고서는 그 안으로 들어갈 수 없었다.

산과 산의 간격이 가장 먼 곳까지 나아가보면 레켐 시가 세워졌던 자리를 볼 수 있다. 제일 넓게 트인 곳에는 위가 덮인 수로와 동굴을 통해 세 줄기의 강물을 끌어들여 물이 뿜어져 나오게 만든, 거대한 조각상이 곁들여진 분수가 있었다. 화강암 벽돌로 포장된 중앙 대로는 분수 좌우에 있는 대형 사원들 쪽으로 이어졌다. 오늘날에는 서양 협죽도와 알로에와 노간주나무가 그 유적들 위로 향기를 뿌리고 있다. 다른 한쪽으로는 캐러밴들이 이집트, 시리아, 메소포타미아, 페르시아, 인도, 중국에서 가져온 향료, 보석, 상아, 비단 등을 진열해 놓았던 거대한 주랑 형태의 시장 유적이 남아 있다. 나바테아 사람들은 시장 주변에 집을 지었다. 고고학자들은 레켐 시의 인구가 3만에서 4만 명쯤 되었던 것으로 추정하고 있다.

가장 장엄한 구조물은 건물이 아니라 절벽면에 새겨진 파사드이다. 나바테아 인들이 마음속에 품었던 것들이 고스란히 눈앞에 펼쳐

저 있는 것이다. 파사드 뒤에는 아무 장식 없는 단순한 정육면체 방들이 있다. 규모가 가장 큰 파사드 중에는 뒤쪽 공간이 아예 없는 것도 있다. 나바테아 여행자들은 저 먼 곳에 있는 위대한 도시들의 공공 기념물을 기억해 뒀다가 고스란히 레켐으로 가져왔다. 아시리아, 이집트, 시리아, 그리스, 로마의 건축 양식들, 그리고 회합장의 지붕을 받치고 문에 걸리는 엄청난 하중을 지탱하기 위해 고안된 기둥, 기둥의 윗부분, 문틀의 형태는 레켐에 오면서 산을 장식하는 파사드가 되었고, 눈길을 잡아 끄는 장식품으로 변질되었다. 산의 반대편에는 호화로운 파사드가 있다. 나바테아 사람들은 7천 명의 관객들이 극적으로 연출된 스스로의 인생을 관람하던 초대형 원형극장을 그곳에 새겨 놓았다. 클리포드 기어츠[1]가 연구했던 자바 인들의 극장이 그랬듯이, 나바테아 인들의 극장 또한 하나의 극장국가였다.

3미터 너비의 행렬용 계단들을 올라보자. 이 계단을 따라 울퉁불퉁한 산들이 나뉘어 있고 그 정상은 성역이 되었다. 나는 것처럼 계단을 따라 1.6킬로미터를 올라가면 가장 거대한 성역에 다다를 수 있다. 베두 인들이 알 데이르라고 부르는 곳으로 수도원이라는 뜻이다. 알 데이르 역시 하나의 파사드에 지나지 않는다. 그리고 알 데이르 역시 무덤의 파사드인지, 망자를 기리는 능이나 의식을 치르는 제단의 파사드인지, 그도 아니면 종교 교단의 성지를 나타내는 파사드인지 알 수 없기는 마찬가지다. 이 파사드는 정으로 방금 전 새긴 것처럼 생생할 뿐 아니라 그 형태는 강렬하고 장엄하다. 이 정도 고도에서 2천여 년을 보냈건만 놀랍게도 부식되거나 풍화작용의 영향을 받지 않은 것이다.

라벨 2세(서기 70-106년)는 나바테아의 11번째 왕이자 마지막 왕이었다. 당시 로마 군대는 시리아와 유대 지역과 이집트를 점령하고 있었다. 라벨 2세는 레켐을 포기하고 수도를 북쪽에 있는 보즈라로 이전했다. 트라얀 황제는 서기 106년에 그때까지 남아 있던 라벨 2세의 영토를 아라비아 제국령으로 합병했다. 로마 인들은 수도를 비잔티움으로 옮기면서 레켐에 있는 거대 파사드의 좁은 뒷공간을 기독교 교회로 바꾸어 놓았다. 363년에는 지진이 발생했고, 551년에 더 큰 규모의 지진이 일어나면서 레켐 시의 인구가 격감했다. 아라비아는 663년에 이 지역을 점령했다. 대규모 사막 상인들은 663년 이전에 이미 다른 교역로를 개척해 더 이상은 레켐을 경유하지 않았다.

12세기가 되자 십자군이 이 지역을 차지하면서 잠깐 동안 요새로 사용했다. 그리고 몇 세기가 더 흐르자 이 지역에는 더 이상 도시 인구가 남아 있지 않게 되었다. 베두 인 목동들이 동굴 무덤 안에서 쉬어 가는 것이 전부였다. 십자군은 이 지역을 떠난 뒤 1189년에 살라 알 딘에게 패배했다. 그리고 1812년에 모험가인 요한 루트비히 부르크하르트가 코란을 연구하는 학자로 위장해서 이 지역의 협곡을 통과하고 나서 유작인 《아라비아 여행》에서 언급하기까지 서구인들은 레켐을 잊고 있었다. 1842년에 스코틀랜드 예술가인 데이비드 로버츠가 그림을 출간하자 비로소 사람들이 이 지역을 보러 오게 되었다.

이 지역을 방문하면 당신도 비로소 알 수 있을 것이다. 우리의 눈은 바로 이런 광경을 보기 위한 기관이다! 우리는 눈을 통해 스스로를 볼 수 없고, 자신의 눈 자체도 볼 수 없으며, 자신의 몸 전체를 볼 수도 없다. 가까이에 있는 도구나 장애물에, 소유할 수 있는 어떤 대상에 시선을 고정하면 우리의 눈은 약해지고 구속당한다. 거리감각이란 먼 곳에 있는 위대한 것을 감지하기 위해 존재하는 것이다. 다시 말하자면 우리의 눈은 몽상가이다.

협곡을 돌아다녀 보자. 햇빛이 비추면 우리의 시선은 바깥 공간으로 무한하게 뻗어 나가는 밝은 투명함 속으로 뛰쳐 나간다. 눈은 우리 자신에게서 떠나고 골짜기의 벽들 사이로 뛰어다니면서 바위를 뒤지고 균열 속의 현란한 색채를 탐색하며, 나바테아 사람들이 골짜기 벽에 새긴 파사드를 찾아다니고 그 모든 것을 통찰로 만들어버린다. 우리의 시선은 우리 자신에게 돌아오지 않고, 그런 통찰로부터 무언가를 추출하지도 않는다. 이와 같은 통찰 앞에서 우리는 자신을 돌아보는 시력을 상실하고, 스스로 직감의 무아경과 하나가 된다.

이런 통찰의 황홀함은 여행 중에 들렀던 도시 안에서는, 관광 명소인 교회나 모스크나 사원을 보면서는 느낄 수 없다. 세속적인 용도는 별개로 한 채, 사람들은 그런 장소들이 신성하다고, 초월의 문이 그곳에서 열린다고들 한다. 하지만 그런 장소에 가보면 수많은 인간의 모습이 눈에 들어온다. 파르테논은 아크로폴리스의 바위를 들어올리기 위해서 지하 신들의 힘을 이용했다고 하지만 결국 남은 것은 인간 기하학자가 설계한 구조물에 불과하다. 그 안에 모셨다고 하는 아테네 여신도 결국은 아테네 국가를 신성시한 형상에 지나지 않는다.

페르시아 인들이 파르테논을 파괴하려 했던 것은 논리적인 행동이었다. 중세 성당에 있는 신들을 보라. 그들에게서는 왕과 여왕들의 모습이 보인다. 멕시코의 여러 실버시티에는 휘황찬란하고 부유한 교회들이 차고 넘친다. 이런 교회의 부속 예배당에는 약탈을 일삼던 귀족들의 묘가 마련되어 있다. 미얀마에는 사원이 너무도 많다. 부자들은 다음 환생을 위해서 선업을 쌓는다고 하지만 실제로 그들은 스스로의 야망을 기념하고 또 다른 사원을 짓는 데 몰두하는 것이다.

현대인들은 이런 교회, 모스크, 사원을 보며 살다 보니 색과 소리, 그리고 형태와 물질에서 광휘를 만들어내는 핵심이 다름 아닌 인간의 영혼이라고 세뇌당하기에 이르렀다. 예술성은 인간의 영혼 안에 들어 있다. 예술성에는 자유가 필요하다. 그 자유란 주어진 것과 결별하고 새로운 것을 창조하는 자유이다. 그리고 인간 종만이 그런 자유를 지니고 있다는 얘기다. 인간들은 거기서 그치지 않고 아름다움을 인식하는 것 또한 인간 종 고유의 능력이라고 믿기에 이르렀다(벌새의 깃털과 산호초에 사는 물고기의 외형에 실용적인 설명을 붙여대는 인간들이 말이다).

하지만 유인원들은 나무에서 내려오자마자 두 발로 서지 못했다. 그들은 상체가 무게중심을 잡는 주묵통이 되기 전까지는 나무에 기대야 일어설 수 있었다. 그리고 노래가 무엇인지 가르친 것은, 바람과 새의 목소리로 노래할 수 있도록 가르쳐 준 것은 바로 바람과 새였다. 나바테아 인들에게 바위에 조각을 새기는 방법을 가르쳐 준 것은 바람과 강물이었다. 죽은 이와 신을 모시는 공간은 강물이 만들어

45

낸 동굴이 제공했다. 사방에 있는 절벽들은 세로로 갈라지며 석판으로 나뉘었고, 나바테아 인들은 그 석판을 하나의 단위로 삼아 조각을 새겼다. 나바테아 인들은 주름지고 홈집이 난 산의 면에 10여 개의 파사드를 새겼고, 그 결과 바위 속에 숨어서 소용돌이치고 있던 장밋빛, 연어빛, 황톳빛, 사프란빛, 남옥빛, 제비꽃빛의 음률이 드러나게 되었다.

그들은 주위를 둘러싼 산의 표면에서 혼돈을 제거한 것이 아니다. 이를테면 그들이 만든 파사드 중 가장 장대한 규모는 알 데이르 파사드인데, 이 파사드는 산의 정상에 있다. 알 데이르 파사드를 보려면 절벽과 노두가 돌로 변한 분수처럼 종유석을 뿜어대는 산을 나선형으로 걸어 올라가야 한다.

하드리아누스 황제는 130년에 레켐을 방문하고 도시의 이름을 페트라 하드리아네로 바꾸었다. 로마 중심주의적인 현대의 역사가와 요르단 관광청 인쇄물들은 여전히 페트라라는 명칭을 쓰고 있다. 하지만 그것도 틀린 명칭은 아니다. 이곳에서는 예술가의 충동이 바위 속에서 꿈틀대기 때문이다.

나바테아 인들은 산 정상과 협곡 안에서 여러 신들을 숭배했다. 위대한 영혼인 두샤라는 밤과 낮을 분리했다. 알 우자는 사랑과 행운의 여신이며 아트 쿠트바는 상업과 비문의 수호신이다. 알 캄은 사막 상인을 관장한다. 지구상에서 최상위에 자리한 이 존재들은 우상이 아니며 어디까지나 절단된 피라미드, 입방체, 평행육면체, 원기둥, 반구형 석재로만 표현된다.

기원전 4세기 카르디아의 히에로니무스는 나바테아 인들을 가리켜 사막에 낙타와 양을 풀어 놓고 키우는 유목민이라고 묘사했다. 그들은 곡물도 심지 않고 과수도 키우지 않았으며 집도 짓지 않았다. 그리고는 와디 무사 협곡에 매료되어서 산의 벽면에 조각을 새겼다. 베두 인들은 663년 아라비아에게 정복당한 이래 수세기 동안 옛 나바테아 수도에 머물면서 추운 겨울이면 동굴과 무덤 안에서 살았고 덥고 긴 계절에는 가축떼와 함께 목초지가 있는 높은 지역으로 이동했다.

바르 사우마가 이끄는 기독교 승려 40명이 페트라 사원에 있던 조상들을 파괴한 것이 무려 423년의 일이었다. 그 이후 무슬림 우상파괴주의자들이 파사드에 새겨진 부조들을 지워버렸다. 데이비드 로버츠가 조각상들을 그린 것이 1839년의 일로서 그때부터 상당수의 조각들이 지워져버렸다.

그래도 베두 인들에게 페트라는 여전히 초자연적인 장소이다. 페트라에서 멀지 않은 곳에 아인 무사 샘물이 있다. 성경에 따르면 모세가 지팡이로 바위를 때려서 샘솟게 한 것이 바로 아인 무사 샘이다. 이 샘물은 아직도 솟아나고 있다. 베두 인들은 페트라를 만든 것이 모세를 이집트에서 쫓아낸 대 파라오라고 생각하고 있다. 파라오가 놀랄 만큼 막대한 재화를 보관하기 위해서 마법으로 페트라를 세웠다는 것이다. 19세기에 서양인들이 페트라를 가로지르려 하자 베두 인들은 강력하게 막아섰다. 그들은 서양인들이 파라오의 재화를 악용하려는 마법사들이라고 생각했기 때문이다. 부르크하르트는 이렇게 기록하고 있다.

베두 인들은 진짜 마법사라면 보물이 숨겨져 있는 곳을 알아내고 관찰하는 것만으로도 충분하다고 믿었다……. 그러고 나면 언제든 마음내킬 때 보물의 수호자를 조종해서 그 전부를 가져오게 만들 수 있다는 것이다.[2]

현재 시크에 있는 거대 파사드 최상단의 여신상에는 총탄 자국이 있다. 보물이 쏟아져 나올지도 모른다고 생각한 베두 인이 저지른 일이다.

요르단 정부는 1980년대 초반 페트라를 고고학 유적이자 관광지인 페트라 국립공원으로 탈바꿈시킬 것을 결정했다. 정부는 국립공원 구역 바깥에 새 거주지를 만들고 베두 인들을 이주시켰다. 고고학자와 역사가들은 시각을 통한 순수한 쾌감이 얼마나 멋진 것인지 설파하기 시작했다. 비교 고고학자들은 아시리아, 이집트, 시리아, 그리스뿐 아니라 로마의 건축 요소들까지도 사막 상인들의 이동경로가 교차하는 이곳에서 형성되어 결국엔 특징적인 조화를 이루었다고 설명한다.

나바테아 왕국은 다른 셈 계통 왕국이나 가까운 유대 왕국과는 달리 지배적인 종교 이데올로기에 종속되지 않았다. 나바테아 인들은 후일 제우스, 디오니소스, 오시리스, 세라피스를 자신들이 숭상하는 두샤라와 융합시켰다. 알 우자는 아프로디테, 튀케, 이시스와 결합시켰다. 고고학자와 역사가들은 지진과 홍수로 인해 고대 도시를 덮어버렸던 잔해를 걷어내면서 전역에 퍼져 있던 베두 인 전설까지 치워버렸고, 그 대신 화려한 전설과 오랜 기억 속에 묻혀 있던 자신들의 역사를 끄집어냈다. 하지만 그들의 노력은 베두 인 전설을 자신들의 상상력으로 대체하는 데 그쳤을 뿐이다. 그들은 처음부터 서쪽 벽의 거대 파사드가 왕가의 무덤일 거라고 상정했지만 결국 파사드가 특정 왕과 연관되어 있다는 증거는 찾지 못했다. 그뿐 아니라 오늘날까지도 파사드가 무덤인지, 망자를 기리는 능인지, 사원인지, 의식을 벌이고 연회를 베푸는 장소인지 알아내지 못하고 있다.

연구가들은 동전의 기원이나 동전에 얽힌 전설을 분류하고, 가끔 발견되는 암석 위의 기록이나 그리스와 유대 작가들이 드물게 남겨 놓은 나바테아 인에 관한 묘사를 근거삼아서 관광용 설명을 만들어낸다. 그런 설명들이란 하나같이 명칭, 왕과 왕비, 사막 상인의 이동 경로에 대한 것뿐이다. 원래 이런 자료들이 과학적인 우주 역사의 빈틈을 메꾸는 법이라고 생각하는 사람도 있을 것이다. 하지만 인간의 역사 가운데 순수하게 지식을 늘리는 데에만 쓰이는 역사라는 것이 과연 존재하긴 할까? 역사란 하나같이 현 세대를 위해 만들어지며 정치적 · 경제적 · 사회적 사업을 위해 이용된다. 고고학자와 역사가들이 내린 결론은 관광 안내책자에 실려 대중에게 퍼져 나간다.

오늘날 페트라 지구는 요르단 관광청의 사업 가운데 가장 큰 인기를 끌고 있다. 보존 상태가 아주 좋고 화려한 기념비적 무덤 위에는 사치스러운 호텔이 세워져 있으며, 그 무덤 내부에는 호텔 바가 들어서 있다.

페트라를 보러 와서 온갖 설명과 왕, 여왕, 상업 제국에 대한 갖가지 추측들을 읽고 나면 마치 무언가가 우리 눈앞을 차단하는 듯한 효과가 발생한다. 작가에 얽힌 일화를 알고 나면 그가 지은 서사시의 마법적인 효과가 사라지는 것과 비슷하고, 베토벤의 성격 분석적 전기를 읽고 나면 그가 만든 장엄 미사곡의 초월적인 비상이 평이하게 들리는 것과도 비슷하다. 시각을 담당하는 우리의 눈이 페트라에 와서 경험해야 하는 것은 다름 아닌 시각의 절정이다.

골짜기 바닥에 세워졌던 산 자들의 도시와 집, 작업장과 시장은 수세기 전에 부서지고 자갈과 모래로 덮혔다. 전문가들은 우리가 이곳에 와서 보게 되는 것들이 거의 대부분 산의 벽면에 새겨진 무덤이라고 주장한다. 그리고 광대하고 '고귀한' 파사드들은 장례의식에 쓰인 무덤이나 사당이라고 결론을 내린다. 다시 말해서 사자의 영토로 들어가는 입구라는 얘기다. 거대한 반원형극장도 무덤들의 언덕 한가운데에 새겨져 있다. "이 얼마나 기이하고 대조적인가!" 미국 신학자인 에드워드 로빈슨이 1838년에 한 말이다. "이곳은 거대한 무덤을 통해 당시의 천박한 욕구를 충족시킨 현장이다. 즐거운 공동묘지와 무덤들 한복판에 있는 극장이라니."[3] 사라지지 않고 남아서 눈에 보이는 것들이 곧 보이지 않는 무언가가 존재한다는 근거가 되는 셈이다.

부패한 시체가 다시 합쳐져서 어딘가 다른 세상에서 부활한다는 믿음은 납득하기 어렵지만, 실은 그런 믿음은 인류가 탄생한 순간부터 존재해 온 것으로 보인다. 이집트 인과 아라비아 인들은 온갖 종류의 동물들 사체가 다른 동물의 뱃속으로 들어가거나 부패하는 모습을 보면서도, 죽은 인간의 몸이 다시 살아난다고 믿으면서 막대한 노동력을 들여 피라미드와 파사드를 만들어 시체를 그 안에 집어넣었다!

우리는 사체가 무덤의 돌 위에 놓이면 분해되어 최초에 육체를 구성했던 무기물로 되돌아간다고 생각한다. 우리의 눈은 너무나 오만해서 무덤의 돌에 완전히 정신이 팔리고, 또 다른 생명의 왕국이 아니라 그 돌이야말로 우리 생명의 종착역이라고 추측하는 것이다

우리는 실용적인 존재다. 마틴 하이데거는 "우리는 분석할 수 있는 것만 알 수 있다"고 했다. 우리에게 있어서 대상의 본질을 안다는 것은 곧 그것이 어떻게 작동하는지를 아는 것이라는 뜻이다. 하지만 우리는 자신의 소멸을 상상하지 못한다. 우리는 지인이 죽으면 눈물을 흘린다. 그가 죽었다는 것이 있을 수 없는 일이기 때문이다. "그 사람이 죽었다니 믿을 수가 없어."라는 말을 되뇌는 것도 그 때문이다.

우리는 실증주의자다. 우리는 현대 생물학이 밝혀낸 사실들에 바탕을 두고 신경이 파괴되면 의식의 삶 또한 사라진다고 생각한다. 하지만 그러한 무에 대해서 깊이 생각해보라. 10년, 아니 열흘만 '무로 돌아갈 것'이라고 생각해보라. 우리의 정신이 그런 사실을 사고하지 못하는 것은 물론이고 그에 대해 생각하려는 노력 자체를 견뎌내지 못한다는 점을 깨닫게 될 것이다.

나바테아 인들이 정성을 다해서 완벽에 가깝도록 만들어 놓은 어마어마한 크기의 장례용 파사드를 보라. 그 파사드 뒤에는 아무 공간도 어떤 통로도 없다. 그곳에 있는 거라고는 어떤 활동도 벌이지 못하는 바위의 광대 무변한 암흑뿐이다. 우리의 시야는 표면에 붙박혀 있지만 그 너머에는 사고 불가능한 무언가가 있는 것이다.

파사드의 조각들은 2천여 년에 걸쳐서 바람에 침식되고 있으며 홍

수는 유적의 하단부를 깎아내리는 중이다. 1896년에 또 한 번 발생한 지진 때문에 많은 조각들이 파괴되었다. 1967년에는 시크에 홍수가 발생해서 일단의 관광객들까지 익사했다. 뜨거운 태양과 추운 겨울은 산의 벽면을 갈라놓는다. 물과 바람은 정밀하게 재단된 파사드를 뭉개서 추상적인 예술품으로 바꾸고 있다. 훗날 과학자들이 사암으로 이루어진 산의 보호 방법을 밝혀낸다 하더라도 바람과 물과 태양은 대협곡에 새겨진 인간의 의도를 끝내 완전히 지워버리고 말 것이다. 그 뒤에도 산들은 정제되지 않은 스스로의 예술성을 추구해 나아갈 것이다.

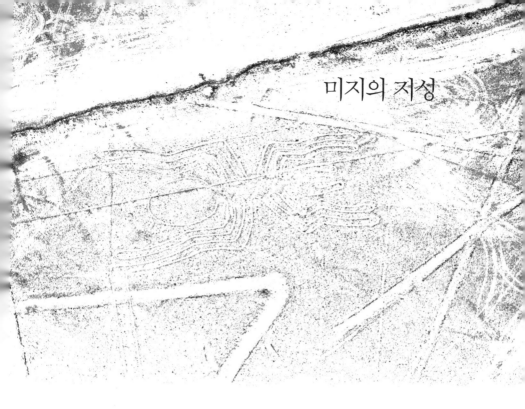

미지의 저성

리마에 도착한 첫날에는 흐릿한 태양이 두 시간 동안 떠 있었다. 다음날에는 한 시간 동안만 햇볕을 볼 수 있었다. 그 다음날에는 단 한 줄기 태양빛도 구경하지 못했다. 가루아(바다에서 남미 태평양 연안으로 불어오는 바람으로 습도가 높다-옮긴이)가 불기 시작하면서 넉 달 동안 페루 연안을 뒤덮는 낯설고 차가운 바다 안개가 몰려온 것이다. 여러 주일이 지나면서 안개는 점점 더 짙어지더니 도시의 교통체증과 산업 오염물질 속으로 배어 들어갔다. 방에 있는 옷들은 눅눅했고 종이들도 흐느적거렸다. 비가 내리지 않았는데도 건물들 외벽이 젖어 있고 거리도 우중충했다. 그리 멀지 않은 곳도 택시를 타고 이동했는데, 그 택시란 것들은 작동을 멈춘 다른 택시의 부품으로 간신히 목숨을 연명하면서 빨간 불빛 앞에서 멈추기를 반복하는 고풍스러운 기계장치들이었다. 나는 탈출해야만 했고, 나스카에 가기로 결심했다.

나는 택시를 타고 공항으로 가서 지정된 기둥 옆에서 기다렸다. 카를로스라는 조종사가 금세 나타났다. 카를로스는 콧수염을 기르고 검은 선글라스에 세련된 갈색 조종사용 재킷을 걸친 젊은이였다. 그는 나를 뒷문으로 데리고 나가서는 활주로 맨 끝에 있는 세스나기까지 안내했다. 그리고 조종석 옆자리에 앉히더니 안전띠를 매주었다.

세스나는 이륙 후 가루아를 뚫고 상승해서는 그 위에서 고도를 유지했다. 그러자 최고로 영광스러운 태양이 수개월 만에 처음으로 나를 맞아주었다! 위에서 내려다본 가루아는 흠 한 점 없는 양모 담요처럼 거리낌 없이 균일하게 오른쪽 바다 위로 뻗어 나가고 있었다. 왼쪽 저 멀리 빙하가 덮인 안데스 산맥의 봉우리들이 백색 세상을 뚫고 당김음처럼 이따금씩 솟아올랐다. 나는 리마의 어둡고 축축한 거리와는 아무 관계도 남기지 않고 완전히 단절되었고, 길과 도시와 대륙으로 이루어진 세상 어디에도 존재하지 않았다. 행성 지구는 우리 두 사람과 결별하고 전혀 다른 길로 가고 있었다는 얘기다. 세스나기를 타고 세 시간을 비행하는 동안 단 한 번도 난류를 만나지 않다 보니 아무런 표지도 없이 태양만이 지배하는 공간에서 멈춰 있는 듯한 기분이 들었다.

카를로스가 세스나의 기수를 천천히 아래로 내리자 양모 담요가 비행기 주변에서 떠오르더니 얇아지기 시작했다. 하얀 안개 속에서 길고 희미한 선들이 보이기 시작했다. 그 선들은 길게 늘어난 삼각형과 사각형과 사다리꼴의 일부였다. 몇 분 뒤 안개가 걷히자 기하학적인 도형들이 아래에 있는 회색 평원에서 제 모양새를 되찾기 시작했다. 카를로스는 세스나의 고도를 유지하고 원을 그리면서 해안 평야 위를 왕복했다. 카를로스는 수백 개의 선들이 130킬로미터에 걸쳐서 방사상으로 뻗어 나가는데 그 중 상당수가 서로 교차한다고 말했다. 그는 나선을 그리고 구부러지다가 콘도르, 군함새, 매, 벌새, 앵무새, 그리고 몸보다 긴 목이 갈지자로 구부러진 거대한 새로 탈바꿈하는 직선들을 손가락으로 가리켰다. 그렇게 그려진 생물은 총 18개체였다. 카를로스는 기수를 바꿔 원숭이, 두 마리의 라마, 개, 악어, 범고래, 물고기, 이구아나, 거미, 꽃을 보여주었다. 그리고 안데스 산맥이 시작되는 첫번째 산의 측면에는 머리가 위치하고 있어야 할 자리에 원이 그려진 사람의 형상이 있었다. 카를로스는 그 그림을 올빼미인간이라고 불렀다.

우리는 마침내 착륙했다. 착륙하고 보니 선들의 깊이는 매우 얕았다. 제일 깊은 것도 겨우 몇 센티미터에 지나지 않았다. 평원은 한때 바다였던 지역으로, 아주 작은 자갈들이 깔려 있었다. 그리고 석고 성분 덕분에 선이 사라지지 않고 유지될 수 있었다. 선들은 모래로 덮이지도 않았고 풍화작용 때문에 메워지지도 않았다. 그 평원은 지구상에서 가장 건조했다. 사하라 사막보다도 강우량이 적기 때문이다.

프란시스코 피자로가 잉카 제국을 정복한 이래 이 지역을 육로로 여행한 사람들은 그리 많지 않았다. 그 여행자들은 땅 위에 그려진 도형을 보고 고대 경작 시스템의 흔적일 거라고 추측했다. 도형을 이루는 선들의 규모가 너무나 크고(가장 큰 것은 1200미터에 이른다) 지형이 매우 편평하기 때문에 도형 안에 서 있으면 전체의 모습을 알수 없었던 것이다. 1930년대에는 이 지역을 가로지르며 팬아메리칸 고속도로가 세워졌다. 게다가 남극에서 흘러오는 차가운 훔볼트 해류 때문에 이 지역에는 짙은 바다 안개가 덮여 있다.

카를로스 말에 따르면 어느 비행기 조종사가 안개 밑에서 소형기를 몰다가 그 선들이 경작을 위해 그려둔 격자가 아니라 기하학적 도형이라는 것을 처음 깨달은 것이 1932년의 일이었다고 한다.

우리는 마리아 라이케가 사는 작은 오두막으로 향했다. 그리고 그 집의 베란다에서 차를 마시고 식사를 했다. 1932년 당시 박사 과정을 밟던 젊은 독일 수학자였던 마리아는 쿠스코에서 여름 휴가를 보냈다. 그녀는 심심풀이 삼아서 잉카 문명의 천문 수학을 살펴보았다. 그리고 도형의 모습을 맨처음 파악한 조종사를 만난 후 나스카로 가서 문제의 선들을 보았다. 그녀는 관측 장비를 사용해서 1센티미터 : 10미터의 축적으로 도형들의 지도를 그리기 시작했고, 어느 날 자신이 그린 지도가 거대한 벌새 모습이라는 사실을 알고 깜짝 놀랐다. 그녀는 그 뒤로 나스카를 떠나지 않았다. 나무 기둥들의 탄소연대를 측정해 본 결과 그 선들이 그려진 것은 기원전 300년에서 서기 900년 사이였으며, 그보다 훨씬 전에 그려진 선들도 있었다.

선들의 대부분은 갈지자, 방사선, 물결치는 선, 길게 늘어난 삼각형, 사각형, 구부러진 사다리꼴, 소용돌이, 이중나선, 별 모양 등의 기하학적 도형이다. 도형들은 광활한 평원에서, 협곡들 사이에 있는 좁은 고원에서, 메마른 고대 강바닥의 미로 한복판에 있는 편평한 섬에서 발견되었다. 선의 길이는 최대 800여 미터에 이르는 것도 있는데, 완벽한 직선과의 차이가 60센티 정도밖에 안 될 만큼 정밀하게 그려져 있다. 카를로스가 비행기에서 보여주었던 동물과 사람 모양의 그림들은 교차하는 부분이 전혀 없이 단 하나의 선만으로 이루어져 있다. 그 그림을 그린 사람들의 문화는 잉카의 영향권이 쿠스코에서부터 안데스 고지에 있는 키토까지 미치기 훨씬 전에 사라졌다. 나스카 문명은 한때 최고의 기술적 · 예술적 성과를 거뒀으며 너무나 훌륭한 직물을 생산해냈다(1제곱미터당 750땀이 들어간 천조각이 발견된 바 있는데, 이는 세계 최고 기록이다). 고대 페루에서는 아주 정교한 도자기까지 만든 바 있다. 하지만 나스카 평원의 도형들이야말로 그들만의 독보적인 작품이다. 그 도형들은 지구상에서 가장 훌륭한 텍스트이자 예술품이건만 여전히 비밀의 안개에 둘러싸여 있다.

마리아 라이케의 한 친구는 거대한 선 하나가 춘분날 태양이 지는 지평선 방향을 정확하게 가리킨다는 사실을 발견했다. 그녀는 이 사실에 근거해서 나스카의 선들이 어마어마하게 큰 우주 지도라는 가설을 세웠다. 콘도르와 벌새, 원숭이의 그림들이 별자리라는 것이다. 그녀는 아직도 이 가설을 증명하기 위해 노력하고 있으며, 극소수의 선들이 밤하늘과 연관되어 있다는 사실을 밝혀냈다. 하지만 그녀가 밝혀낸 연관성에는 의문점이 많다. 지구는 자전축을 중심으로 긴 시간에 걸쳐서 요동하기 때문에 어떤 선이 춘분날 해가 지는 지점을 가리킨다는 사실을 증명하려면 그 선이 그려진 때를 정확히 알아야 한다. 하지만 나스카의 선들은 1200년이라는 시간에 걸쳐서 그려졌다.

다른 가설을 세운 사람들도 있다. 인류학자들은 나스카 도형에 종교적인 의미가 있다고 믿는다. 선들이 수세기에 걸쳐 수마일 길이의 완벽한 직선으로 그려진 것을 볼 때 거기에는 초월적인 중요성이 있다는 것이다. 하나의 그림을 이루는 도형들이 단 하나의 교차점도 없이, 하나의 선으로 그려진 것으로 볼 때 어쩌면 의식장소로 향하는 길일 수도 있지 않을까? 하지만 대형 직선들은 신성해 보이는 동굴이나 샘물을 가리키기는커녕 텅 빈 평원에서 끝나고 있다. 선이 없는 곳에서는 원 모양으로 늘어선 재들이 발견되는데, 그 재 속에도 번제로 바쳐진 생물의 뼈 성분은 발견되지 않았다. 어떤 선들은 안데스의 구릉지대로 이어져서 위쪽으로 향하는데, 설사 그 선이 길이라 해도 인간은 절대 그 길에 올라갈 수 없다.

최근 거의 대부분의 선들이 62개의 중심점을 향해 모여 있다는 관측결과가 나온 바 있고, 인류학자들은 나스카 문명이 사라지고 500년이 지난 다음에 세워진 쿠스코의 태양 사원에서 41개의 선이 뻗어 나오고 있다는 사실을 떠올렸다. 그 선들 위에는 328개의 신성한 점이 표시되어 있는데, 이 점들은 우주론, 천문학, 자연현상, 농업, 혈족관계, 사회구조, 선조, 국가 이상 등 다양한 분야에서 잉카 인들이 중요하게 생각했던 요소를 가리킨다. 그처럼 다양한 생각들이 나스카의 도형들 안에도 깃들어 있는 것일까?

나스카 도형들이 엄청나게 크고 편평한 지형에 그려졌기 때문에 정작 그것들을 그린 사람들은 전체의 모습을 볼 수 없었을 것이다. 이 사실은 큰 의문을 불러일으킨다. 나스카 사람들은 마리아 라이케가 1센티미터 : 10미터의 축적으로 지도를 그렸던 과정을 거꾸로 수행했음에 틀림없다. 나스카 사람들이 직접 볼 수도 없는 그림을 그렸다는 점에서, 그들이 외계인을 기다리면서, 또는 진짜 존재했던 외계인 방문객을 위해서 그림을 그렸다고 추측해볼 수도 있다. 카를로스가 올빼미인간이라고 불렀던 산 위에 있는 30미터짜리 그림은 만화풍으로 그린 외계인처럼 보인다.

마리아 라이케는 그 밖에도 여러 가지 가설들을 50년 동안 연구해오면서 천문 수학에 대한 연구 또한 계속했다. 그녀는 이제 90대에 접어들어 심한 관절염을 앓고 있는데, 몸이 심하게 아픈 밤이면 우리가 나스카 도형의 의미를 결코 풀 수 없을 거라는 생각이 든다고 말했다.

세스나기로 돌아온 카를로스와 나는 도형들 위를 한 번 더 날았다. 세스나는 어둑한 안개 속으로 뛰어들었다가 밝게 빛나고 있는 상부를 뚫고 나타났다. 카를로스가 최근 이곳에 데리고 온 한 남자가 있었는데 그는 본국에서 열기구를 모는 조종사였다고 한다. 그 조종사는 나스카 사람들이 만들었던 천조각을 보더니 공기가 새지 않을 만큼 촘촘하다면서 열기구의 천도 그 정도로 정교하지는 못하다고 말했다. 어쩌면 나스카 사람들은 열기구를 보고 1천 년에 걸친 예술적 기교를 발견했는지도 모른다. 그렇다면 아무것도 없는 평지에서 발견된 원형 잿더미의 존재도 설명할 수 있다. 인류학자들은 그 평지에서 사람의 거주지나 번제의 흔적을 전혀 찾아낼 수 없었다.

나는 리마로 돌아와서 공항에 있는 〈타임〉지를 집어들었다. 거기에는 허블 우주 망원이 제공한 자료를 인용한 특집 기사가 실려 있었고, 별의 형성과정을 찍은 첫 사진도 있었다. 나는 우리의 조그마한 두뇌가 우주 저 끝에 있는 불활성 물질의 내부 과정과 빅뱅 직후의 수밀리세컨드 동안에 벌어졌던 일까지 밝혀낼 수 있다는 사실에 충격을 받았다.

하지만 나스카 도형들은 현대의 정신병원에서 흔히 볼 수 있는 환자들의 무의미한 낙서가 아니라 문명을 발전시켰던 인간들이 12세기에 걸쳐서 아주 정밀하게 그린 그림이다. 게다가 그 문명이 멸망한 것도 그리 오래 전이 아니라 그리스 문명이 사라지고 1500년이 흐른 뒤이다. 우리는 그리스 철학자들에 대해서는 아주 잘 이해하고 있다. 그럼에도 나스카 도형 안에 숨겨져 있는 의미는 다시 복원할 수도 없을 뿐 아니라 영원히 미지의 영역에 묻혀 있을 것이다.

고리들

의미를 가진 거라고는 단 하나도 없는 시절이 있다. 누구나 갓 태어난 후 어머니에게 입을 맞추거나 젖을 빨거나 누군가 우리에게 건네는 것을 받거나 저 멀리 보이는 것을 만져보기 위해서 손을 내밀던 시절이 있다. 우리는 그러면서 스스로의 얼굴을 가리기도 하고, 몸을 만져보는 타인의 손길을 밀어내기도 한다. 그러다가 며칠이 더 지나면 우리는 웃기 시작하고, 우리의 몸은 각종 '표현'으로 활기를 띠게 된다. 웃고, 찡그리고, 뾰루퉁해서 입을 내밀고, 울고, 손을 흔들다가는 놀랍게도 온갖 음역의 소리를 내며 춤을 추는 것이다.

이런 동작들은 의미를 이해하고 내보이는 표현이 아니다. 이때의 아기들은 몸을 통해 일어나는 접촉들을 예상하고, 이미 몸을 통해 경험해 보았거나 더 이상 경험하지 못하는 포옹을 재현하고, 몸과 사물과 사건이 이뤄내는 결합을 가속시키거나 지연시키고, 그런 결합을 분리하거나 한데 합치거나 계획하거나 분할하고 있는 것이다. 그런 의미에서 우리의 싸움은 '표현적'이다. 성인이 된 뒤에도 상황은 다르지 않다. 충돌은 싸움을 거쳐야 해결을 보지 않던가. 특히 용기, 명예, 충성, 성실, 사랑의 강도를 놓고 벌어지는 충돌들이 그렇다.

그 다음 순서는 소리를 통한 표현이다. 아기는 소리를 이용해서 즐겁게 수용한다는 표현을 하고, 무언가를 요구하고, 받거나 빼앗겼다는 것을 표현하고, 점점 더 구체적인 것을 인정하거나 요구한다. 그리고 단어를 익히는 차례가 온다. 단어는 대상에게서 가져온 의미와 연결되고, 우리는 그런 의미가 부재하는 곳에 단어를 사용한다. 모든 단어는 대조되는 의미를 가진 다른 단어들의 군과 대등하게 연결되어 있다. 예를 들어 '포크는 숟가락이 아니고 나이프도 아니다.' 또한 이런 단어들은 더 심화된 단어군을 언급하게 된다. 예를 들면 '포크를 가지고 장난치다가는 다친다'는 말이 있다. 이처럼 어떤 단어의 뜻을 결정하는 것은 단어의 고리이고, 각 단어와 연결되어 있는 단어의 고리들이 그 단어의 의미를 설명해준다. 이런 단어의 체계는 유기적으로 확대되고, 의미들은 사슬처럼 이어진다. 그리고 의미들은 각종 사물, 동물, 식물의 힘과 우리들 사이에서 그런 사슬로 된 울타리를 형성한다.[1]

우리는 저 혼자만의 힘으로 '이게 무슨 뜻이지?'라고 묻고 해석의 순환고리 속으로 뛰어들지는 않는다. 우리는 딸기 오트밀로 아침식사를 했다는 것이 무슨 의미인지, 퇴근하고 돌아와서 뜨거운 물이 담긴 욕조에 30분 동안 몸을 담근다는 것이 무슨 의미인지 자문하지 않는다. 우리는 인간이 아침을 먹는다는 것이 무슨 의미인지, 음식을 먹는다는 것이 무슨 의미인지, 따뜻한 물에 몸을 담근다는 것이 무슨 의미인지 자문하지 않는다. 물론 정신과 의사가 우리에게 '그것은 당신에게 무슨 의미죠?'라고 물어보는 경우는 다르지만 말이다. 어린 아이들은 그 모든 행동들이 무슨 의미인지 걱정하지 않은 채 엄지손가락을 빨고, 강아지와 몇 시간씩 놀고, 낙엽더미를 헤치며 달리고 또 달릴 수 있는 것이다.

그러다가 어느 순간 질문이 시작된다. 부모나 선생님이 우리와 마주앉아서는 뭘 했는지 설명하라고 요구하기 시작한다. 사회복지사가 갑자기 나타나서 '생활보호 대상자인데 어떻게 최신 대형 텔레비전을 집에 들여놓은 거죠?'라고 묻는다. 텔레비전을 켤 때마다 그런 사람들이 등장한다. 정치가와 권위자들은 방송에 출연해서 투표하지 않는 이유를 묻고, 전문가들은 자식을 벌하지 않는 이유를 묻고, 설교자들은 우리가 삶의 의미나 지구상에 인간이 존재한다는 사실의 의미에 신경쓰지 않는 이유를 말하라고 다그친다. 잡지는 고등학생들이 친구를 총으로 쏘는 것이 무슨 의미인지, 휴대전화의 매출이 점점 늘어나는 것이 무슨 의미인지, 그해 최고의 흥행작 영화가 〈파이트 클럽〉이라는 것이 무슨 의미인지를 매주 묻는다.

'그것이 무슨 의미지?'라고 의문을 품을 때마다 우리는 끝없이 연결된 고리의 연쇄에 사로잡힌다. 우리는 다른 나라에서 누군가와 대화를 나누고 저녁을 함께 먹는다. 아는 이가 하나도 없는 곳이다 보니 본래의 자신을 잊고 섹스의 기대감과 즐거움에 몸을 던진다. 이런 일들은 매일 밤 반복된다. 그러다가 이런 의문이 불현듯 떠오른다. '저 여자가 정말 나에게 관심이 있는 걸까? 지금 나와 일종의 줄다리기를 하는 건 아닐까? 오르가슴을 느낀 것처럼 연기하는 건 아닐까? 저 여자가 선물이나 돈을 바라는 걸까? 나한테 달라붙어서 함께 미국으로 가려는 걸까? 임신해서 나를 옭아매려는 건 아닐까?' 상대 여성이 뱉어내는 단어와 한숨과 섹스 중의 헐떡거림 하나하나가, 그녀가 약속시간보다 일찍 나오는지 늦게 나오는지의 여부가, 옷차림에 격식을 갖췄는지 안 갖췄는지 그 모든 사실들 하나하나가 의미를 담을 수 있는 표현이 된다. 그러고 나서는 다음 단계의 질문들이 밀려온다.

'저 여자는 식민 지배 인종이었던 백인 남자를 유혹했다는 승리감을 얻으려는 걸까? 지역적인 도덕이 붕괴되고 여성이 낯선 외국인과 잠자리를 갖기 시작했던 베트남전 당시에 미군들이 주둔했기 때문에 그렇게 생각하는 걸까?' 그 다음에도 질문이 꼬리를 잇는다. '여자의 부모는 우리를 어떻게 생각할까? 이 여자가 속한 지역 사회는? 그 사람들은 그저 자유로운 불교도라서 섹스에 엄격한 유대-기독교인들과 다른 걸까? 그것도 아니면 서양에서 시작된 세계 시장의 소비 중심주의의 압박에 지역 사회가 무너져서 내 모국에 있는 여자들과는 달리 이 여자는 자발적으로 나와 잠자리에 든 걸까?' 그리고 질문의 순환고리가 다시 돌기 시작한다. '그럼 나는 어떻게 생각하고 있는 거지? 이 관계는 심각한 걸까? 귀국하면 아내에게 털어놓아야 할까? 아니면 이 관계는 나에게만 의미가 있는 비밀일까? 그리고 그 다음 바퀴. '아내와 멀리 떨어져서 바람을 피운다는 건 내 인생에 어떤 의미가 있을까? 이런 일을 겪으면서 나의 자기인식은, 기혼자라는 상태는 어떻게 변하는 걸까?' 또 한 바퀴. '대학 교수라는 본래의 위치로 돌아가면 이런 일들은 어떤 의미를 가질까? 이국적인 우회로를 돌아온 거라고 생각하며 그리워할까? 비밀스러운 이중생활을 즐겼으면서 젊은이들에게 윤리를 가르친다는 건 어떤 의미일까?'

다음 바퀴에는 온갖 의미를 묻는 질문에 대한 우리의 대답이 문제가 된다. '그 여자가 약속시간에 늦게 나왔다는 건 내가 그녀에게 중요하지 않다는 뜻이지. 즉 그 여자도 이중생활을 하고 있는 거야. 내가 바람을 피웠다는 건 아내와 아이들에게 충실하지 못했다는 뜻이고.' 그 다음에는 이중생활과 부정이 무엇을 뜻하느냐는 질문을 두고 다양한 해석이 등장한다. '부정이란 건 아내에게 했던 결혼서약을 어겼다는 뜻이지. 그런데 결혼이란 게 도대체 뭐지? 아내가 있다는 건 무슨 뜻이고 "내 아내"라는 말은 무슨 뜻이지?'

인생이라는 것이 보거나 접촉하는 모든 것의 의미를 명목화하는 것이긴 하지만 이런 질문들이 자연스럽게 떠오르는 건 아니다. '저 여자는 내게서 선물이나 돈을 바라는 걸까? 나를 묶어두고 싶은 걸까?'라는 질문은 내가 이 나라를 떠날 때 그녀가 나를 마주보면서 미국으로 데려가 달라고 말하는 순간을 상정하고 있다. '지역적인 도덕이 붕괴되고 여성이 낯선 외국인과 잠자리를 갖기 시작했던 베트남전 당시에 미군들이 주둔했기 때문에 그렇게 생각하는 걸까?'라는 질문은 정치적이고 윤리적인 신념을 가진 고국 사람이 나를 불러서 후진국 여성과 무슨 일을 했는지 설명을 요구하는 순간을 상정하고 있다. '아내와 멀리 떨어져서 바람을 피운다는 게 내 인생에 있어서 무슨 의미이지?'라는 질문은 귀국하고 나서 친구나 결혼 상담가나 목사나 검사가 설명을 요구하는 순간을 상정하고 있다.

먼 곳으로 여행을 가면 원시적인 광경들을 보며 기분이 좋아진다. 남극에 가면 높고 낮은 얼음덩어리와 대륙 빙하에 생긴 크레바스가 시선을 끌고, 절벽에는 어떤 심상과도 연결지을 수 없고 지형의 이름조차 붙일 수 없는 형태와 면들이 가득하다. 우리는 태양이 얼음 속에 만들어 놓은 색깔과 무늬를 보면서 담청색, 연한 자주색, 하늘색, 자줏빛, 나트륨색, 비취색, 에메랄드색, 보라색, 라벤더색, 라임색, 쑥색, 케찰색 등의 이름을 즐거이 붙여본다.

하지만 우리가 그동안 액체나 광물, 식물이나 동물 등에서 보아왔던 수많은 종류의 청색과 녹색들은 수정 절벽 속에서 반짝이는 빛과는 같지 않다. 이곳에는 결론을 내릴 수 있는 연결고리가 존재하지 않는다. 대륙 빙하는 우리가 살 수 없는 곳이기 때문이다. 에티오피아 남부의 사막을 거닐다 보면 우리의 눈은 두뇌에 아로새겨진 개념과 분류, 해석적인 패러다임의 층을 뚫고, 의미가 만물을 뒤덮기 전에 그랬던 것처럼 낙타와 사람들과 사구와 하늘을 새롭게 바라보게 된다.

켄은 대학 졸업 후 줄곧 여행을 했다. 그리고 여행을 이어 나가려면 일자리가 필요하다는 사실을 깨달았다. 그는 대학원에 다녔고 대학에 일자리를 잡았다. 언론사 특파원이나 삼류 소설 작가를 제외하고 여행에 시간을 가장 많이 할애할 수 있는 일자리였기 때문이다. 켄은 체력과 지구력이 좋아서 여행하지 못하는 곳이 없다. 그는 체격이 크고 어깨가 넓으며, 시합에 나가도 될 만큼 근육이 멋지다. 대학 교수는 책장을 넘기고 컴퓨터를 두드리고 정부인사들과 만난 자리에서 싸구려 와인잔을 들 만큼의 힘만 있으면 되기 때문에 근육은 필요치 않다. 그가 이스라엘과 시리아에 갔을 때 사람들은 그를 보고 군인이냐고 물었다고 한다. 하지만 켄은 필요에 의해 만들어진 근육을 혐오하고 충동적으로 살고 싶어 한다. 그는 고등학교 시절 단 한 번도 미식축구를 해본 적이 없다. 그의 눈은 크고 눈 사이가 멀며, 교활함이나 비아냥이 깃들어 있지 않고 아이들처럼 무구하다. 그의 눈은 늘 즐거움으로 달아올라 있으며 보이는 모든 것을 빨아들인다. 그는 물건을 비축해 두지 않는다. 어느 곳을 방문하든 수필이나 일기를 쓰는 일도 없고 사진도 찍지 않는다.

켄은 약혼을 하고 멕시코에서 찾아낸 수제 은반지까지 산 적이 있다. 약혼은 결국 파혼으로 이어졌지만 그는 여전히 반지를 지니고 있다. 그는 한때 매장량이 세계 1위였던 은 광산에서 아직도 찾아낼 수 있는 폐기물을 이용해 세공사가 만들어 준 그 반지를 좋아한다. 그의 부모들은 낙담했다. 아들의 약혼 상대가 마음에 들었기 때문이다.

아프리카에 살고 있는 또 다른 영장류들은 동종 간의 기본적인 이끌림과 애정, 성적인 흥미와 방어적인 필요성 때문에 무리를 이루고 산다. 인간들은 규정에 따라 상품과 서비스를 교환하면서 상호 의존적으로 살고 있기 때문에 사회를 형성한다. 시장에서 오가는 계약과 부채와 채무는 자국법의 규제를 받는 사회가 형성될 수 있는 기초가 되었다. 이제 우리는 상업 거래를 하면서 악수를 담보로 삼지 않는다. 대신 그 손으로 계약서에 서명을 한다. 하지만 결혼 서약은 손을 통해서 이루어진다. 결혼반지는 두 사람의 육체가 끊어지지 않는 금속 고리처럼 결혼 계약을 통해 맺어진다는 상징이다. 약혼반지나 결혼반지는 우리의 손가락을 꽉 조이며, 직장이나 거리나 컨벤션 호텔의 바에서 떼어놓을 수 없는 최후의 금기이다.

현재 켄과 사랑에 빠진 여성은 3명이다. 켄은 그 가운데 한 사람과 함께 살고 있으며 다른 한 사람과 여행을 하고 가끔 세 번째 여성을 방문한다. 그는 두어 달마다 세 여성 가운데 한 사람을 만나서 사랑에 빠진다. 그의 조부가 병중이다 보니 부모들은 조부가 세상을 떠나기 전에 켄이 손주를 안겨주기를 바라고 있다. 켄은 그 얘기를 듣고 에티오피아로 떠났다.

나는 켄과 동행하기로 했다. 나보다 먼저 도착한 켄이 아디스아바바(에티오피아 수도-옮긴이)에 호텔을 잡아두었다. 그리고 나를 기다리면서 호텔의 사무실로 내려가서 여자친구들에게 이메일을 보냈다. 내가 호텔에 도착했을 때 사무실에서 일하는 젊은 여성이 그에게서 눈을 떼지 못하고 있었다. 켄은 하루에 몇 시간씩 이메일을 쓰러 내려갈 것이 분명했다.

우리가 에티오피아에 대해 알고 있는 사실은 이랬다. 에티오피아의 셈 족들은 아프리카에서 가장 높은 고산지대를 차지하고 이슬람이 북아프리카를 휩쓰는 동안 자신들이 믿는 콥트 기독교를 지켜냈다. 국왕인 메넬리크 2세는 지난 세기가 시작되자마자 저지대의 사바나 지역 상당 부분을 정복했다. 그 지역에는 오로모 어나 소말리어를 사용하는 혈족들과 '정령신앙을 믿는' 이슬람 사람들이 살고 있었다. 2차 세계대전이 끝나자 육지로만 둘러싸여 있던 에티오피아는 에리트레아를 합병하면서 홍해 쪽으로 영토를 넓히려 했다. 최근에 벌어진 전쟁에서는 5만 명의 사망자가 발생했고 수십만 명이 삶의 터전에서 쫓겨났다.

켄과 내가 그곳에 도착했을 때는 아프리카 통일기구의 중재로 휴전 중이었다. 때는 여름이라 가뭄이 저지대를 유린하고 있었다. 메넬리크 2세는 오가덴이라는 광활한 지역을 공격했는데, 지금 그 지역을 차지하고 있는 것은 소말리아 유목민들이다. 그리고 오가덴 지역에서는 아디스아바바에 대항하는 폭동이 끊이지 않고 있었다. 우리가 본국의 언론을 통해 알고 있는 것은 그것이 전부였다. 아디스아바바에 머무르면서 읽어본 두어 개의 4면 영자신문에서는 새로운 사실을 알아낼 수 없었다. 그 신문들은 기본적으로 영어를 사용하는 아프리카 국가에서 온 대표단용으로 처음부터 끝까지 검열의 영향을 받고 있었다. 우리는 전선에서 퇴역하거나 탈영한 군인들을 만나봤지만 그들은 전선이 어느 구역에 걸쳐 있는지 전혀 몰랐을 뿐 아니라 전쟁 발발의 원인에 대해서도 너무나 퉁명스럽게 얘기했다. 그저 들은 대로 읊조리는 게 전부인 것 같았다. 그들은 하일레 셀라시에 왕이

1974년에 물러나면서 주도권을 잡은 정권과 봉건 지주들의 토지 몰수와 토지 공영화, 그리고 그에 반대하는 북쪽 티그레이 사람들이 일으킨 내전에 관해 얘기했다. 그리고 알바니아 인들에게 배운 막시즘의 구호를 적은 게시물로 나라를 도배했던 멩기스투 하일레 마리암에 관해서도 얘기했다. 하지만 멩기스투는 1991년에 실각했고 지금 권력을 잡고 있는 것은 북쪽지역 사람들이다. 막시스트들의 지배는 사라졌지만 현 정부가 어떤 통치원리를 갖고 있는지, 그런 게 존재하기는 하는지 아는 사람은 아무도 없었다. 우리는 무슨 얘기인지 하나도 이해할 수 없었다.

우리는 아름다운 아마라 여성과 결혼한 토머스라는 중년 백인 남성을 만났다. 토머스의 아버지는 유고슬라비아 출신이었다. 토머스는 지루하고 졸린 오후 내내 수리공이었던 아버지가 얼마나 황당한 인생을 살았는지를 엉성하면서도 억양이 강한 영어로 얘기해주었다. 그의 이야기는 뒤로 갈수록 쓸데없이 자세했고 엉망진창이었다. 우리가 알아들은 것은 그가 어쩌다 보니 2차 세계대전 중에 유고슬라비아 부근의 국경지대에 떨어졌다가 에티오피아까지 흘러 들어왔다는 사실과, 연합군이 무솔리니의 점령군과 충돌했던 전장의 모습이 전부였다. 앞뜰에는 낡은 1967년형 랜드 크루저가 있었다. 우리는 남쪽으로 여행을 갈 때 그 차를 빌릴 수 있는지 물었다. 토머스는 좋다고 하면서 영어를 할 줄 아는 운전사와 천막 몇 점을 제공하겠다고 말했다.

그날 저녁 운전사가 호텔로 찾아왔다. 그는 자신을 벨레테라고 소개했지만 우리는 그가 호텔을 떠나자마자 그의 이름을 잊어버렸다. 벨레테는 대머리에 60대로 보였고 다소 뚱뚱해도 튼튼해 보였으며 안정되고 침착한 분위기를 풍겼다. 그는 오래 전부터 알던 사이처럼 허세를 부리지 않고 허물이 없었다. 우리는 그를 보자마자 마음에 들었다. 벨레테는 식량을 살 수 있도록 우리를 야시장으로 데려갔다. 우리는 야채덩어리와 말린 고기가 싫어 비스킷과 참치 캔, 몇 그릇의 초콜릿 소스만 샀다. 벨레테는 사람들 사진을 찍으면 돈을 주어야 한다며 우리를 불법 환전상에게 데려갔다. 우리는 그에게서 1비르짜리 지폐를 한 묶음 받았다.

우리는 다음날 아침 6시 물통 상자를 실은 채 에티오피아를 가로지르는 주 고속도로를 탔다. 첫 1백여 킬로미터는 유럽 연합의 중장비를 동원하고 상당한 자금을 들인 아스팔트 도로였다. 벨레테는 아디스아바바에서 40킬로미터쯤 벗어나자 화산 밑에 차를 세우고 우리를 분화구 테두리로 데려가서 그 안에 있는 호수를 보여주었다. 호수 위 하늘에는 구름들이 흩어지지 않고 머물러 있었다. 그 지역 여성들이 토기에 물을 담아서 올라오고 있었다. 그 가운데 한 사람이 우리를 보더니 발을 멈추고 머리에 이고 있던 토기를 기울여서 흙으로 빚어 만든 컵에 차가운 물을 따라주었다.

한낮이 되자 우리는 이동을 멈추고 점심을 먹기 위해 노변에 있는 작은 식당에 들어갔다. 그곳의 이름은 베켈레 몰 호텔이었다. 그때부터 벨레테는 자신이 보기에 외국인에게 괜찮을 것 같은 식당을 볼 때마다 베켈레 몰 호텔이라고 불렀다. 머릿속에서 무의식적으로 혼동이 되다 보니 우리는 그날부터 벨레테를 베켈레라고 부르게 되었다. 나중에 여행을 끝내고 돌아왔을 때 나는 너무나도 부끄러웠다. 나는 마지막 날이 돼서야 유고슬라브가 건네준 명함을 윗주머니에서 발견했는데 그 뒷면에는 벨레테 제브레라는 진짜 이름이 적혀 있었다.

우리는 얼마 지나지 않아서 그레이트 리프트 밸리로 내려갔다. 그레이트 리프트 밸리는 대륙판이 갈라져 만들어진 거대한 균열로서, 이 균열이 에티오피아의 산지 요새를 둘로 나누고 있었다. 실제로 우리가 있는 지역은 남부 사막지대였다. 베켈레-벨레테가 우리가 묵고 있는 베켈레 몰 호텔의 작은 진흙 벽돌 방으로 찾아왔다. 숙박객은 우리뿐이었다. 베켈레 몰 호텔은 트럭 정거장이기도 했지만 그 길을 통해 케냐를 오가는 트럭 운전사들은 보통 차 안에서 잤다. 트럭 중에는 곡물자루를 운반하는 것들도 있었는데, 벨레테는 그 식량이 국제 원조기구가 사막지대를 엄습한 기아를 돕기 위해 보낸 것이라고 말해주었다. 우리가 가려는 곳도 그 사막지대였다.

벨레테의 영어는 단순하긴 해도 정확했고, 우리는 그 뒤로 벨레테가 어디서든 문제없이 통할 만큼 유목민 언어까지 알고 있다는 사실을 직접 확인할 수 있었다. 그는 식품 노점상에서 에티오피아 인들이 인제라라고 부르는 지저분한 회색 크레이프와 고기를 사고는 호텔 주인에게 구워달라고 부탁했다. 우리가 방으로 들어가자 한 소년이 밤에 소변을 보도록 양동이를 가져왔다. 화장실이 거주구역 뒤편에 있는데다 어두웠기 때문이다.

베켈레 몰 호텔에서 묵은 것은 그게 마지막이었다. 적어도 나중에

같은 길로 돌아가기 전까지는 그랬다. 그 이후로는 야영을 했다. 다음날 밤, 벨레테는 바짝 마르고 갈라진 강바닥 옆에 서 있는 나무들을 발견했다. 그런데 나무들 사이에서 무언가 부서지는 소리가 나더니 덩치가 큰 흑갈색 개코원숭이 네 마리가 튀어나와서 우리를 에워쌌다. 우리가 침입하는 바람에 화가 난 모양이었다. 우리는 사들고 왔던 식량을 내주었다. 원숭이들은 초콜릿 소스 바른 참치를 좋아하는 것 같았다. 우리는 그 뒤에야 천막을 칠 수 있었다.

그 다음날부터는 관목들을 뚫고 사막을 가로질렀다. 식물 덤불들은 말라죽은 상태였고 관목에는 잎이 달려 있지 않았다. 그리고 가끔씩 가뭄으로 죽기 전에 살을 뜯긴 양과 염소의 유해가 눈에 띄었다. 하루는 벨레테가 마고 국립 야생동물 보호구역이라고 알려준 광활한 지역을 통과하고 있는데 흙먼지가 일더니 카키색 사파리 옷을 입고 소총을 든 남자 셋이 지프를 몰고 다가왔다. 그들은 스쳐 지나가면서 인사도 하지 않았다.

"사냥꾼이군요."

벨레테가 말했다.

"사냥이 합법인가요?"

켄이 물었다. 벨레테는 외국인들이 엄청난 돈을 내고 사냥허가를 얻는다고 알려주었다. 쿠두 영양은 한 마리에 3천 달러, 사자는 5천 달러, 코끼리는 1만 달러였다.

벨레테는 근육질은 아니지만 그가 길 위의 구덩이와 파인 곳을 피하며 랜드 크루저를 몰고 지도에도 없는 갈림길을 찾아가며 사막을 횡단하는 모습을 보자니 전사의 힘줄과 신경을 타고난 것 같았다. 사실 그는 여행경로를 아주 정확하게 기억하고 있었다. 매일같이 유목민 시장에 우리를 데려다 줄 수 있는 것도 그 때문이었다.

야생 나무들이 밀집되어 있는 곳마다 우물이 있었고 100명에서 200~300명의 사람들이 모여 있었다. 벨레테는 그런 장소를 볼 때마다 이건 츠메이 시장이고 저건 투르미 시장이며 이건 베타 시장이고 저 사람들은 아리 족이라고 알려주었다. 벨레테는 사람들 사이를 거닐다가 인제라를 찾아냈고 염소고기 꼬치를 구워주는 사람도 발견했다. 시장이라고는 해도 물건을 사고파는 사람은 보이지 않았다. 팔려고 목줄을 매고 끌고 온 양이나 염소, 낙타도 없었다. 내가 방문했던 다른 제3세계 국가들과 마찬가지로 종교단체에서 기부한 옷가지를 팔고 있는 사람도 보이지 않았다. 흥미 있어 보이는 수공예품을 파는 사람도 없었다.

모든 이들이 손수 만든 사치스러워 보이는 옷을 입고 있었다. 여성들은 다채로운 구슬이 달린 염소가죽 치마를 입고 있으며 문신을 한 얼굴에 팔과 다리에는 부조가 새겨진 구리 고리를 끼고 있었다. 남자들의 머리모양은 놀라웠다. 짧게 깎은 곱슬머리의 윤곽은 도형 모양을 이루고 흰색, 붉은색, 푸른색 진흙으로 물들이고 세심하게 꽂은 깃털로 장식되어 있었다. 피부에도 색을 칠했으며 다리에는 흰색으로 아라비아풍의 문양을 그린 경우가 많았다. 생식기 주변에는 천으로 만든 띠를 두르고 있는 경우가 많았다. 굳이 동물가죽으로 생식능력을 강조할 필요가 없다고 생각하는 것 같았다. 사람들은 반짝이는 검정 목재로 만든 작은 걸상을 하나씩 들고 다녔는데, 쉴 때면 몸에 칠한 색들이 더러워지지 않도록 그 위에 앉았다. 벨레테는 그 걸상이 자려고 누웠을 때 머리장식을 보호해주는 베개로서의 역할도 한다고 말해주었다. 남자들은 노소를 막론하고 기름칠이 잘 되어 번들거리는 소총을 들고 있었으며 허리에는 총알이 반짝거리는 탄띠를 차고 있었다.

우리는 불현듯 팔려고 내놓은 물건들이 있다는 사실을 깨달았다. 몇몇 여인이 분말 염료 더미 앞에 앉아 있었다. 커다란 도기에서 맥주를 퍼 나르는 여인들도 있었다. 운 좋게도 영양을 사냥해서 가져온 남자도 보였는데, 그 사람은 죽은 영양을 파는 게 아니라 그 사실을 스스로 축하하는 듯했다. 그는 아이들과 나이 많은 여인들과 맥주잔을 들고 그 축제에 참가한 친구들에게 기분 좋게 고기 조각을 나눠주고 있었다.

그런 장소들은 '시장'인 동시에 축제이기도 했다. 그 사람들은 아주 특별하고 비실용적인 옷을 입고서 먼 거리를 걸어왔다. 하지만 사제도 보이지 않았고 특별히 정해진 의식이 있는 날도 아니었으며 여흥꾼 무리나 가수나 춤꾼도 보이지 않았다. 그들은 스스로의 아름다움을 축하하고 있었다. 실제로 우리는 이동 중에 종종 멈추면서 늘씬하고 우아한 그들의 체형과 완벽한 피부, 고귀한 외모와 입에서 흘러나오는 웃음을 비교하기 시작했다. 어느 날엔가 카로 사람들을 보고는 놀라서 입을 다물지 못한 채 남녀를 막론하고 그 사람들이 가장 아름답다고 결론을 내리기도 했다.

나는 여러 해 동안 카메라 없이 여행을 했다. 사진을 찍으면 내가 소통하고 싶은 사람들을 대상화시키는 것이라고 생각해서 그랬고, 과거의 상황과 장면들을 고정시키고 쌓아두려 애쓰는 것은 기만적이며 무언가 잘못되었다고 생각해서 그랬고, 마음만 먹으면 그것들이 진짜 현실이었노라고 돌이킬 수 있을 것 같아서 그랬다. 그러던 어느 날 친한 한 학생이 나를 카메라 가게로 데려가더니 새 기계를 사고는 쓰던 카메라를 주었다. 그 뒤 인도로 떠난 나는 여러 날 동안 그 카메라로 건물과 풍경만 찍었다. 그리고 어느 날 저녁 카슈미르에 있는 달 호수에서 시카라라고 부르는 작은 배에 타고는 호숫가에 드리워진 버드나무들 쪽으로 카메라 초점을 맞췄다. 뱃사공은 계속해서 천천히 노를 저었다. 그런데 카메라의 뷰 파인더를 들여다보니 방금 전 호수에서 목욕하던 남자들이 찍혔다는 사실을 알게 되었다. 고개를 들어보니 그 사람들이 나를 보며 소리치고 있었다. 그들은 웃으며 소리쳤다. "고마워요!" 나는 그 상황을 곰곰이 생각해보았다. 그 사람들은 내가 풍경이나 인도의 유적이 아니라 자신들을 기록해 두었다는 사실에 기뻐하고 있었다. 흑백필름은 인도 어디서나 구할 수 있었기 때문에 나는 필름 한 통을 순식간에 찍어대며 결과물을 살펴보았다. 나는 가난한 사람들은 언제나 존재하며, 다음날 그 장소에 다시 찾아가도 그들이나 그들의 지인이 똑같은 자리에 있을 거라는 점을 깨달았다. 그리고 아무것도 가지지 못했으며 앞으로도 그럴 것이 분명한 사람들에게 줄 수 있는 선물 가운데 가장 순수한 것은 바로 그들 자신의 사진이라는 사실도 깨달았다.

유목민 축제에 참가했던 사람들은 내 곁을 스쳐 지나갔지만 그렇다고 해서 자신들의 아름다움을 보지 못하도록 감추지는 않았다. 우리 일행이 그곳에 다시 돌아갈 일은 없었다. 그리고 유목민들에게는 내가 찍은 사진을 보내줄 이메일 주소도 없었다. 하지만 그들의 아름다움을 사진으로 남겨서 가지고 싶다는 욕심이 너무나 컸다. 나는 큰마음을 먹고 카메라를 꺼냈다. 들키지 않고 사진을 찍는 것은 불가능해 그때부터 내 카메라의 피사체가 되는 사람들은 하나같이 1비르를 달라고 했다. 나는 축제의 장을 시장으로 바꿔버린 것이다.

본국에는 수백만 달러를 받고 창백하고 감동 없는 얼굴과 유연한 신체를 카메라 앞에 제공하는 미인들이 있다. 이곳에서도 누군가가 몇 년 전에 지나가면서 사람들의 멋진 신체와 훌륭한 몸치장에 감탄하며 사진을 찍고는 사진집을 냈을 것이다. 그는 다시 한 번 찾아와서 이곳 사람들에게 사진집을 보여주었을 테고, 사람들은 사진집을 가져도 되냐고 물었을 것이다. 그리고는 사진집이 한 권에 50달러라는 얘기를 들었을 것이다. 그때 사진의 모델이 되면 돈을 받아야 한다는 사실을 깨달은 것이다. 1비르는 미화로 12센트에 해당한다. 필름값을 계산해보면 한 컷 가격에 해당한다. 컷당 12센트를 필름값으로 지불할 수 있는 여행자라면 모델에게도 그 정도는 줄 수 있다.

한편 에티오피아 사람들에게 12센트는 큰돈이다. 수도에서 일당을 벌어 사는 사람들은 보통 하루에 8비르를 받는다. 유목민들이 돈을 벌 수 있는 수단은 나 같은 여행객이 주는 1비르가 유일하다. 벨레테에게 사람들이 이 돈으로 무얼 하느냐고 물었더니 소총에 쓰는 총알을 산다고 했다. 케냐에 가서 그 총알을 낙타와 바꾼다는 것이다.

벨레테가 우리를 불렀다. 나무 아래로 가보니 구운 고기꼬치를 얹은 인제라가 우리를 위해 마련되어 있었다. 음식을 조리한 40대 여성은 크게 매력적인 외모도 아니고 그녀가 입은 구슬장식 달린 염소가죽 치마는 닳아빠져 있다. 풍파에 시달린 얼굴에는 문신이 있었으며, 장신구라고는 반지 하나뿐이었다.

켄은 그녀에게 다가가서 반지를 보여 달라고 했다. 그녀의 손가락을 휘감고 있는 것은 굵은 알루미늄 전선이었다.

"바꿀래요?"

켄이 물었다.

여인은 부끄러워하며 웃었다. 물론 여인은 말의 뜻을 이해하지 못했다. 켄은 정중하게 여인의 반지를 빼고 대신 자신의 것을 끼워주었다.

옛 병원

나는 간신히 표를 구할 수 있었다. 한 공연당 판매하는 표는 스물다섯 장뿐이었다. 리우데자네이루 번화가는 기업이나 은행 직원들이 매일같이 일하는 고층 건물들이 들어차 있는 중심지였지만 이제는 텅 비어 있었다. 우리는 뭔가 불만을 품고 있는 것처럼 보이는 병원의 철제 울타리 안에서 기다리고 있었다. 병원은 작았으며 철거를 기다리고 있는 사무실용 건물들 사이에서 웅크리고 있었다. 하지만 병원 건물의 일부가 아직도 제 기능을 발휘하고 있다는 소문이 돌았다. 경찰이 거리에 있는 말기 환자 노숙자들을 병원에서 죽으라고 밤에 데려다 놓는다는 얘기였다.

마침내 문들이 열렸다. 우리는 캄캄한 입구에 섰다. 갑자기 양쪽에서 스포트라이트가 비추었고, 늙은 야훼와 루시퍼가 조악한 천으로 만든 예복을 입고 15센티미터 높이의 상자들 위에 서 있었다. 루시퍼는 야훼가 천계의 온갖 축복을 퍼붓는 바람에 욥이 희망을 잃었다고 불평했다. 야훼는 결국 루시퍼가 제안한 시험을 받아들였다. 그들을 비추던 조명이 꺼지고 그들 역시 어둠 속으로 사라졌다. 비명소리가 들렸다. 그리고 욥 부부가 우리들 사이로 밀고 들어왔다. 욥의 아내는 죽은 아이들을 팔에 안고 울부짖었다.

그들은 비틀거리며 복도를 걸어갔다. 우리는 뒤를 따랐다. 복도에 있는 벽감에는 예복을 입은 사람들이 서서 애도가를 읊조리고 있었다. 우리는 한때 강의실이나 시연실로 쓰이던 커다란 방에 도착했다. 비 때문에 무너진 벽조각 사이로 석고 선반이 보였다. 우리가 들어가자 두 마리의 쥐가 벽 안으로 급히 도망쳤다. 욥의 아내는 하늘에 대고 주먹을 휘두르고 소리를 지르면서 빠른 걸음으로 우왕좌왕했다. 욥은 아내를 진정시키고 신성 모독적인 발언을 제지하려 했다. 가슴을 드러낸 2명의 남자가 욥에게 내려와서 그의 옷을 벗기고 사라졌다. 발코니로 올라간 욥의 아내는 어두운 하늘을 향해 두 팔을 치켜들고는 온갖 비탄과 함께 반항의 울부짖음을 쏟아냈다. 그리고는 내려가서 방을 나가 비틀거리며 계단을 올랐다. 우리는 그녀를 따라가려고 몸을 돌렸다. 피와 땀으로 범벅이 된 욥이 달려오더니 우리를 밀어젖혔다. 그가 맨몸이었기 때문에 우리는 눈길을 다른 곳으로 돌렸다. 젊은 여성이 기절해 쓰러지려는 걸 사람들이 잡아주었다. 관람객 가운데 한 나이 많은 여성이 욥을 붙들려고 손을 뻗었다. 그녀의 눈은 고통으로 충혈되어 있었다.

우리는 위층 복도를 걸었다. 복도의 한쪽 끝은 넓은 공간으로 통하고 있었다. 정원 너머로 창문이 보이고, 창문을 통해 어둑한 방의 의학 강의용 해골과 뼈들이 보였다. 아직도 환자들에게 침대를 제공하고 있다는 병동이 어느 쪽인지 궁금했다. 우리는 맞은편 병동으로 가는 좁은 통로를 지나면서 아래쪽에 있는 행렬을 응시했다. 신부가 십자가를 끌고 있었고 스스로의 몸을 채찍질하는 고행자들이 〈진노의 날〉(최후의 심판에 관한 라틴어 성가 - 옮긴이)을 부르며 그 뒤를 따랐다.

우리는 예전에 분명 의료병동이었을 커다란 방으로 들어갔다. 이제는 매트리스도 없이 철골만 남은 침대 하나가 전부였다. 무너진 천장 사이로 서까래와 타일이 보였고, 벽은 비 때문에 검게 변색되어 있었다. 작은 박쥐들이 희미한 빛 속을 뚫고 달아났다. 욥은 침대 위로 쓰러졌다. 욥의 친구가 나타나더니 그에게 다가가 상태를 보고는 충격을 받는 듯했다. 연이어 두 사람이 더 나타났다. 그들은 시대를 초월한 싸구려 예복을 입고 있었다. 욥의 아내는 비통하게 몸을 흔들면서 다그치듯이 그들에게 지시를 내렸다. 한참 뒤 욥이 침대에서 굴러떨어졌다. 그의 몸은 침대 스프링에 긁힌 붉은 상처가 아물면서 생긴 딱지들로 뒤덮여 있었다.

욥은 비틀거리면서 복도로 나갔다. 우리는 그를 따라갔다. 톱질 모탕 위에 놓인 널빤지들이 복도를 가득 메우고 있었기 때문에 우리는 벽에 등을 붙이고 걸어야 했다. 욥의 세 친구는 널빤지들을 차례대로 건너뛰었다. 그들은 욥의 고민거리가 줄어들지 않는다는 것을 알았기 때문에 위로할 수가 없었다. 그들은 욥을 덮친 재앙에 무언가 이유가 있을 거라고 얘기해주었다. 그리고 결국은 실수로, 또는 무심코 율법을 어긴 적이 없는지 세 사람이 돌아가면서 물었다. 그들은 널빤지를 앞뒤로 오가면서 진지하게 주장을 내세웠다.

친구들은 하나씩 떠났다. 욥은 머뭇거리면서 복도를 걸어갔다. 그는 작은 원형 방에 있었다. 천장과 벽에 발랐던 석고가루는 거의 바닥에 떨어져 새장의 막대 같은 윗가지가 훤히 드러나 있었다. 방 한가운데 금속 탁자가 놓여 있었다. 탁자 위쪽에 금속 갓으로 덮인 전구가 환한 빛을 뿌리며 매달려 있었다. 바람 한점 불지 않아 방은 금세 후텁지근해졌다. 욥은 탁자에 누웠다. 금속 탁자 위로 그의 몸에서 피와 땀이 떨어졌다. 잠시 후 다시 문이 열렸다. 극의 도입부에 입구에서 루시퍼와 천상 토론을 벌였던 야훼가 모습을 드러냈다. 탁자 위의 욥은 돌아누웠다가 몸을 일으키고는 뭔가를 물어보려는 듯 야훼를 바라보았다. 하지만 지금의 늙어 생기 잃은 야훼는 곪은 상처로 뒤덮인 육신 위에 넝마를 걸치고 있었다. 그는 아무 말 없이 한동안 그 자리에 서 있었다. 그리고 떠났다. 그가 나가자 문이 닫혔다.

욥은 아주 잠깐 주저하면서 숨을 고르더니 탁자에서 내려와 문으로 다가갔다. 그는 문을 열었다. 방 바깥의 복도는 빛을 뿜는 불투명한 안개로 차 있었다. 반대편에 무엇이 있는지는 전혀 보이지 않았다. 욥은 천천히 그 안으로 들어갔다. 일종의 구원이 기다리고 있는 걸까? 아니면 광기가? 우리는 그 질문에 대한 어떤 단서도 얻지 못했다. 빛과 안개가 천천히 흩어졌다. 우리는 마침내 방을 나가서 어둠

84

고 텅 빈 복도를 통과하고, 계단을 내려가고, 이제 아무것도 없는 정원을 가로질렀다. 올려다보니 모든 창문이 검정색이었다. 하지만 우리는 가난한 자들이 누워서 죽어가는 병동이 어딘가에 있다는 사실을 알고 있었다.

거리에는 인적이 없었다. 거리를 에워싸고 있는 사무실 건물들의 각 층은 밝은 빛을 내뿜고 있었으며, 청소부들이 일을 하고 있었다. 나는 만灣 쪽으로 걸어가서 만을 둘러싸고 있는 넓은 공원을 걸었다. 울창한 나무 속에서 새들의 울음소리가 종종 들려왔다. 그 다음에는 코파카바나(브라질 리우데자네이루에 있는 관광지 -옮긴이)로 이어지는 긴 터널을 통과했다. 터널 안은 자동차들의 매연 냄새로 가득 차 있었고, 그 냄새는 코파카바나까지 이어졌다. 터널을 통과하자 코파카바나가 세상에서 가장 유명한 해변처럼 보였다. 해안가를 따라 바짝 붙어 있는 코파카바나는 크기가 단 세 구역뿐이지만 전 세계에서 가장 번잡한 도시 구역이다. 하지만 지금 그곳에는 중하류층 사람들이 사는 아파트가 들어서 있다. 부자들과 명품 가게, 클럽, 디스코 클럽들은 이파네마 등 다른 지역으로 옮겨갔다.

사실 혼자 걷는 것은 비교적 안전한 편이다. 관광객들이 호텔에서 잠든 시간에는 소매치기와 강도들 역시 사라지고 없기 때문이다. 나는 거리를 걸었다. 인도에는 종이상자 위에서 불편하게 자는 가족들이 즐비해 있었다. 그 사람들 가운데 일부는 에이즈에 감염되어 있을 것이다. 나는 아베니다 아틀란티카에 도착했다. 포효하는 듯한 검은 바다 뒤쪽 해변이 달빛을 받아 반짝거리고 있었다.

타이푼

찰스 다윈은 태평양에 고립되어 있는 갈라파고스 제도에서 식물군과 동물군들을 발견했다. 그러나 오늘날의 생물학자들은 마다가스카르로 몰려간다. '거대하고 빨간 섬' 마다가스카르는 지정학적으로 아프리카에 속하지 않는다. 마다가스카르는 2억 5천만 년 전 판게아가 대륙으로 갈라지면서 떨어져 나온 조각이다. 마다가스카르는 그곳에서만 서식하는 여우원숭이와 원원류原猿類로 유명하지만 생물학자들이 밝혀낸 바에 따르면 거의 모든 자생식물이나 파충류, 포유류가 고유종이다.

현재 마다가스카르의 인구는 1400만인데 25년 뒤에는 두 배로 늘어날 것으로 예상되고 있다. 그리고 겨우 10퍼센트만이 남아 있는 우림들도 불에 타거나 벌목되는 중이다. 바다는 산과 사바나 지역, 사막에서 흘러 들어온 수백만 톤의 진흙 때문에 붉은 빛이다. 수백의 고유종들이 멸종 위기에 처한 것이다.

멸종해가는 생물종의 목록을 만들기 위해서 광분한 과학자이든 아니면 여우원숭이, 고유종 도마뱀이나 개구리 등을 보려는 관광객이든 간에 마다가스카르에 갈 준비를 하다 보면 그곳이 지구상 10대 빈민국 가운데 하나라는 점을 알게 된다. 그곳의 농산물 수출산업은 프랑스로부터 정치적으로 독립한 뒤 군부 지도자들이 소비에트 연방의 경제 및 정치 조언자들을 받아들이고 외국 자본을 아무 보상 없이 몰수한 뒤에 붕괴했다. 사회주의자들의 비전은 이데올로기로 변질되어 버렸다. 들리는 바에 따르면 20여 년째 집권 중인 현 대통령은 국가가 도산하는 과정에서 수백만의 재산을 스위스 은행에 은닉해 두었다고 한다.

마다가스카르는 현재 국제통화기금과 세계은행의 감독하에 있다. 공적자금은 정부조직을 유지하고 국채를 갚는 데 쓰인다. 세계은행의 공공복지정책 중단 명령에 따라 300여 개의 학교가 문을 닫았다. 정부기관이나 경찰의 도움을 받으려면 비용을 지불해야 한다. 여행자들은 개인의 안전을 크게 걱정하게 마련이며, 완전히 자포자기식으로 행동하지 않도록 해주는 개인적 윤리 의식이나 교육을 통해 학습한 윤리 의식을 결여하게 된다. 따라서 마다가스카르로 여행을 간다는 것은 다분히 허세나 무모함이 깃든 행동이다.

친구 한 사람이 정글로 산책을 가자고 불렀다. 그가 고른 목적지는 벌목꾼들의 출입이 금지된 산지와 늪지였다. 우리는 '덤불 택시' 를 타고 안타나나리보를 떠나서 해안 쪽으로 내려가 다음 길이 끝나는 곳까지 갔다. 그리고 통나무배를 타고 강이 시작하는 곳으로 갔다. 걸어서 쓰레기장을 통과했고, 비를 맞으며 바위투성이 산을 오르내렸다. 기분은 꽤 좋았지만 활력과 결단력이 충만했던 친구와 달리 나는 뒤로 처졌다. 이동 중에 20대 마다가스카르 젊은이와 마주쳤다. 그는 나를 보고 웃더니 백팩을 들어주겠다는 의사표시를 했다. 나는 받아들였다. 이틀 후 나는 겁을 먹고 포기했다. 친구 홀로 정글행을 계속하고 나는 작은 촌락에 머물면서 옷을 말리고 식사를 했다.

다음날 아침이 되자 백팩을 들어주었던 젊은이가 다시 나타났다. 돌아갈 예정이라고 하자 그는 다시 손을 내밀어 내 가방을 들고는 출발했다. 그는 프랑스 어를 단 한 마디도 하지 못했다. 나 역시 고작 고개를 끄덕이거나 호소하는 것뿐 '예'나 '아니오'에 해당하는 마다가스카르 어조차 배우지 못한 상태였다. 그는 선교사들이 나눠준 육상선수용 낡은 반바지를 입고 있었다. 나는 거머리에 물리지 않도록 구해 입은 면바지가 허벅지에 쓸려 찢어지는 바람에 맨살이 그대로 드러난 상태였다. 젊은이는 맨발로 바위를 오르고 강을 건넜다. 내가 신은 정글용 장화는 물집 예방은커녕 그 안에는 오물로 가득했다. 젊은이는 능숙하게 앞장서거나 내 뒤를 따랐다. 백팩을 내려놓고 내가 앞장설 수 있도록 30분을 기다렸다가 따라잡는 식이었다. 갈림길이 나오면 그가 따라잡거나 돌아올 때까지 기다렸다가 어느 길이 맞는지 확인해야 했다.

백팩에는 고가의 카메라와 현금 600달러가 들어 있었다. 그와 나의 입장이 반대였다면 나는 앞서거나 뒤처져서 백팩을 내려놓고 기다리는 동안 유혹을 못 이기고 가방 안을 들여다보았을 것이다. 젊은이는 아무런 처벌을 받지 않고 가방이나 나를 마음대로 처리할 수도 있었다. 그의 이름이 자발송이라는 건 알고 있었지만 어디에 사는지는 전혀 몰랐다.

하지만 밤이 되자 그는 잠잘 수 있는 오두막을 찾아내고는 사왔는지 따왔는지 알 수 없는 바나나를 내게 건넸다. 다음날이 되어 강에 도착하자 이번에는 강을 타고 내려갈 수 있는 통나무배를 구해왔다. 강가에 모여 있던 사람들 가운데 프랑스 어를 할 줄 아는 사람이 있었다. 나는 그 사람에게 안내인이자 구원자이기도 한 젊은이에게 얼마를 줘야 하는지 물어보았다. 대답은 1500프랑이었다. 자발송은 미국 돈으로 3달러를 받고 정말로 기뻐했다. 그리고는 내 가방을 쳐다보았다. 나는 가방을 열어 무엇을 선물로 줘야 하는지 고민했다. 들고 왔던 약은 오는 길에 버렸고, 안 그래도 부족한 식량은 다 먹어치운 지 오래였다. 자발송은 남아 있는 양말을 가리키더니 손에 받아들고는 씩 웃었다. 악수를 나누자 그는 사라졌다. 당연한 얘기지만 자발송은 신발이 없어 그 양말을 신고 쓰레기더미나 바위 사이를 돌아다니지 않을 게 분명했다. 그는 내 한심한 장비를 보고 어이가 없었거나 또는 연민 때문에 기념으로 양말을 가져간 것이리라.

몇 주일 후 나는 런던에 있었다. 봄에 영국에서 햇빛을 본 것은 그

때가 처음이었다. 물질적인 풍요와 거리가 먼 나라에 오랫동안 머물렀던 사람이 늘 그렇듯이 나는 어리둥절한 얼굴로 품위 있는 거리를 탐험했다. 토요일이었던 그날 저녁, 텔레비전을 통해 런던 흑인 거주지의 중심가에서 폭탄이 터졌다는 사실을 알았다. 그로부터 일주일 후 토요일 초저녁 즈음 방글라데시 인들이 주로 사는 지역에서 또 폭탄이 터졌다. 경찰발표에 따르면 범행에 사용된 폭탄은 못을 넣은 간단한 형태라고 한다. 그 못은 길 건너편에 있던 행인들을 불구로 만들어버렸다. 범인들은 문제의 폭탄을 범행 장소로 옮겨와 운동가방 안에 넣어 두었다.

방송국에서는 스킨헤드와 신나치주의자 단체에 대한 특집을 방송했고, 혐오단체의 인터넷 사이트를 보여주었으며, 현재 경찰은 미국 민병대 조직 및 세르비아 요원들과의 관련 여부를 조사 중이라고 보도했다. 한편 이번 폭파사건이 코만도 18(아돌프 히틀러를 가리키는 암호이다-옮긴이)이라는 조직의 행위라고 주장하는 편지가 신문사에 배달되었다. 하지만 경찰은 이미 코만도 18에 잠입해서 조사를 끝냈으며 현재 자칭 '백색 늑대White Wolves'라는 이름의 분리주의자 조직에 혐의를 두고 있다고 발표했다. 텔레비전에서는 폭파사건 한 시간 전에 해당지역을 배회하던 젊은이가 녹화된 감시카메라의 영상을 반복해서 보여주었다. 수백 명의 경찰들이 유대인과 무슬림 지역에서 비밀리에 수사를 벌였다.

하지만 금요일 초저녁, 소호 번화가의 한 게이 바에서 또다시 폭탄이 터졌다. 3개의 못 폭탄으로 인해 7명이 사망하고 300명이 넘는 사람들이 부상을 입었다. 그 가운데 몇 사람은 생명이 위독하고 팔다리가 잘려 나가거나 실명한 사람들도 있었다.

나는 외출할 때마다 벽돌로 지은 아파트 구역의 커튼 내린 창문들을 눈으로 확인할 수 있었다. 건물 안에 있는 사람들은 염탐의 눈길이 싫어서 커튼을 치고 업무를 보고 있었다. 밤이 되자 인적 없는 외진 곳이 아닌 사람들이 몰려 있는 거리에서 공포가 스멀거리며 퍼지기 시작했다.

이틀 뒤 녹화 영상 속 젊은이를 알아본 이웃 사람의 제보를 받은 경찰이 아파트를 급습, 어느 공구점에서나 살 수 있는 재료로 만든 못 폭탄을 찾아냈다. 경찰이 체포한 사람은 23세의 젊은 기술자였다. 다음 날 뉴스에서는 경찰이 그가 단독범임을 확신한다는 보도를 내보냈다.

그 후 3주일 내내 언론에서는 범죄학자, 사회학자, 그리고 민주주의와 번영의 영국에 스며든 스킨헤드와 훌리건, 신나치주의자 하위문화를 분석한 문화 비평가를 초빙해서 특집 방송을 내보내고, 이민자와 인종차별 특집 방송, 팝과 펑크와 랩과 텔레비전에서 드러난 폭력문화에 대한 특집을 방송했다. 총리를 필두로 한 정부 수뇌부들은 일상생활이나 일반적인 시각에서 눈에 띄지 않게 퍼져 나가는 인종차별에 대해 국제적인 차원에서 검토해야 하며, 법과 다문화주의 또한 같은 차원에서 수호해야 할 것을 요청했다. 신문사와 방송국들은 이제 유전학, 생화학, 범죄 이상심리의 사회적 원인에 관한 특집을 방송하고 있었다.

이 젊은 기술자의 모습과 마다가스카르 정글에서 길을 잃었을 때 만났던 또 한 젊은이의 모습이 며칠 동안 내 머릿속에서 떠나지를 않았다.

외적의 침략, 식민 지배, 경제적 착취의 역사가 이어지고 독립을 향한 열망이 폭력으로 분출된 후 범국가적인 독재와 부도가 이어지다 보니 영국 제도의 2배 면적에 달하는 마다가스카르는 높아지는 문맹률과 함께 빈곤은 더욱 심각해졌다. 그뿐 아니라 강제적인 외래문화, 종교, 언어의 유입으로 인한 정신적인 외상으로 지역사회가 붕괴하고 종교가 신뢰를 잃었다. 그럼에도 불구하고 휴가삼아서 정글에 여행 온 부유한 외국인 방문객 한 사람은 길에서 우연히 만난 그 지역 사람과 함께 다니면서도 안전하다고 느꼈다.

영국은 지난 5세기 동안 법치를 바탕으로 크게 번영했고 현대 민주주의의 발상지이기도 하다는 점 때문에 새 유럽 공동체 안에서도 자부심을 가지고 있다. 영국 국민 개개인은 공정성의 가치를 굳게 믿고 있으며 세계주의와 다문화주의를 자랑스럽게 여기고 있다. 그런데 한 젊은 기술자가 공범도 없이 영국의 전 국민은 물론 미국인 방문객까지도 토요일 저녁의 거리 통행을 꺼리게 만들고 있었다.

물론 사회과학자, 심리학자, 민족 생물학자들은 현재 상황에 대한 설명을 고안해냈다. 마다가스카르처럼 인구가 과밀하고 생태학적으로 황폐해 있으며, 다국적 기업이 주도하는 세계 경제에서 밀려난데다가, 군부의 소수 독재자들이 개인의 이익만을 위해서 현대 국가제도와 정치제도를 이용하는 곳에서는 정글 안에서 살아가는 빈곤한 젊은이들은 고대 부족 문화와 종교로 회귀하는 경향이 있다는 것이다.

다시 말해서 서로 돕는 행위를 극단적으로 강조하는 문화로 되돌아간다는 얘기다. 현대 영국처럼 고효율과 정보화를 추구하며 경제와 문화가 재교육되고 재활용되는 곳의 경우, 그런 상황에 적응하지 못하고 어린 시절이나 청소년기의 정신적 외상에 시달리는 젊은이들이 돌아갈 만한 문화적 안식처는 없이 그들에게 남아 있는 거라고는 무차별적인 증오뿐이라는 것이다.

우리가 이런 현상을 이해해야 한다면, 논의하지 못할 것도 없을 뿐더러 당연히 논의를 진행해야 한다. 하지만 정치과학자, 사회학자, 문화 비평가, 종교지도자, 심리학자, 민족 생물학자들이 텔레비전에 나와 하는 얘기를 듣다 보니 나는 익히 알고 있던 신뢰와 공포의 경험을 돌이키게 되었다. 그리고 그런 경험으로부터 타오르는 듯한 내적 깨달음을 도출할 수밖에 없었다.

지식이란 분명하게 알 수 있는 것에 대한 믿음, 또는 증거가 있고 증명이 가능하며 조리 있고 일관된 설명에 대한 믿음을 낳는다. 반면 신뢰는 믿음만큼 강력하지만 지식으로부터는 발생하지 않는다. 무언가를 신뢰하는 사람은 부분적이나마 불분명하게라도 알 수 있는 것들만, 혹은 모호하고 잘 알 수 없는 것들만 신봉한다. 신뢰는 상대의 말이나 행동이 이해 불가능하거나 동기나 생각을 알 수 없을 때 생성되는 것이다.

딱 한 번 그와 같은 순간에 마음의 도약이 가능하도록 용기를 얻으려면 오래 전부터 알아왔다는 듯이 미지의 대상에게 들러붙기만 하면 되는 걸까? 신뢰받는 조언자가 되려면 오랜 시간 검증되고 성실해야 하는 것이 아니던가? 법률과 공공시설과 정치와 가치관과 교육과 사회 속에서 동료집단으로부터 받는 압력을 전부 알게 되면 정글에서 우연히 만난 사람을 신뢰할 수 있게 되는 걸까? 하지만 신뢰할 만한 진짜 조언자에 대해 알면 알수록, 충성스러운 행동이 불충의 기회를 열어준다는 사실을 깨닫게 된다. 어떤 문화의 법률과 기제를 이해하면 할수록 그 문화의 구성원들이 법률과 기제에 반하는 충동에 얼마나 많이 노출되어 있는지 알게 되고, 그런 충동을 제어하기는커녕 일부러 불러일으키는 경우도 있다는 점을 알게 된다.

신뢰는 깨뜨림이며, 확실성과 가능성 사이에 걸쳐 있는 지도에 만들어진 지름길이다. 의심과 신중함의 결합을 깨는 힘은 돌발성과 탄생, 그리고 시작이다. 그런 힘은 고유의 추진력을 가지고 홀로 자라난다. 그런 힘은 어떻게 느낄 수 있는가! 수많은 이방인들에 대해 그들이 음모를 꾸미고 있을 거라고 그토록 의심을 품고 걱정했건만, 우연히 한 사람의 이방인에게 집중하면서 바위틈에서 물이 솟아나듯 부풀어 오르다가 탄생하는 신뢰를 느끼게 되는 것이다.

나는 말조차 알아듣지 못하는 젊은이를 처음 보는 순간부터 그가 정글에서 빠져나갈 수 있도록 안내해줄 거라고 신뢰하기로 했다. 그를 신뢰한다는 것은, 그가 내 가방을 가지고 30분 거리만큼 앞서거니 뒤서거니 할 때도 계속해서 그를 신뢰해야 한다는 의미였다. 신뢰라는 것은 한번 자리를 잡으면 스스로 점점 복잡해진다.

자신이 신뢰받는다는 것을 아는 사람은 그 길을 잘 알고 있다. 주기적으로 여행을 했고, 바로 어제만 해도 그 길로 왔기 때문이다. 하지만 비가 그렇게 오다가는 산길이 무너지고, 어제 건넜던 길도 오늘은 다를 수 있다는 것 역시 안다. 자신이 모르는 게 많다는 것도 안다. 그는 자신을 신뢰하기 때문에 미지의 상황이 닥쳤을 때 대처할 수 있다는 것도 안다. 그리고 지식보다는 자신에 대한 신뢰에 더 의지한다. 누군가가 그를 신뢰하기 시작하면 그 신뢰는 더 많은 신뢰를 만들어 낼 뿐이다. 다른 사람이 그를 신뢰한다는 사실에서 비롯되는 힘은 자신에 대한 그의 신뢰를 내부적으로 지배적인 힘으로 만들어주며, 불안함과 망설임을 날려버리게 만든다.

신뢰는 두 사람을 더 튼튼하게 연결해준다. 신뢰는 점점 더 강해지고 중독성이 심해지는 에너지다. 자발송이 강을 건너 멀어지는 모습을 볼 때, 나는 저녁 내내 내가 아는 언어를 통해 인생 이야기를 자세하게 들은 것보다도 그를 훨씬 더 잘고 있다고 느끼게 되었던 것이다!

신뢰한다는 행위는 미지 속으로 뛰어드는 것과 같다. 그것은 관념적·문화적·역사적·사회적·경제적·민족 생물학적인 결정론의 결과가 아니다. 하지만 신뢰는 어디에나 존재한다. 협정과 계약 속에도, 공공시설에도, 계발적이거나 현실적인 강연 속에도, 경험적인 과학과 수학 체계 안에도 존재한다. 인간 행동의 거미줄 안에서 움직이는 사람이라면 누구든지 신뢰의 유혹과 접촉한다. 전자적으로 보호를 받고 있으며 안전한 개인도 끊임없이 신뢰하라는 요구와 맞닥뜨린다.

"좋은 이웃이었어요. 남에게 피해도 주지 않고 늘 공손했죠."

런던 폭탄 테러범 이웃 사람들의 말이다. 이웃 사람들이 그렇게 말할 때마다 그들 한복판에서 괴물이 정체를 드러낸다. 당신이 신뢰하고 세를 주었던 사람이, 당신이 신뢰해서 조금 멀리 떨어진 가게에 다녀올 동안 아이를 돌봐달라고 부탁했던 사람이 실은 모르는 사람을 무차별적으로 살해할 폭탄을 만들고 있었다는 사실이 밝혀진다. 그리고 신뢰가 공포로 바뀐다. 목적 '이데올로기' 주류사회에서 도외시됐던 집단, 복수심 등을 가지고는 그 외로운 폭파범의 행동을 설명할 수 없다. 그는 '백색 늑대'의 일원도 아니었다. 경찰은 범인이 백색 늑대의 일원이라고 상정했으며, 두 번의 폭파 사건이 흑인과 방글라데시 인들의 거주지에서 발생했기 때문에 세 번째 폭탄이 게이 바에서 터질 거라고는 예상하지 못했다. 신뢰와 마찬가지로 증오도 지식 너머나 심지어 지식이 부재하는 곳에서, 증오할 이유가 없는 곳에서 스스로 자라나는 것 같지 않은가?

심리학자와 범죄학자들은 증오의 첫 원인을 젊은 폭파범의 유아기나 청소년기에서 찾는다. 범인은 어릴 적에 버림을 받았거나 학대받지 않았을까? 사춘기의 불안함이 정신적인 외상으로 남은 건 아닐까? 하지만 증오란 혐오스러운 사건이나 인물 때문에 발생하는 직접적인 반응이 아니라는 사실을 알아야 한다. 문제의 젊은 기술자는 자신을 억지로 사회에 적응시키려고 했던 아버지를 계속 증오했지만, 그러는 대신 멸시하거나 무시할 수도 있었다. 성적으로 학대하는 아버지가 있다면 거기에 진저리를 치는 대신 아버지의 성욕을 일종의 계기로 삼아 부모의 권위에서 탈출하고 자신의 남성성을 확립할 수도 있다. 한번 발생한 증오는 혐오와 비난의 원인을 넘어가버린다. 아버지 권위와 마주하게 되면 증오가 얼굴을 내밀고는 정당성을 입증하고 설명하려는 생각을, 빠져나가거나 회피할 생각을 없애버린다. 증오는 통제할 수 없는 힘이다. 증오는 독자적인 추진력이 있다. 증오는 계속 증오할 수 있는 이유나 핑계를 찾아다닌다. 아버지가 친구와 유쾌하게 대화를 나누거나 소파에서 졸고 있기라도 하면 증오는 더욱 자유롭게 힘을 키우고 악의를 풀어놓는다.

증오의 대상이 처음에는 아버지나 헤어진 여자친구였다가 일반인이나 불특정 다수로 바뀌는 것도 그 때문이다. 아내가 남성에 대한 모욕적인 말을 하면 증오심이 솟는다. 하지만 그 순간의 아내는 그저 우리가 먹을 저녁식사를 차리고 있을 뿐이다. 증오를 계속 유지한다는 것은 요리를 즐기고 있는 아내의 모습을 지워버린다는 뜻이다. 증오가 등장하면 그녀는 아내가 아닌 점점 더 '년'이 되고 '저 년'이 된다. 젊은 기술자의 경우 처음 생겨난 증오의 대상들은 결국 무자비하게 '저 인간들'이 되어버렸다. 그는 그런 식으로 흑인 거주구역에 사는 낯선 이들을 없애버리는 것이 효율적인 증오심의 구현이라고 생각한 것이다. 텔레비전에 나온 사람들이 분개하면서 무작위로 피해를 입은 사상자들을 애도하자, 그의 증오심은 이제 런던의 어느 구역에서든지 낯선 사람들을 무작위적인 희생양으로 삼을 수 있었던 것이다.

대립은 계량하거나 해소할 수도 있지만 증오는 공포의 대상이다. 공포란 미지를 두려워하는 것이다. 명백한 위험과 마주하면서 나타나는 단순한 반응이 아니다. 무너질 것처럼 보이는 산길과 마주치면 앞으로 나아가지 않을 수도 있고, 체념하고 죽음을 각오할 수도 있다. 반면에 얼마나 안전한지 알 수 없는 길을 마주하면 공포가 생긴다. 런던 시민들을 공포에 휩싸이게 한 것은 경찰이 신원을 확인하고 존재를 파악한 코만도 18 조직원이 아니다. 이데올로기도 없고, 아마도 혼자서 아무 곳이나 폭파시킬 수 있거나 또는 3개의 폭탄과 완전히 무관할 수도 있는 사람이다. 미지는 경계를 그을 수 없기 때문에, 공포의 내부에는 나선이 있기 때문에 그 안에 또 다른 미지가 있지 않을까 의심하게 되는 것이다.

증오하는 사람은 자신의 증오 주위에서 물결치며 퍼져 나가는 공포의 힘을 느끼게 된다. 그리고 우물쭈물하며 더욱더 겁에 질리는 사람은 폭파범의 증오를 강화시키며, 그 증오는 더 어중간한 사람들에게 계속 뻗어 나간다.

그리고 공포는 증오로 빨려 들어가며 그 일부가 된다. 홀로 행동하는 폭파범의 증오는 그에게 맞서는 수백만 명과, 자신의 내부에 틀어박혀 있던 또 하나의 예의 바르고 젊은 기술자의 증오에 불을 붙인다. 폭파범의 신원과 위치를 알아낸 것은 실험실에서 감시카메라의 영상을 조사한 사람들과 경찰서에서 자료를 조사한 사람들뿐이었다. 경찰은 비밀리에 범인이 살고 있던 동네로 출동해서 그를 신속하게 무장 호송 차량에 태웠다. 만약 그런 과정이 없었다면 폭파범은 이웃들에게 폭행을 당했을 것이다. 방송국에서 심리학자와 범죄심리 분석가를 데려다가 만든 특집 프로그램은 사건의 진실을 열망하는 대중들을 만족시킨 것만 아니라, 대중들이 지피던 증오의 불길로 유입되는 산소를 차단시키는 역할도 했다. 인권단체들은 대테러 법안이 국민들 자신의 자유를 제한할 수도 있다고 경고했다. 그들은 의회 법률이 법의학과 경찰 과학으로 무장한 경찰을 엄격하게 조종하기 시작하면 그 자체로 일종의 테러가 될 수 있다고 두려워하고 있다. 시민들은 자신들끼리 테러를 저지를까봐 두려워하고, 따라서 증오하게 된다. 알지도 못하면서 목숨을 맡기게 되는 개인이라는 것과 공포의 대상이 될 수밖에 없는 고독한 개인이라는 것은 사회적 · 경제적 · 역사적 · 사상적 · 문화적 체계 안에서 제대로 설명되지도 생산되지도 못하건만 분명히 존재하고 있다.

신뢰와 공포-증오는 나비의 날갯짓으로 야기된 타이푼처럼 제 스스로 출현해서 힘을 더해간다. 그 두 가지는 반대 개념처럼 보이기 때문에 우리는 그 둘이 대립한다고 생각하는 경향이 있다. 교육자들은 신뢰를 보여주는 것이 비행 청소년의 격노를 몰아내는 유일한 길이라고 확신한다. 가석방 감찰관들은 감옥에서 오랫동안 비통함이 누적된 기결수들에게 조심스럽게 신뢰를 보여준다. 그런 행위들은 바람직하다. 신뢰는 공포나 증오만큼 강력하기 때문이다.

하지만 벼농사가 경제의 근간을 이루고, 수백 세대에 걸쳐 아주 강력한 사회적 협동하에 경제체계를 구축하고, 개인보다 집단을 최우선시하는 윤리를 강조해온 캄보디아와 인도네시아에서도 아주 잔혹하고 몰상식한 대량학살이 벌어지고 있다. 그런가 하면 부유한 국제도시 런던 한복판에서는 외로운 폭파범이 공격을 벌이고 있다.

　상파울루 번화가 골목의 건물 출입구 맞은편에는 그다지 매력적이지 않은 30대 여성이 종이박스를 펼쳐 놓고 앉아 있다. 그녀는 커다란 인형을 자신의 아이인양 안고 있다. 호텔에서 나오다 보면 언제든 그녀를 볼 수 있다. 그녀는 아침에도, 저녁에도, 밤에 호텔로 들어갈 때도 그 자리에 있었다. 그녀는 당신을 쳐다보지도 않고 두 손을 내밀지도 않는다. 몇 번인가 근처 광장 분수에서 씻고 있는 모습을 본 적은 있었다. 식사 시간이 끝난 뒤 모퉁이에 있는 식당 종업원이 그녀에게 음식 주는 것을 본 적도 있었다. 그녀는 소녀들이 흔히 그러듯이 인형에게 매달리거나 말을 걸지도 않고 인형을 흔들지도 않았다. 인형을 옆에 내려놓고 거리 풍경을 응시하는 경우도 있었다. 그녀는 진짜 아이를 데리고 있는 것처럼 지쳐 하거나 싫증을 내기도 했다. 상파울루는 늘 덥기 때문에 그녀는 고정되어 있는 차양 아래에서 비를 피한다. 그녀는 여벌의 옷을 쌓아두고 있다. 구걸도 하지 않는다. 나이가 어리지도 않다. 그녀는 필요한 것을 모두 가지고 있다. 원하는 것도 없다. 필요한 것은 사랑할 사람, 사랑할 대상뿐이다. 그녀는 초췌한 얼굴로 끈기 있게, 무언가를 너무나 주고 싶어한다.

당신은 가끔 근처에 있는 식당에서 밥을 먹는다. 식당 종업원은 젊고 활기차며, 꽤 매력적인 얼굴이다. 그는 분명 박봉이고 사는 곳도 멀 것이다. 도시 끝자락의 동떨어진 빈민가에서 매일 아침 장시간 버스를 타고 출근하는 게 분명했다. 본국에서라면 학생이거나 무역을 갓 배우기 시작할 법한 나이다. 그는 식사 시간이 끝나면 그녀에게 음식 쟁반을 가지고 가서 건넸다. 그녀를 쳐다보지도 말을 걸지도 않았다.

그는 여인의 마음속에 있는 것이 사랑받고자 하는 열망이 아님을 알고 있었다. 그녀는 아마 유아시절에 이미 배웠을 것이다. 길 잃은 강아지와 놀면서, 자신의 연약한 육체 안에 무언가를 주고자 하는 기쁨이 가득하다는 것을 배웠을 것이다. 그녀의 아기 같은 손은 강아지를 안고서, 너무 꼭 안지는 않으면서도 다정하게 대하는 방법을 배웠을 것이다. 그녀의 다리, 손가락, 얼굴을 입으로 핥는 강아지와 몸을 마주하면서 자신의 손과 입술이 키스의 기쁨을 줄 수 있는 기관임을 배웠을 것이다. 어머니가 하루 종일 일하러 나가 있는 동안 어린 여동생을 돌보라고 신뢰를 받으면서 자신의 손과 허벅지와 배가 기쁨을 주는 기관임을 배웠을 것이다. 그녀는 빈민가에서 유년 시절을 보내면서 거리에 남아 자신을 원하는 사람도, 필요로 하는 사람도 없다는 걸 깨닫는다. 열다섯 살짜리 남자아이들이 그녀를 유혹하고, 그녀와 잠자리를 가진 다음 버린다. 그런 일을 수없이 겪고서, 그녀는 자신을 원하는 사람도 필요로 하는 사람도 없다는 걸 깨닫는다. 그녀가 줄 수 있었던 그 모든 애정과 기쁨들이 이제는 그녀 내부에서 더할 나위 없는 고통을 주는 것이다!

어느 날 갑자기 그녀가 보이지 않았다. 당신은 경찰을 비난했다. 그곳은 도시 한복판이다. 외국인 투자자들의 사업상 회의가 있다 보니 경찰에게 거리에서 인간쓰레기들을 치우라는 지시가 내려오기라도 한 걸까? 국가 기념일 행사가 예정돼 있거나 역사적인 기념일이거나 동상 완공일이기라도 한 걸까? 하지만 며칠 뒤 그녀가 다시 모습을 나타냈다. 이전과 똑같은 출입문 앞에, 똑같은 인형을 갖고서.

그리고 당신은 상파울루를 떠난다. 가방을 갖고 호텔을 나서다가 그녀의 모습을 본다. 그녀는 여전히 그곳에 남아 있다. 당신은 여전히 그녀를 볼 수 있다. 그녀는, 당신을 필요로 하지도 원하지도 않았던 그녀는 당신 내부에서 다시 태어난다. 당신은 그녀를 필요로 하지도 그녀를 욕망하지도 않았건만 신경이 쓰이고 그녀를 돌봐주고 싶어진다. 당신은 그토록 애정 넘치고 잘 공감하건만, 키스와 애무를 해주고픈 사람이건만 그 모든 것을 낭비하고 있다.

남자

　여인의 말에 따르면 그들의 아버지는 이제 늙었고, 대소변도 제대로 가리지 못하며, 독선적이고, 해달라는 것만 많고, 불평을 달고 산다. 한때는 수소 같은 사람이었지만 심장 발작이 일어나고 말았다.

　그들은 집으로 간호사를 부를 형편이 못 됐다. 그녀는 성장하는 동안 아버지를 간신히 참아냈으며, 이성적으로 설득을 시도할 수도 있었다. 하지만 그녀는 출판사에서 편집자 일을 계속하며 방이 2개인 아파트에 나가 산다. 그녀의 기억에 따르면 아버지는 어린 시절 내내 그녀의 남동생을 들어올려서 때리고 조롱했다. 아버지는 도로 건설 인부였으며 밤마다 일을 나가면서도 토요일이 되면 춤을 추러 갔다. 아버지가 제힘으로 살지 못하게 되자 남동생은 아무 설명도 없이 아버지가 사는 집으로 이사를 왔다. 그녀는 이제 화를 내고 불평이 그치지 않는 아버지에 질렸기 때문에, 아버지 집에 찾아가도 채 한 시간을 버티지 못했다. 그녀는 남동생이 아무 설명도 하지 않는 것을 보면서 믿을 수가 없었다. 하지만 남동생은 이제 자신이 가장이라고 대놓고 주장하지도 않았고, 복수를 하지도 않았다.

그녀는 한동안 입을 열지 못했다. 그러고 나서 남동생에게 "이제 다 커서 남자가 됐구나"라고 말했다. 그것만 이해하면 된다고도 말했다. 누가 물어보거든 그렇게만 말하면 된다고도 했다.

남성은 여성과는 다른 여러 가지 특징이 있다. 페니스, 성교시 삽입하는 역할이라는 점, 여성보다 신체가 크다는 점(평균적으로 20퍼센트는 더 크다), 근육량이 훨씬 많고 근육 분포가 다르다는 점 등이다. 이런 차이점들이 남성의 성적 매력과 사회적 행동을 규정한다. 그와 동시에 사회에서 근본적인 노동 역할의 차이를 가져온다. 남성의 자아와 자존심은 지배와 야만성 속에서 가치를 획득한다.

남성성은 남성 신체의 '2차적인' 특성, 즉 각이 진 체격, 털이 많다는 점, 저음의 목소리 등에 자리하고 있다. 남성성이란 외모뿐 아니라 태도와 행동을 의미하며, 특징적인 말·몸짓·자세·복장을 통해, 구애 방식과 괴롭힘과 게임을 통해, 유혹의 영역을 통해 갈고닦인다.

실제로 우리는 지극히 남성적인 사람을 보면 감명을 받는다. 자신이 남성성을 완성하게 되면 스스로 대견하게 생각한다. 황소와 숫영양과 숫양과 우두머리 숫고릴라의 영광을 보고 외경심에 사로잡히

지 않는 사람이 어디 있겠는가? 그리고 사람들은 그런 남자가 사업을 잘하고 역동적인 사람이라고 생각한다. 우리는 중세시대 기사와 사무라이, 19세기의 기병대와 해군 장교, 검정과 은색으로 치장한 산적, 유쾌하고 매력적인 상류층 사기꾼에게 매료된다. 기사와 투우사와 스카이다이버는 멋진 근육으로 남성적인 매력을 빚어낸다.

하지만 우리가 특별히 관심을 두는 것은 남자가 된다는 것, 진짜 남자가 된다는 것이다.[1] 우리가 찾는 남자다움이란 주임, 지배인, 지휘관이나 보호자에게 있는 것이 아니라 친구나 동료에게 있다. 남자다움이란 인성 훈련이나 결심으로 간단하게 만들어낼 수 있는 윤리적인 특성이 아니다. 남자다움이 생기려면 성적인 흥분을 야기할 수 있는 육체가 있어야 하고, 용감하게 행동할 수 있는 육체적 힘이 있어야 하고, 정의를 구현할 수 있는 힘이 있어야 한다.

버스 운전사, 창문 청소부, 중견 간부의 남성다움이란 눈앞에서 여성이 자발적으로 옷을 벗으며 도발할 때, 또는 침실이나 욕실 창문 너머로 여성의 나체를 볼 때 치솟는 성적 흥분의 형태로 나타난다. 또는 나체를 의도적으로 과시하는 다른 남성을 마주하거나, 우연히 그런 남성을 보게 될 때 남성다움이 자극을 받는다. 지하철 안에서 우연히 몸을 스치거나 옆 아파트를 들여다보게 되었을 때 더 이상 자극을 받지 않는다면 남자는 남성다움이 사라졌다고 느끼게 된다.

남성적인 모험이란 자신이 유혹당한다고 깨닫게 되는 상황을 말한다. 나체를 보면 남성다움이 치솟는 사람들, 예를 들어 군인이나 공장 노동자, 컴퓨터 프로그래머들은 그렇지 못한 상황에서는 지극히 복종적이며 희망이 자신을 도발하는 것을, 절망과 공포가 잡아끄는 것을 느끼게 된다.

남성다움이 치솟는다는 것은 자신을 완전히 드러낸다는 느낌, 분비기관과 성기를 드러낸다는 느낌, 피와 열정이 빡빡하게 추격해 온다는 느낌을 말한다. 남성다움이 치솟는다는 것은 옷이나 제복, 신분과 책임감을 벗어던지고 우연한 사건과 경이적인 것들로 점철된 운명에 열정적으로 몸을 던지고픈 충동을 말한다.

내부에서 남성다움이 치솟는 것을 아는 사람은 거기에 집착한다. 하지만 목적이나 위업에 집착하는 것과는 다르다. 그는 자신의 발기나 고통스러웠던 밤을 생각하며 웃는다. 남성다움을 따라간다고 해서 흔히 개인 또는 단체의 목표라고 말하는 것에는 도달할 수 없음을 알면서도, 자신의 의도나 야망에 도움 되지 않는다는 것을 알면서도, 자신의 매력에 이끌려 옷을 벗고 있는 낯선 사람에게도 좋은 일이 아니라는 것을 알면서도 웃는 것이다. 그는 악운과 행운을 동시에 인정하면서 웃는다. 그는 웃으면서 방종과 미숙한 기쁨을, 무구함과 사악함을, 축제 분위기와 사라진 기회를 축복한다.

육체적인 광채는 본인은 물론 부모가 만들어낸 것도 아니지만 그것 때문에 사람들은 유용성이나 편리함과는 거리가 먼 무언가와 운명적으로 연결된다. 우리는 오클라호마에 사는 공장 노동자가 내뿜는 쾌활함과, 아이티의 부두 노동자가 보이는 세련됨과, 몸이 탄탄한 파키스탄 인력거꾼의 풍채가 각자의 직업이나 계층과는 아무 관계가 없을 뿐 아니라 완전히 이질적인 경우를 아주 많이 볼 수 있는 것이다!

자신의 타고난 아름다움과 스타일을 인식해 그것들을 이용하는 사람들을 보면 얼마나 화가 나는가! 자신의 육체를 상품처럼 팔거나 대여하는 패션모델이나 헬스 트레이너에게서는 남성다움을 찾아볼 수 없는 것이다.

개성을 조정해가며 훈련하고, 쓸모 있도록 계획표에 따라 동작과 힘, 주기적인 생체리듬을 교정하면서 유용성을 키워 나가다 보면 그의 육신과 정신과 의지는 기획, 장비, 공장일, 사무실, 회사 등에 종속된다. 아무런 이유 없이 장미가 만개하고 빗방울이 쐐기풀과 밀 위에 떨어지는 자연 해안에 살던 사람들은 별과 바람, 화산의 자주국으로부터 스스로 물러난다. 공장의 조립 라인에서 일하는 노동자, 감독관, 경비원, 전기 기술자, 컴퓨터 프로그래머, 중견 간부들은 남성다움을 박탈당한다. 현대기업의 사업장이 남성성과 여성성에는 어울리지 않는 장소라는 사실은 다들 알고 있다. 오늘날 사업장에서 성적인 그림의 게재나 그런 언어의 사용을 엄금하는 것을 보면 그 사실을 잘 알 수 있다. 거대 다국적 기업들도 그런 정책을 즉각 받아들였다. 남성다움은 수단과 방법을 가리지 않는 기업과 잘 어울릴 것이다. 남성성이란 곧 무법자를 규정하기 때문이다.

사무 노동자들은 회사에서 1년에 한 차례씩 허가를 내줄 때 자연으로 나가서 남성다움을 추구한다. 그럴 때면 동료 노동자들과 함께 야영하면서 각자의 숙련도에 따라 팀을 재구성하는 것이 아니라 청년기에 있는 아들을 데리고 나간다. 자신이 청년기에 가지고 있던 미숙함과 위태로움을 되찾기 위해서이다.

운명의 길을 암시하는 징조와 기회에 몸을 맡긴다는 것은 육체적으로 특정한 힘을 지니고 있음을 의미한다. 전문 트레이너들은 육체를 생산적인 체계 안으로 밀어 넣는다. 하지만 강인한 육체는 기회, 희망, 공포와도 조화를 이룰 줄 알아야 한다. 남성다움에는 용기가 있어야 한다.

이러한 모험심이나 도전의식 없이 단순히 체격을 키우고 근육만 늘리는 행위는 타인뿐 아니라 그 자신도 비인간적으로 만든다. 햇빛이라고는 쬐어보지 못해서 창백하고 메마른 피부의 방종한 지식인, 본능적인 감각을 묘사하는 음탕한 생각에 탐닉하며 위가 줄어든 지식인에게 용기를 불러일으키기란 어렵다. 용기는 운동과 규칙에 따라 전문적으로 빚어낸 육체와는 관계가 없다. 유명인과 광고가 찬양하는 상업성 운동 문화나 중견 간부의 이미지 과시를 위한 건강에는 용기가 깃들어 있지 않다.

최고의 강인함이란 개인은 물론 군인, 운동선수들이 프로그램에 따라 만들어진 근육을 움직인다고 나오는 것이 아니다. 용기란 위대한 희망이나 커다란 위험을 우연히 감지했을 때 몸을 내던지는 상태를 말한다. 존 허시(미국 작가, 저널리스트. 퓰리처상을 수상했다—옮긴이)는 이렇게 말했다. "처음에는 우두머리 추적자가 놀랍도록 재빨리 반응하는 것을 보고 존경하게 되었다. 그는 고통에 찬 비명을 듣자마자 허공에서 목표를 발견하고 순식간에 구출을 시도했다. 그런 행동이야말로 부상당한 소년을 구출할 수 있는 유일한 길인 것 같았다. 하지만 그것이 전부가 아니다. 그의 행동은 머릿속에서 숙고한 결과가 아니었다. 그 행동에서 보이는 생명에 대한 사랑, 열정, 낙관주의는 근원적이고 본능적이었다."[2]

우리는 자신의 내부에서 불끈 솟는 용기를 느끼기 때문에 타인의 용기를 알아볼 수 있다. 따라서 신뢰 또한 상대의 용기가 믿음직해 보이기 때문이 아니라 우리 자신의 내부에서 용기가 샘솟기 때문에 발생한다. 신뢰에는 용기가 필요하기 때문이다.

신체를 움직이게 하는 용기는 육체적인 힘이라는 이름의 그림자에 가로막힌다. 그 힘은 우연히 발생하는 것이 아니라 확신 속에서, 진리라고 자처하는 정치적·종교적 원리로 인해 발생한다. 이데올로기에 충성을 맹세한 나치 돌격대원들은 확신에 차 있다. 그런 확신은 가능성을 밀어내고, 잔인함이 용기를 대체한다.

단념하는 순간 남성다움은 사라진다. 평계를 준비하면 남성다움은 사라진다. 상업적인 동기 때문에 남성다움이 사라진다. 그런 경우는 어디서든 볼 수 있다. 텔레비전 앞에서 미식축구를 보고 있는 초췌하고 제멋대로인 시골뜨기에게서도 볼 수 있고, 창백한 피부와 회색 눈빛에 양복 외에 다른 옷을 입은 모습은 상상도 할 수 없는 남자들이 돌아다니는 도심 골목길에서도 볼 수 있다. 그들은 절대로 다른 인간에게 매력을 발휘하지 않겠다고 결심하고는 반만 남은 인생을 살고 있다.

포기는 단념에서 시작된다. 포기는 나태에서 시작된다. 무슨 결정을 내리든 나태라는 요소가 개입하면 포기가 시작된다. 기온이 높고 먼지투성이 길에다가 가이드가 끌고 온 당나귀가 비틀거린다는 이유로 그랜드 캐니언에 내려가지 않을 때 포기가 시작된다. 그들의 말을 이해 못해서 싸움이 날 수도 있고 음식도 입에 맞지 않을 것이라는 이유로 이탈리아나 프랑스에 가지 않을 때 포기가 시작된다. 밤에 건초를 나르는 마차에 타야 한다는 것 때문에 차르 치하의 러시아에서 탈출하지 않을 때 포기가 시작된다.

얼마나 많은 남자들이 가족에 대한 압박과 직업적인 책임감, 경제적인 이유, 장기적인 일자리의 중요성을 핑계로 삼는가! 그들은 그것들이 우연히 노출되었을 때에도 화를 내지 않는 핑계, 희망과 위험이라는 이름의 새가 기회의 하늘을 맹렬하게 날아오를 때에도 황홀감에 눈을 뜨지 않는 핑계로 삼아왔다. 그런 남자는 친구가 고물 오토바이를 타고 "지구 절반을 여행하자고!"라고 소리칠 때 여름철 일자리를 잡는다. 그 남자는 친구들이 반란에 참여하려고 몰려갈 때 서둘러 결혼하고 아이를 낳는다. 가족과 직업상의 책임감이야말로 기회를 잡지 않고, 열정에 몸을 던지지 않고, 정의를 수호하는 싸움에 동참하지 않는 이유로 가장 많이 쓰이는 핑계이다!

보통 남성다움을 다른 것과 교환한다. 젊은 시절 마음에 품었던 성적인 열정, 환희에 대한 열정, 정의를 향한 뜨거운 열정을 부와 권력과 명예를 추구하는 노년의 차가운 열정과 교환한다! 진심으로 경멸했던 모든 것이 실은 비겁함의 표상이었던 것이다.

남성다움이란 다른 사람의 헛소리를 받아들이지 않는 것이다. 또한 남에게 헛소리를 하지 않는 것이다. 그리고 타인에게 헛소리를 전파하는 사람을 용납하지 않는 것이다.[3]

불공평이란 힘과 지식, 능력과 기세를 이용해서 정말로 필요한 사람과 재능 있는 사람으로부터 자원을 빼앗는 것을 말한다. 사람들은 불공평 때문에 욕심과 방종과 잔인함에게 남성다움을 빼앗긴다. 자연은 필요나 재능에 따라 자원을 분배하지 않는다. 남성다움이란 우연히 손에 쥔 힘을 이용해서 악운의 불공평함에 맞서는 것이다. 남성다움을 유지시켜주는 것은 정의를 향한 열정이다.

남성다움은 분개할 수 있는 힘을 준다. 그 힘이란 혼란이나 나약함 때문에 쏟아내는 폭력이 아니고, 통제 불가능하고 심술 부리는 잔인함이나 허세도 아니다. 분개란 나태와 핑계, 부패에 대적하는 내적이고 신중한 힘이다. 분개는 부당하고 용납할 수 없으며 견딜 수 없는 것에 반응한다. 분개는 이성적으로 기대 또는 요구가 가능하다는 것을 생각하기 이전에 발생한다. 분개는 거부와 저항과 완고한 조심성을 시험해본다.

동지들은 당신을 '엘 갈로'라고 불렀다. 수탉이라는 뜻이다. 가끔 할머니 댁에서 저녁 식사를 하는 날이면 당신은 문을 열어 놓은 채 부엌으로 가서는 갑자기 돌변해 하녀를 끌어안고 사랑을 나눴다. 친구들은 당신이 얼마나 호색적인지 알고 있었다. 하지만 당신은 성적인 접촉을 늘 경계했다. 심지어 일기 속에서도 그랬다. 정복감 때문에 성적으로 접촉한 적은 단 한 번도 없었다. 당신의 첫 애인은 아름답고 지적이면서도 부유했다. 당신은 그 주일 내내 럭비 할 때 입었던 흙투성이 티셔츠 차림으로 그녀가 사는 저택에 저녁을 먹으러 갔다. 당신은 혼혈 페루 인 여성이 임신했다는 사실을 알고는 그녀와 결혼했다. 그리고 아이가 태어나자마자 참전을 위해 떠났다.

당신은 반란 기간 동안 전투에 참여한 여성들이 성적으로 이용되지 않도록 막사를 분리하라는 명령을 내렸다. 하루는 한 여인이 잠들지 못하고 거닐고 있었다. 지프를 타고 가던 당신은 멈춰 그 여인에게 물었다.

"지금 뭐하는 거요?"

"잠이 안 와요."

"지금 카바이관을 공격하러 가는 길인데." 당신이 말했다. "같이 가겠소?"

"좋아요."

여인은 그렇게 말하고 지프차에 올라탔다. 그 여인은 여러 해가 지난 뒤 명랑하게 웃으면서 말했다.

"그때부터 그 사람 곁을 절대로 떠나지 않았고 늘 그가 보이는 곳에 있었어요."

당신은 그 여인과 결혼했고 4년 뒤 다시 참전하러 떠났다. 당신이 그 여인들에게 약속할 수 있는 거라고는 불공평에 조금 더 잘 저항할 수 있는 세계뿐이었다. 다른 대륙에서 온 한 여인은 동유럽에서 당신과 우연히 만난 다음 잊을 수가 없어서 당신 곁에 남아 악조건을 함께 견뎠다. 그 악조건은 결국 재난으로 끝을 맺었다.

당신의 육체는 성인이 되고 나서도 한동안 청소년기였다. 당신의 눈은 검게 타올랐으며 탐욕스러웠고 심술궂었다. 이마에는 가파른 굴곡을 그리는 눈썹이 매달려 있었고, 코는 날카롭고 섬세했으며, 두

115

툼하고 유연한 입술은 가늘고 굽은 콧수염 아래 드러나 있었다. 나이가 들자 뒤늦게 붉은 기가 도는 곱슬 턱수염이 나기 시작했다. 여성들은 당신의 강렬한 시선이 아름답다고 말했고 투명한 미소가 사람의 마음을 사로잡는다고 했다. 그들은 당신의 몸과 동작이 재빠르다고 말했지만 사실 당신의 몸은 긴장해 있지 않고 고요했다.

당신은 어린 시절 폐렴으로 죽을 고비를 넘기고 심한 천식에 시달렸다. 그 때문에 산간지대에 있는 휴양지로 이사해야 했다. 너무 아파서 학교에 갈 수 없었기 때문에 어머니가 교육을 담당했다. 당신은 럭비에 뛰어난 재능이 있었고, 페루와 멕시코에서 높다는 산들을 등반했다. 수면 시간은 늘 짧았다. 강인한 남자들은 천식 때문에 헐떡거리는 당신의 청소년기 육체를 보면서 인내심을 갖고 상황을 지켜보았다. 당신은 천식 때문에 평생 물에 빠진 사람처럼 미친 듯한 발작에 시달렸다.

하지만 공학에서 의학으로 목표를 바꾼 것은 당신 자신의 건강 때문이 아니라 죽음을 목전에 둔 할머니 때문이다. 당신은 진찰실에 들어간 적도 진료비 청구서를 써본 적도 없는 의사였다. 당신은 불의의 사고로 다친 사람을 보면 걸음을 멈추고 상처 부위를 소독한 다음 붕대를 감아주었다. 전투가 끝나면 제일 먼저 부상당한 적의 상처를 돌봤다. 당신은 주인을 잃은 동물, 버려진 개, 당나귀와 친구가 되었다. 당신은 흰쥐를 데리고 다니면서 습격이나 전투가 없는 시간에 놀아주었다.

당신은 열세 살 때 벌써 랭보와 프로이드를 읽었다. 당신은 전투에서, 행정에서, 외교에서, 다양한 문화를 접할 때 경험으로부터 놀라운 지성을 이끌어냈다. 당신은 안데스에서, 알제리에서, 이집트에서, 가나에서, 일본에서 번뜩이는 영혼으로 아주 흥미로운 일들을 발견하고는 닥치는 대로 습득했다. 당신은 새 정부에서 5년 동안 일했다고 기록된 바 있다. 당신은 행정부의 핵심 자리에 있어도 가족에게는 평범한 음식을 먹였다. 당신은 긴급 사안을 놓고 동료들과 날이 저물도록 회의할 때 누군가가 옆에 놓아둔 커피보온병의 뚜껑을 끝까지 열지 않았다. 그 이유를 묻자 당신은 중얼거렸다.

"다 같이 나눠 먹을 만큼 커피가 많지 않잖아."

당신은 부두나 수수밭에서 무보수로 열네 시간 동안 일하면서 주말을 보냈다. 곁에서 함께 일하는 사람들은 가끔씩 당신을 훔쳐보면서, 오만하지 않은 현명함과 꾸밈없는 태도 속에서 자신들의 궁핍하고 절박한 인생에 비추는 한 줄기 축복을 발견했다.

당신은 성년이 된 직후 망명길에 올랐다. 당신은 권위 있는 자리를 재빨리 포기하고 다른 대륙으로 건너가서 압제에 고통받는 남성과 여성들에게 자신의 힘과 인생을 제공했다. 당신은 진짜 남자라면 뺨맞는 사람을 보면 자신이 맞은 것처럼 공감해야 한다고 말했다. 당신의 친척이라고 생각하는 여인이 가족관계를 물어보자 당신은 불공평에 분개하는 사람이라면 누구나 자신과 형제라고 말했다.

당신이 불공평에 분개했던 모든 지역의 사람들은 당신이야말로 20세기 후반에 가장 존경받을 만한 인물이라고 평가했다. 당신의 사진은 라틴 아메리카와 아프리카와 유럽의 빈민가에 있는 헛간 벽에서 계속 발견될 것이며, 우리는 당신이 전하고자 했던 것들을 때때로, 언제까지고 언급하게 될 것이다.

1967년 10월 9일 오후 1시 10분, 마리오 테란 부사관은 볼리비아의 라 히구에라에서 죄수 총살 임무에 자원했다. 하지만 건물에 들어가려고 하자 그의 몸이 공포로 떨렸다. 죄수는 벽에 등을 대고 바닥에 앉아 있었다. 죄수는 다리에 부상을 당했지만 피는 멎은 상태였다. 그는 총살 집행자가 떠는 것을 보더니 입을 열었다.

"쏴라, 이 겁쟁이야. 기껏 해봐야 사람 하나 죽이는 것 아닌가."

마리오 테란은 뒤로 물러서서 눈을 감고 총을 발사했다. 그런 다음에는 눈을 계속 감은 채로 총을 난사했다. 다른 병사가 들어와서 총을 쏘았고, 죄수의 목숨은 결국 끊어졌다.

'체'는 본래 과라니 족의 언어로, '친구'나 '동료'라는 뜻이며 과라니 족이 멸종된 뒤에도 아르헨티나의 일상어에 남아 있는 말이다. '체'는 '이봐!', '우와!', '세상에!'라는 뜻으로도 쓰인다.

체는 우리의 친구이며, 동지이다.

편지

아주 오래 전에 있었던 일이다. 지금 내가 말하는 것은 25년 전의 일이다. 그 뒤로 한 사람의 일생에 해당하는 시간이 지났다. 때는 11월 말이었으며 날은 흐리고 추웠다. 나는 젊은 친구와 함께 서쪽에서부터 피츠버그 쪽으로 차를 몰고 있었다. 나는 피츠버그에서 6년 동안 학생들을 가르쳤다고 운을 뗐고, 워싱턴 산이라 불리는 절벽 너머에 있는, 숲이 우거진 거대 협곡에 면한 조그마한 집에 살았다는 기억을 떠올렸다. 워싱턴 산에서는 피츠버그 시가 내려다보였다.

그 집에는 2개의 방과 다락이 있었으며 1층에는 벽난로와 화장실, 그리고 부엌이 있었다. 나는 월세 35달러를 내고 그 집에 살았다. 집은 한때 협곡에 있던 광산촌과는 동떨어져 있었다. 나는 리놀륨을 가져다가 바닥에 깔았고, 올이 굵은 삼베를 벽에 붙였고, 탁자를 만들었고, 오래 된 벽난로를 다시 열었고, 조그마한 뜰에는 봄에 피는 구근식물을 심었다. 옛 집을 설명하다 보니 다시 방문해서 친구에게 보여주고 싶다는 생각이 들었다.

그 집에 도착해보니 안은 비어 있었다. 집의 뒤편으로 가보자 문이 부서져 있었다. 동네 꼬마들이 창문을 깨놓고 벽도 부수고 계단과 마룻바닥까지 박살내 놨다는 것을 알 수 있었다. 우리는 바닥 서까래와 떨어진 석고 더미 사이를 걸었다. 나는 그 집을 보는 게 마지막이라는 생각이 들자 우수에 잔뜩 젖은 채 내가 머물 당시 방이 어떠했는지 친구에게 설명했다. 이제 폐허가 된 집은 시의 명령에 따라 철거될 예정이었다.

친구는 찢어진 종이들을 발견하더니 모으기 시작했다. 그것은 위에서 아래로 길게 찢어진 편지였다. 나는 그것들을 창가로 가져가서 희미한 불빛 아래에서 읽어보려 했다. 친구는 잔해 속에서 더 많은 종이를 찾아냈지만 나에게 가져다 준 것은 하나같이 반쪽짜리뿐이었다. 깨진 창으로 불어온 바람에 편지의 상당수가 계곡으로 날아간 게 분명했다. 나는 창가에 서서 조각난 문장들을 큰 소리로 읽었다. 날이 점점 더 어두워지며 추워졌다.

편지는 수감 중인 젊은이가 여인에게 보낸 것이었다. 그는 새 소식을 자세하게 전하고 있었다. 철저하게 반복적인 생활을 하는 감옥에서도 가끔 사건이 있었던 모양이다. 새로 온 수감자나 싸움 같은 것 말이다. 출감할 때를 대비해서 준비 중이라는 얘기도 적혀 있었다.

남자는 담배를 점점 줄이고 감방에서 하는 팔굽혀펴기의 횟수를 늘리며 기타를 다시 손에 쥐면 부르려고 노래도 만들고 있었다. 하지만 편지 내용은 대부분이 여인에 관한 얘기였다. 편지는 그녀의 모든 신체 부위와 기관을 언급하면서 두 사람이 숲에서, 강 하구에서, 트럭 안에서, 엘리베이터에서, 여성의 어머니 침대 옆에서 나눴던 행위와 남자가 여인에게 줄 수 있었던 온갖 기쁨들을 행복한 마음으로 회상하고 있었다.

조각난 편지들을 읽기가 점점 거북해졌다. 우리는 정열적인 연애를 훔쳐보고 있었다. 춥고 어두운 옛 집의 폐허 속에서 찢어진 편지를 읽고 있자니 두 사람의 연애가 비극적으로 끝났을 거라는 예감이 강력하게 몰아쳤다. 여자는 그 편지들을 왜 찢었을까? 그처럼 계속 이어지는 편지를 받는 일은 흔치 않다. 대다수의 사람들은 열정적인 편지를 받아보지 못한다. 대다수 사람들은 그토록 사랑받는다는 게 어떤 것인지 모른다. 남자가 무슨 죄로 유죄 판결을 받았는지는 모르지만, 수감되어 있는 남자의 몸은 상대에게 그토록 강렬한 사랑의 기쁨을 주었고 그 안에는 그토록 좋은 감정이 넘쳐났던 것이다! 여인은 그 편지들을 어떻게 처리해야 할지 몰라서 분명 걱정했으리라. 그녀는 집을 떠나면서 모든 것을 가져가버렸다.

나는 머릿속으로 여인이 매트리스와 의자, 한아름의 옷과 주방용품을 트럭에 싣는 광경을 떠올렸다. 그녀는 상자에서 편지들을 꺼내서 벽난로 안에 넣었을 것이다. 모든 것을 챙겼으니 떠날 시간이 다가온다. 그녀는 난로에서 강렬하게 타오르는 편지들을 바라본다. 그러다가 갑자기 거친 동작으로 편지들을 끄집어내서 모조리 길게 찢고는, 떨어뜨리고 집을 나선다. 나는 그런 일이 벌어진 것이라 확신했다.

이제 집 안은 완전히 어두컴컴해졌다. 친구는 편지 두 쪽을 더 가져다 주었다. 그 두 쪽은 창턱에 내려놓았던 조각들과 들어맞았다. 남자는 이렇게 썼다.

레드가 토요일에 면회 와서 당신 소식을 전해줬어. 당신이 더 이상 나를 보러 오지 않고 편지도 보내지 않는 이유도 알려줬지.

남자는 확고한 필체로 써내려갔다.

나만큼 당신을 사랑하는 사람은 절대로 없을 거야.

순수의 노래

수많은 밤들 중 어느 한 날, 사랑하는 남자와 여자가 서로를 안았다. 그리고 낸시 길보니오, 당신을 잉태했다. 수태된 것은 당신이 아닐 수도 있다. 당신은 자궁에서 떨어져 나와 사산아가 될 수도 있었다. 당신은 차라파(페루 북부 사람들을 가리키는 속어 - 옮긴이)이며, 원주민 혼혈이고, 페루 안데스 산맥의 아마존 방향에 있는 타라포토 마을 근처에서 태어났다.

시멘트와 판자로 지어진 타라포토의 건물들, 바짝 마른 홍토길, 텅빈 들판, 그 너머에 있는 나무들은 오래 전부터 그 모습 그대로였다. 그 모든 것들 안에 과거가 가득 차 있었다. 지금 과거를 돌아보면 유년기와 유아기, 그리고 탄생의 순간이 있다. 그 이전에는 당신이란 존재와 관계되는 것은 아무것도 없다. 당신의 탄생은 너무나 가벼워서 응답해야 할 과거의 무게라고는 전혀 짊어지지 않았다! 과거 이 오래 된 땅은 원시적인 바다로부터 출현했고, 빙하기 때 저 먼 아시아 지역에서 흘러 들어온 사람들이 거주했으며, 잉카 제국에 합병되었고, 피자로가 이끄는 폭력배들에게 정복되었고, 얼마 전에는 벌목회사와 석유 탐사단의 방문을 받았지만 당신이란 사람과는 전혀 관계없는 일이다.

어머니는 당신을 '내 자식'이라고 부른다. 어머니는 당신에게서 자신의 육체를, 당신의 몸을 구성하고 당신에게 양분을 공급했던 자신의 육체를 보지 않을 수 없다. 당신이 자신에게 팔다리와 감각이 있다는 것을 깨닫고 집안과 마을에서 행동 패턴을 습득하는 동안 당신의 어머니와 아버지는 당신에게서 '우리'를 본다. 그리고 '우리 자식'이라고 부른다. 하지만 당신은 그들이 아니다. 당신이 부모에게 있어서 이방인이라는 사실은 육체적인 특징이나 당신이 소녀이며 차라파라는 자각 속에 있는 것이 아니라 당신 존재의 본질 그 자체이다.

당신은 어리기 때문에 홀로 살 수 없다. 어머니와 아버지는 당신이 생존하고 성장하도록 지켜준다. 과거에 시작되었던 여러 가지 계획을 수행하고 미래를 위해 자원을 확보할 의무는 부모들의 것이다. 당신은 자신의 존재만 향유하면 된다. 언젠가는 부모들이 끌고 가던 과거의 의무를 당신이 짊어질 수 있는 날이 올 것이다 하지만 당신의 탄생은, 즉 당신 내부에 있는 존재의 순결함과 새로움은 과거 및 무책임함과의 연계를 거부한다.

태어난다는 것은 세상을 깨닫는 것이다. 낸시 길보니오, 매일 아침 잠에서 깨어난 당신 주위에는 빛이 넘쳐흐른다. 밤의 어둠이 펼쳤던 복잡한 음모와 요술은 아무 흔적 없이 사라져버렸다. 행복이 당신을 깨닫게 해주며, 행복이 곧 깨달음이다. 당신은 사랑에 빠진 숲의 중얼거림을 깨닫는다. 방목되는 알파카의 커다란 눈도 깨닫는다. 그 눈은 수세기 전에 사라진 사랑에 대해 숙고하는 것마냥 신비롭다.

시간이 흘러 당신은 밤에 리마로 가는 산길의 굽이에서 휘청거리는 트럭에서 깨어난다. 높은 산지에 있는 농부의 텅 빈 헛간 안에서, 춥고 안개 뒤덮인 고요함 속에서 깨어난다. 행복감은 당신, 낸시 길보니오가 이해도 존재도 예견하지 못했던 모든 것들을 발견하게 하는 힘을 준다. 당신의 깨달음은 순수하며, 세상의 움직임을 전혀 바꾸지 못한다 해도 공정하다. 그 깨달음이 줄어들거나 심지어 실패하더라도 그렇다.

당신 아버지와 오빠 두 사람은 손바닥만한 공터를 갈고 곡물을 키울 수 있도록 재빨리 땅을 골랐다. 어머니는 작물을 심기 위해 땅을 내리찍고, 그런 다음에는 뿌리와 줄기를 캐냈다. 어린 당신의 팔과 다리는 조화를 이루기 시작했다. 당신은 동생들을 씻기고, 옷을 갈아입히고, 어머니가 집에 없는 낮 시간에 밥을 차렸다. 해가 가면서 당신은 집과 학교에서 더 많은 일을 해냈다. 당신은 열심히 공부하면서 진학을 꿈꾸기 시작했다. 그리고 어느 날 낸시 길보니오, 당신은 그 많은 악조건을 극복하고 샌 마르코스 대학으로 떠났다. 당신은 갈아입을 옷 한 가지만 가방에 넣고 트럭에 올라탔고, 사흘 만에 리마에 도착했다. 당신이 선택한 전공은 사회학이다. 당신은 책값과 방세를 내기 위해 샌 이시드로에 있는 상류층 집에서 청소부로 일했다. 키가 작고 마른 당신은 얼굴이 갸름하고 눈은 크고 깊었다. 흑색의 긴 머리카락은 직모이다. 피부는 핏기 없는 갈색으로 항상 노을을 받은 것처럼 붉은 점토빛을 띠었다.

사실 당신의 아버지, 오빠, 어머니가 해왔던 노동은 태고 적부터 내려온 농부들의 반복적인 삶과는 그다지 닮지 않았다. 그들은 다른 일거리가 생길 때마다 들일에서 손을 놓았다. 다른 일거리란 도로 건축이나 벌목처럼 합법적인 것도 있었고, 코코아나 기타 물품의 밀수처럼 불법적인 것도 있었다. 들일과, 식량과, 당신 어머니가 마을에서 모아다가 우물가에서 문지르는 세탁물은 근본적으로 언젠가 끝이 나는 일거리이다. 밤의 불연속성이 끝나고, 마치 끝난 적이 없는 것처럼 다음날 아침 그런 일이 다시 시작된다 해도 그 전날 끝났던 일이기 때문에 결국은 다시 시작해야 한다.

연속성이 단절되면 현존하는 모든 힘을 모아서 미래에 놓여 있는 일들로 도약할 수 있는 가능성이 생긴다. 그러면 희망이 엿보인다. 희망이란 명백한 과거를 거부하고 모든 악조건을 극복할 때 만들어진다.

아버지는 학교에 가본 적도 없다. 할아버지는 농부였고, 증조할아버지와 고조할아버지도 농부였다. 하루는 그런 아버지가 러시아 제국의 아주 조그마한 구석에서 제국군 징병을 피해 건초 실은 마차에 숨어서 국경을 넘고 동프러시아로 향했다. 그리고 앞길에 기다리고 있던 것들과 맞서 살아왔다.

낸시 길보니오, 즉 당신은 페루 안데스 산맥의 아마존 지역에 있는 타라포토 마을에 살다가 어느 날 낯선 이들과 함께 트럭에 올라탔다. 두 사람은 다 같이 순수했고, 다 같이 어린아이였다.

아메리코 길보니오, 당신은 타라포토 마을과 들판을 가로지르면서 당신의 목소리, 근육, 체모, 생식기가 두 살 어린 동생 라울과는 대조적으로 아주 남성적이라는 사실을 어렴풋이 깨달았다. 당신은 그간 얼마나 많은 지혜를 가지게 되었는지 생생하게 느꼈으며, 당신의 생각은 매년 바뀌어 갔다. 당신은 두 살 어린 동생은 물론이고 심지어 한 살밖에 차이나지 않는 아이들과도 생각에 늘상 큰 차이가 있다는 사실을 신기하게 생각했다.

숲에는 벌목되지 않은 아주 거대한 나무들이 외로이 있었다. 숲을 걸을 때면 그런 나무들이 보호자가 되고 인도자가 되었다. 아메리코 길보니오, 당신은 그들의 목소리에 귀를 기울였다. 나무들은 땅속과 우주에 무엇이 있는지 알았기 때문이다. 그들은 별, 온갖 종류의 뿌리와 물, 곤충, 새, 벌레의 구성물질 등에 대해 알고 있으며, 나무그늘로 당신을 끌어안고 그런 지식들을 전해주었다. 어느 날인가 당신은 아주 작은 개미들이 줄지어 이동하는 것을 지켜보았다. 개미들은 나무의 죽은 핵을 골라서 쾌적한 집을 짓고, 나뭇잎 위를 기어다니며 진균류와 질병들을 제거해주고, 짙은 녹색 이파리 위에서 빨간 별처럼 빛났다.

집 근처에서 꽃을 피우던 식물들은 태양빛 아래에서 시들어갔다.

잡초들로 인해 콩줄기들이 질식해버렸다. 당신은 허기와 추위로 울고 있는 어린 아이를 만나기도 했다. 강아지 발바닥에는 가시가 박혀 있었다. 아주 거대하고 외로운 나무는 걸음을 멈추고 음악과 지혜와 조언과 불멸성을 속삭이며 귀를 기울이라고 말했다. 당신의 미래는 그 안에 있었고, 타라포토에서는 조그마한 들판이 당신의 일손을 기다리고 있었다.

당신, 차라파이며 원주민 혼혈인 아메리코 길보니오는 무슨 일을 해야 하는지 깨달으면서 점점 강해졌다. 어느 날 당신은 나뭇가지 위에 몸을 쭉 펴고 편하게 누워서 당신을 응시하고 있는 재규어를 만났다. 재규어는 당신 내부의 야생적이고 당당한 동물을 들여다보고 있었다. 당신은 앞으로 해야 할 일에 강렬하고 단호한 증오가 필요하다는 것을 알아차렸다.

1536년 대반란이 일어나고 마침내 피자로가 쿠스코를 정복했다. 만코 잉카는(잉카 제국의 마지막 원주민 황제—옮긴이) 빌카팜파에 있는 천혜의 요새로 후퇴했다. 네 사람의 잉카는 그곳에 부하들을 모았다. 하지만 1572년 잉카 가운데 한 사람인 투팍 아마루가 유인에 넘어가 전투를 벌였지만 아마존 밀림에서 패했다. 스페인의 펠리페 2세는 항복하면 전쟁포로로 대우해 주겠다는 확약서를 보냈다. 투팍 아마루는 부하들의 목숨을 살리기 위해 항복했고, 정복자들은 그를 말에 매달고 쿠스코까지 끌고 갔다. 그의 아내는 성당 광장에서, 프란시스코 드 톨레도 총독과 주교와 이단심문 신부가 보는 앞에서 난도질당했다. 스페인 인들은 투팍 아마루의 목을 베었고, 건국자인 잉카 위라코차가 살던 집터에 승리를 기념하며 성당을 세우고는 그 앞에 꽂은 막대 꼭대기에 투팍 아마루의 목을 걸어 놓았다.

미신과 과오, 탐욕과 절망, 냉소와 야만성, 공모와 배신이 어울리는 참상, 이것이야말로 우리 인간 종의 역사이다. 그리고 인간들은 역사 속에 깃든 철학이 모종의 양상, 계획, 의미를 따른다고 표방한다. 그러면 역사적인 사건이나 과정들은 이해와 설명이 가능한 것으로 바뀐다. 과거를 돌아보다가 위기, 폭력, 혼돈처럼 보이는 것들이 있으면 유용한 중요성을 부여하는 것이다. 다급한 필요에 의해 활동 영역의 소유권을 주장한 개인들은 이런 식의 역사 인식을 손에 넣을 수 없다. 하지만 지배를 확립하기 위해 행동하는 지배자는 역사철학을 내세운다.

저 멀리 떨어진 세계은행과 일본에서 리마로 자금이, 아르헨티나와 이스라엘에서는 무기가, 미국에서는 군사고문들이 도착했다. 알베르토 후지모리 대통령은 갑자기 국회를 폐쇄했고, 비상령을 선포했으며, 무장 반대세력 제거를 위해 전면적인 군사작전을 발동시켰다. 무장 반대세력이란 센데로 루미노소와 '투팍 아마루 해방운동'이었다.

타라포토에 군대가 도착했다. 사람들은 이동에 제재를 받고, 심문을 받았으며, 사라져갔다. 여자들은 밤에 문을 걸어 잠근 채 근심을 나눴다. 남자들은 밖에서 타지 남자들과 대화를 나눴고, 먼 지역에서 온 트럭 운전사들과 대화를 나눴다.

아메리코 길보니오, 당신은 갑자기 지평선이 넓어졌다고 느끼고,

타라포토에서 당신을 기다리고 있던 일터가 차라파, 촐로(스페인 계와 아메리카 원주민의 피가 섞인 라틴 아메리카 인-옮긴이), 잠보(흑인과 아메리칸 인디언의 혼혈-옮긴이)의 생명이 걸려 있는 넓은 영역과 하나가 된 것을 알게 된다. 당신은 옆마을에 있는 사람이 투팍 아마루 해방운동과 연결되어 있다는 것을 알게 된다. 그리고 갑자기 무장 저항군에 들어갈 것을 결정한다. 라울에게 그런 생각을 털어놓자 그도 함께 가겠다고 열정적으로 선언한다. 당신은 온 힘을 다해, 하나가 된 동지들의 무기를 가지고, 동족의 새로운 탄생을 위해 싸울 것이다. 당신 내부에서는 너무나 격렬한 행복감이 불타오른다!

원자폭탄이 히로시마를 불태운 지 나흘 후 조그마한 식물들이 잿속에 뿌리를 내렸고 자신들에게서 떨어져 나간 잎사귀로 생존의 발판을 마련했다.

낸시 길보니오, 당신은 1988년 타라포토 인근의 진흙투성이 공터에 있는 헛간에 갑자기 군인들이 출현했다는 사실을 알게 된다. 군인들은 아메리코와 라울을 찾고 있었다. 그들은 당신의 아버지를 계속 때렸고, 아버지가 의식을 잃을 때마다 깨어나라고 물을 끼얹었다. 그들은 아버지를 불구로 만들었다. 당신은 대학 공부를 그만두고는 부모님과 여동생의 생활비를 벌기 위해 트럭을 타고 타라포토로 돌아왔다.

낸시 길보니오, 당신은 안데스 산맥의 얼음장 같은 안개 아래에 넓게 펼쳐진 아마존 우림 마을, 즉 타라포토 마을 근처에 있는 오두막에서 깨어난다. 당신은 파란 하늘에서 선회하는 구름을 보고, 바람을 타고 늘어지는 나뭇잎을 보고, 호우가 쏟아지는 밤에 재잘거리는 새들의 울음을 듣는다. 그렇게 여러 해가 흐른다. 그 오두막에서 깨어난다는 것은 순수하고 무책임하게 태어난다는 것이다. 바깥세상의 일들은 저 멀리에 있다.

사람은 연속성을 깨고 행동을 취한다. 행동은 그 자체로 사람의 내부에 효과와 흔적을 남기고, 유동적인 도해를 남긴다. 그 도해는 안정을 찾으면서 기술과 습관이 된다. 그리고 성공적인 행동이란 사람의 내부를 기쁨으로 채운다. 혹은 최소한 만족감으로 채운다. 하지만 당신의 행동과 그 영광은 이제 다른 사람들의 것이 된다. 다음날이 되자 당신의 두 손은 또다시 텅 비어 있다. 행동 그 자체는 불연속성을 낳고, 공허와 순수로 돌아가게 만든다.

아메리코, 당신은 은밀하게 존재하고 임무 수행 방법을 적극적으로 배워야 했다. 타라포토를 떠나자마자 당신의 이름과 성은 당신 자신과 무관해지고, 당신의 육체와 특징 없는 옷은 주변에 있는 다른 사람의 것으로 바뀐다. 당신이 왜, 어떻게 체포되었는지 아는 사람은 없다. 당신을 고문하는 사람은 당신 동생 라울이 자신들과 한패로 활동해 왔다면서 협조하면 동생과 만나게 해주겠다고 말한다. 라울은 벌써 사라져버린 것일까? 당신은 분노하면서 궁금해진다. 당신은 감방 바닥에 누워서, 적들이 돌아와서 다시 고문을 시작하거나 당신을 때려죽이기를 기다린다. 당신은 그 기다림 속에서, 그처럼 기다리는 시간 속에서만 살아 있다. 적들이 당신을 다시 끌고 나간다. 당신은 텅 빈 하늘을, 미래처럼 광대하고 희망찬 하늘을 올려다본다. 당신이 굳게 입을 다물자 적들은 어딘가에 있는 군 막사에서 가져온 몽둥이로 당신을 때린다. 당신은 그렇게 이름 없는 시체가 되어 격노하는 하늘 아래에서 구덩이로 굴러떨어진다.

저 위에 있는 하늘은 이음매 없는 우주 아래에서 숨 쉬며 살고 있는 모든 사람들을 하나로 결합시킨다. 하늘 아래에서 태어났고 또 태어나게 될 모든 사람들과 우리를, 당신과 나와 낸시와 아메리코와 라울 길보니오를 결합시킨다.

도망자의 이름 없는 육체 안에서 놀라움은 부적절한 아름다움과 연결된다. 여성의 용기와 남성의 열의는 설명할 길 없이 당당하며, 그 안에서는 사랑이 불가지를 받아들인다. 정의를 향한 열정의 힘 안에서 사랑은 가속된다.

어느 날 밤 오물을 뒤집어쓴 남자가 타라포토 마을의 오두막을 찾아왔다. 남자는 당신, 늘 공포에 떨다가 지친 채 잠이 든 낸시 길보니오를 깨운다. 남자는 동지인 당신 남동생의 소식을 전해주러 왔다. 남자는 발로실로 출신이라고 말했다. 당신은 그곳이 리마에 있는 노동자들의 빈민가라는 사실을 알고 있었다. 남자는 방직공장에서 파업을 하다가 체포되었다. 그의 가장 친한 친구인 헤르미기디오 후에르타는 감옥에서 개머리판에 맞아 안구가 뽑혔으며, 경찰은 그를 때려죽였다. 남자는 감옥을 탈출해서 리마의 익명성 안으로 숨어들었다. 아메리코와 라울도 그곳에서 알게 되었다. 남자의 이름은 네스토르 세르파 카르톨리니였다.

다음날 밤 남자는 투팍 아마루 은신처로 떠났고, 당신 낸시 길보니오는 그와 함께했다. 당신은 언제나 비밀스러웠고 항상 이동했으며 더욱더 사랑에 빠졌다. 당신의 인생은 군 기지 습격과 원주민들이 알고 있는 산지로 향하는 비행으로 점철되었다. 그리고 당신의 사랑은 너무나 강렬했다! 그해, 1988년은 당신의 아들이 태어난 해이다. 5년 뒤에는 둘째가 태어났다. 두 아들을 바라볼 때마다 당신, 낸시 길보니오는 죽은 두 동생을 떠올리지 않을 수가 없었다.

그 이전에는 아무도 사랑해본 적이 없던 것처럼 그날 밤 그 인물을 사랑하게 만든 위대한 힘의 정체는 무엇일까? 두 번 다시 어떤 사람도 다시 만날 수 없을 것처럼 그 인물을 사랑하게 만든 힘은 무엇일까?

1995년 11월 30일, 낸시 길보니오는 체포되었다. 언론들은 그녀를 테러리스트라고 발표했지만 너무 심하게 폭행을 당했기 때문에 얼굴은 절대 공개되지 않았다. 낸시 길보니오는 네스토르 세르파 카르톨리니의 위치나 활동 등 그 어떤 정보도 털어놓지 않았다. 그녀는 그런 이름을 가진 사람을 알고 있다는 사실 자체를 부정했다. 그녀는 어느 날 판사 앞에 떠밀려 나갔다. 복면을 한 판사는 카르셀 드 야나마요에서 평생 복역하라는 판결을 내렸다. 카르셀 드 야나마요는 페루 남부에 있는 1300미터 높이의 산꼭대기에 지어진 요새이다.

낸시의 감방은 난방이 되지 않으며 넓이는 180×305센티미터이다. 벽에 난 작은 틈으로는 햇빛이 전혀 들지 않고, 그 대신 얼음장 같은 바람만이 들어올 뿐이다. 침대는 시멘트 판이며 화장실은 바닥에 난 구멍이다. 그녀는 하루에 23시간 30분씩 그 감방에 갇혀 있다. 두

달에 한 번씩, 15분 동안 한 사람의 면회객만 만날 수 있다. 그녀는 아무것도 읽을 수 없고 어떤 운동도 할 수 없다. 만약 낸시 길보니오가 아직 살아 있다면, 우리가 언어로 그를 기리는 동안 계속 그 장소에 있을 것이다.

성공한 것들 중 탐욕과 기만과 배반으로 이루어진 것이 얼마나 많은가! 성공한 것들은 결국 유익하다는 평가를 받는다. 실패한 사람을 놓고 보자. 그가 행동해서 유익한 결과를 남기지 못했다면, 결국 결과는 아무것도 없는 것이다. 그는 과거 정당하다고 생각했던 자신의 행동이 틀렸노라고 말하게 된다. 하지만 결과와 연계 짓지 않고 그의 행동만을 보자면, 우리는 아직도 정의를 향한 염원이 그 속에서 불타오르고 있다는 걸 알게 된다.

모든 생명은 죽으면서 실패한다. 모든 생명은 죽으면서 역사의 과정과 분리된다. 만약 창업주가 죽었어도 사업은 저 혼자 계속된다는 말이 사실이라면 그 창업주는 사업을 제어하지 못한다는 얘기가 된다. 그리고 그 사업은 살아 있는 다른 사람에게 넘어가거나 중단당하게 된다. 제어를 포기하고, 분리되고, 죽으면 순수함이 등장한다. 비록 살아 있을 때 범죄자였다 해도 그의 시신만은 정중하게 대하는 것은 바로 그 때문이다.

낸시 길보니오는 혼혈이었고, 있을 법하지 않은 일이지만 페루 안데스 산맥의 아마존 지역 어딘가에서 태어났고, 매장되고, 사라졌다. 낸시 길보니오는 네스토르 세르파 카르톨리니의 연인이었고, 후에르타 동지, 에바리스토 동지, 엘 고르도(체격이 큰 사람, 뚱뚱한 사람 등의 뜻이다-옮긴이) 등의 별명으로도 알려져 있다. 군과 민간 대테러 전문가들이 판단하는 바에 따르면 투팍 아마루 해방운동의 구성원은 많이 잡아봐야 3,40명을 넘지 못한다.

전투는 가능성의 기술이다. 의지할 수 있는 자원과 병력이 있을 경우, 그 두 가지를 효과적으로 이용하려면 적의 병력과 이동을 정확히 파악하고, 적이 예측하기 어렵게 독창적인 전략을 공들여 세우고, 아주 엄격한 기율을 단호하게 유지해야 한다. 불가능한 상황에 처하게 되면 허세를 생각해야 한다.

1781년 투팍 아마루를 사로잡으면서 정복은 완결되었다. 스페인인들은 쿠스코 성당 앞에서 투팍 아마루를 참수함으로써 정복을 확실시했다. 1996년 리마에서 알베르토 후지모리는 전국 텔레비전 방송에 나와 연설을 했다. 승리는 질서유지군의 것이었다. 수도에서는 더 이상 정전사태나 자살폭탄 차량을 볼 수 없었다. 대통령은 외국 투자자를 끌어들이고 노동자에게 전문기술을 교육시키는 제도를 마련하겠다고 야심찬 계획을 발표했다. 페루 전역에 안보와 질서와 평화가 확립되었다. 사람들은 이 세상 어느 곳에서든 삶을 유지하고, 다른 사람들과 대화를 나누고, 상황에 대한 질문에 상식적인 품위를 유지하며 답할 수 있다. 침팬지는 침팬지들과 잘 지내고, 사슴은 사슴과, 펭귄은 펭귄과, 돌고래는 돌고래와, 말벌은 말벌과 잘 지낸다. 육식동물이나 홀로 사는 동물도 동종과는 잘 지낸다. 표범은 다른 표범을 잡아먹지 않고 독수리는 다른 독수리를 사냥하지 않는다. 우리는 특별한 의무를 짊어지지 않았다고 확신하고 일생을 보낼 수 있을까?

1996년 12월 17일 오후 8시 14분, 리마에 있는 일본 대사 관저에서는 아키히토 일왕의 생일을 축하하는 우아한 가든파티가 벌어지고 있었다. 600명이 넘는 손님들이 위스키를 마시고, 초밥을 입에 넣고, 포옹을 하며 인사를 나누었다. 그러던 중 구급차 한 대가 도착하더니 대사 관저의 옆집에 일군의 사람들을 내려놓았다. 잠시 후 폭발소리가 행사의 소란스러움을 잠재웠다. 관저와 붙어 있는 건물의 벽이 다이너마이트로 무너지고 복면을 한 게릴라들이 가든파티 현장으로 쏟아져 들어왔다. 행사장 정면과 구내에 있던 경찰과 침입자들 사이에 갑자기 총격전이 벌어졌다. 게릴라들은 경찰을 격퇴하고 600명의 손님들을 건물에 가둔 다음 출구를 봉쇄했다.

사망자는커녕 부상자 하나 없이 600명의 인질을 잡은 게릴라들은 전부 몇 명이었을까? 언론은 12명에서 20명 사이일 거라고 추정했다. 게릴라에는 여성도 있었다. 인질에는 일본인 사업가 35명, 군경 간부 6명, 정보 및 대테러 부서의 간부들, 외국 대사 7명, 국회의원 6명, 7명의 외국 대사, 대법관 5명, 장관 2명, 후지모리 대통령의 어머니와 누나, 남동생이 포함되어 있었다. 일본인 사업가에는 미츠비시, 미츠이, 도요타, 파나소닉의 최고 중역이 포함되어 있었다. 과두정치 체제의 최고위급 인사와 경찰국가의 경찰들이 게릴라 역사상 전례 없는 무공을 통해 사로잡혔다.

그날 저녁 11시, 후지모리의 어머니와 누나를 포함해서 여성과 노인 280명이 풀려났다. 다음날, 72명을 제외한 인질 전원이 석방되었다.

게릴라 부대는 독특한 요구사항을 발표했다. '인질 72명의 자유를 원한다면 89명의 여인을 포함한 투팍 아마루 죄수 442명을 풀어줄 것.' 게릴라 부대의 지도자는 카마라다 헤르미기디오 후에르타였다. 헤르미기디오 후에르타는 낸시 길보니오의 남편, 네스토르 세르파 카르톨리니가 쓰는 가명이었다.

하시모토 일본 수상은 캐나다로 날아가서 후지모리 대통령과 만나고 인질들의 안전을 지키겠다는 맹세를 들었다. 적십자는 매일 인질들에게 식량을 보냈다. 그 식량 중에는 일본인 인질에게 보내는, 리마에서 가장 좋은 일본 식당의 음식도 있었다. 아야쿠초 대주교, 일본 대사가 주관한 축하연에 참석했으나 첫쨋날 석방된 캐나다 대사, 후지모리 정부 대변인이 투팍 아마루 게릴라들과의 협상을 담당했다. 하지만 후지모리가 테러리스트들에게 제안한 것은 인질들이 무사하게 풀려날 경우 나라 밖으로 안전하게 호송해 주겠다는 것이 전부였다.

후지모리는 SWAT 부대원 한 사람을 선정해서 미국 특수부대에서 훈련을 받으라고 비밀 지시를 내렸다. 그리고 어느 정도 떨어진 곳에서 일본 대사 관저의 지하 쪽으로 땅굴을 팔 수 있도록 광부들을 고용했다. 국사범 교도소는 언론인들과 적십자측이 투팍 아마루 소속 죄수 442명에게 접근하지 못하도록 막았다.

4개월이 흘렀다. 경찰은 게릴라들이 동요하도록 대사 관저를 향해 볼륨을 최대로 높이고 군가를 방송했다. 협상은 단속적으로 중단되었다. 게릴라들은 건강이 좋지 않다고 불평하는 인질 두 사람을 더 풀어주었다. 한 사람은 대테러 국가경찰의 지휘관인 루이스 발렌시아 히라노 장군이었다.

삶이 회복할 수 없을 만큼 산산이 부서진 사람들은 기이하게도 비통함에 거의 빠지지 않고 그 대신 반항적인 냉담함을 보여주며, 불평도 하지 않고 겁도 먹지 않으며 끝내 웃기까지 한다. 고통과 허세는 사람을 내향적으로 만들지만 그와 동시에 어린 아이 같고, 순진하고, 오만하고, 충동적인 사람이 되게 한다. 아무것도 희망하지 않을 때 비로소 무엇이든 행동을 취하게 되는 경우가 많은 것도 사실이다.

3월이 되었다. 게릴라들은 요란한 군가 속에서, 관저 지하를 굴착하는 희미한 진동을 감지했다. 그들은 인질을 건물 2층으로 이동시켰다. 4개월이 지나자 협상가들이 아무 조건도 들어주지 말라는 지시를 받았다는 사실이 분명해졌다. 게릴라들은 관저 안에서 과거와 미래의 중요성이 자신들과 완전히 분리되어버리고, 최후의 순간만이 따로 오롯이 남는 것을 느꼈다. 그 마지막 순간은 경쾌했고, 모든 에너지가 그 한순간에 모여 강렬해졌다. 게릴라들은 축구를 하며 오후 시간을 보냈다.

4월 22일 늦은 오후, 게릴라들이 축구를 하는 동안 폭발물이 동시다발적으로 터지면서 굴이 열리고 정부의 SWAT 부대가 쏟아져 나왔다. 부대원들은 비무장 여성 2명을 포함해 게릴라 전원을 사살했다. 게릴라의 인원은 14명이었다. 그 아수라장 속에서 인질이었던 대법관 한 사람이 심장마비로 죽었다. SWAT 부대원 30명은 살해당한 게릴라들의 시체를 둘러싸고 각 구당 머리에 한 발씩 확인사격을 했다. 후지모리 대통령은 언론 카메라 앞에서 훼손된 시체를 당당하게 밟고 올라섰다. 시체들은 군 기지로 운반되었다가 기록도 남기지 않고 알려지지도 않은 장소에 매장되었다.

그런 일이 있기 하루 전 네스토르 세르파 카르톨리니가 아홉 살짜리 아들에게 남겼던 편지가 발견되었다. 네스트로의 아들은 처지를 동정한 프랑스 인 덕분에 페루에서 빠져나가 프랑스로 이주할 수 있었다. 편지의 내용은 이렇다.

나는 네가 꿈꾸던 그대로 엄마가 감옥에서 나오고, 네가 엄마를 다시 만나서 어루만지고 엄마와 함께 놀고 엄마의 품에 안길 수 있기 전까지는 이 일본인의 건물에서 절대로 나가지 않을 것이다.

아디스아바바

　　유다의 사자, 자칭 메넬리크 1세의 적통 계보에서 237번째이자 솔
로몬과 시바 여왕의 아들 하일레 셀라시에 황제. 그는 아프리카 고산
지대에 있는 요새에서 수도를 번영시키겠다는 장대한 꿈을 가졌다.
아디스아바바는 수세기 동안 유럽의 식민지배와 노예상태를 거친 여
러 국가들, 그리고 아프리카 통일기구OAU의 본부가 될 예정이었다.
하일레 셀라시에는 새 대로를 만들었고, 아프리카 통일기구의 여러
기관으로 활용할 멋진 건물들을 그 주변에 세웠다. 그는 외교관 일행
을 위한 5성급 호텔을 짓기 위해 힐튼과 쉐라톤을 초대했다. 에리트
레아 및 소말리아와의 수십 년 전쟁, 내전, 가뭄과 기근이 발생한 결
과 아디스아바바의 인구는 현재 200만까지 늘어났고, 빈민가는 존중

의 의미로 어느 정도 떨어진 곳에서 대형 건물들을 둘러싼 채 팽창하고 있다. 도시 중심에서 가장 인상적인 건물은 프랑스 건축가가 설계한 국립 은행이다. 은행은 토대 위에 높게 서 있는 거대한 원형 건물로 건물 자체만으로 하나의 블록을 형성하고 있으며, 높다란 철조망에 둘러싸여 있다.

은행 건물에 다가가보니 한 여인이 2명의 어린 아이를 데리고 정오의 태양을 받으며 인도에 앉아 있었다. 한 아이는 멍한 눈길로 여인에게서 조금 떨어진 곳에 앉아 있었다. 여인은 자신에게 기대고 있는 다른 아이를 무심하게 한 손으로 붙잡고 있었다. 아이들은 누더기를 걸쳤다. 찢어진 옷자락이 어깨 아래로 늘어져 있고, 쪼그라든 가슴이 앙상한 상반신에 매달린 채 드러나 있었다. 여인 주변 노상에 몇 개의 동전이 떨어져 있긴 해도 그녀는 내가 다가가도 손을 내밀어 구걸하지 않았다. 그래도 여인은 아이들과 함께, 아이들을 위해 거기에 있었다.

에티오피아 인 가운데 에이즈에 감염된 사람이 얼마나 되는지는 아무도 모른다. 내가 만났던 어느 의사는 아디스아바바 인구 중 15퍼센트가 감염자라고 했다. 레트로 바이러스 관련 수입약품을 손에 넣을 수 있는 것은 아주 부유한 엘리트 지배층 사람들뿐이다. 그 의사가 일하는 빈민 대상 병원에서는 잠재적으로 다른 환자를 감염시킬 수 있는 사람은 아예 치료조차 하지 않는다. 그래도 사람들은 길거리보다는 병원 침대에서 죽으려고 그곳에 간다.

나는 은행에서 나와 건물 앞 계단에서 오랫동안 주저했다. 그러다가 결국 걸어 내려가자 고문하는 사람처럼 심장이 마구 뛰었다. 나는 주차되어 있는 두 대의 차 사이로 미끄러져 내려가서 카메라를 꺼내 떨리는 손으로 먼 곳의 사진을 찍었다. 내가 고개를 들었을 때 눈이 마주친 은행 경비원은 나를 보고도 책망하지 않았다. 나는 멀리 걸어 가서 뒤를 돌아보았다. 경비원은 여인에게 다가가서 다른 곳으로 옮 기라고 지시를 내렸다. 나는 다음날 은행 건물 근처를 다시 걸었다. 여인과 아이들은 보이지 않았다.

귀를 기울이지 않고, 누군가의 이야기에 귀 기울이지 않았는데도 타인을 인지한다는 건 과연 무얼까? 우리 각자가 건물과 태양과 비와 진흙의 한가운데에서 스스로의 존재를 인식한다는 것은, 듣는 이가 우리 자신밖에 없다 해도 결국 자신의 이야기를 말한다는 뜻이다. 나 는 귀국 후 대형 쇼핑몰에 있는 사진가게에서 필름을 인화했다. 말없 는 인화지 위에 있는 것은 얇고 구불구불한 검정 얼룩들뿐이다. 하지 만 나는 인화한 사진을 들여다보며 여인과 아이들이 그 쇼핑몰 골목 안에, 바로 내 눈앞에 서 있는 느낌을 받았다. 여인은 에티오피아 하 늘에 떠 있는 정오의 태양에 눈이 멀어 나를 바라보지 않았고, 사랑을 표현하는 최후의 수단인 양 나약한 손으로 아이를 받치고 있었다.

나는 이 글을 쓰면서 나 자신이 그 여인에게 돌아가고 있다는 걸 안 다. 하지만 여인은 지금쯤 죽었을 것이다. 이렇게 그녀와 결별할 수 밖에 없는 마음, 이 절박한 나약함도 어쩌면 사랑일지 모른다.

사랑 중독자

나는 거짓말을 증오해. 그 누구든 나에게 거짓말하면 참지 않지. 웨인, 당신은 자신이 늘 그랬다고 설명한다.

열정은 어린 아이를 찾아내고, 노인 안에서 어린 아이를 찾아낸다. 열정은 여성 안에서 남성을 찾아내고, 남성 안에서 여성을 찾아내고, 남성과 여성 안에서 사자와 독사와 연체동물을 찾아내고, 황소와 백조와 악어와 문어 안에서 남성과 여성을 찾아낸다.

광활한 태평양 가장자리를 흐르는 수십 억 톤의 소금물은 뉴사우스웨일스 주의 남부 해안을 훑으면서 바위와 잔디를 긁어내고, 시드니 남쪽에 있는 크로눌라 마을 밑에 반짝거리는 모래층을 펼쳐 놓는다. 다채로운 폴립들이 만든 거대한 산호 도시의 모래는 바다폭풍으로 부서지고, 염생초 덤불이 붙어 있던 모래는 폭풍 때문에 다시 바다로 돌아간다.

셰릴, 크로눌라에서 태어난 당신은 곧바로 고아가 되었다. 어딘가에서 만난 남녀가 옷을 벗고 포옹한 후 몸을 떼었고, 당신은 그 여인의 몸 안에서 조용히 자라기 시작했다. 여인은 당신을 낳은 후 버려두고는 어디론가 사라졌다. 당신은 부모가 버린 이유를 알지 못한다.

스위스인 부부가 당신을 입양했다. 그들은 당신을 폴이라고 불렀다. 당신에게는 한 번도 본 적 없는 남자형제도 있었다. 그는 당신의 성별을 알지 못했다. 양부모들은 늘 당신을 폴이라고 불렀다. 하지만 1년 전, 나이가 너무 많이 들어 퀸스랜드로 이사 가게 된 양부모가 마지막으로 방문했을 때, 당신은 셰릴로 불러달라고 했다. 하지만 양부모들은 웨인을 인정해주었다. 그들은 웨인을 사랑한다.

웨인, 당신은 시드니의 노동자 동네인 벨메인에서 태어났다. 당신에게도 형제가 있었지만 부모의 이혼 후 어머니가 데려가면서 그와 헤어졌다. 당신은 아버지가 데려왔다. 어느 날 아버지가 신문을 사오라고 심부름을 보냈다. 돌아와보니 잔돈이 5센트 모자랐다. 아버지는 거의 한 시간 반에 걸쳐서 먼지떨이를 채찍삼아 당신을 때렸다. 그러면서 그 5센트로 사탕을 사먹었다는 사실을 인정하라고 다그쳤다. 당신은 그렇게 말하지 않았다. 매를 맞지 않으려고 거짓을 인정할 생각이 없었다. 당신은 거짓말을 증오했다. 아버지는 다른 여자와 사귀기 시작했고 당신이 방해가 되었다. 아버지는 당신이 말을 듣지 않는다고 우기면서 소년의 집에 보냈다. 당신이 일곱 살 때의 일이다.

마약은 사물의 날카로운 면들을 부드럽게 만든다. 마약은 간이용 방과 칸막이와 벽과 울타리 등 모든 것을 넘어 흐르는 은빛 안개다. 웨인, 당신은 마약을 한 지 얼마나 되었을까? 30년? 셰릴, 당신은 은 빛 안개 속에서 살아온 지 얼마나 되었을까? 30년? 이제는 마약의 종 류가 다양하지만 당신은 메타돈을 이용한다. 웨인도 그렇다. 당신들 둘은 항상 최대 허용량을 주사한다. 그러면서 고통 때문에 약을 사용 한다고 주장한다. 마약은 두 사람을 멍한 흥분상태로 만든다. 특히 셰릴은 안절부절 못하고 소심한 성격이다. 의학 연구에 따르면 메타 돈은 헤로인보다 더 큰 장기손상을 일으킨다고 한다. 따라서 점진적 으로 투약량을 줄여야 한다. 하지만 당신들 두 사람은 항상 최대 허 용량을 사용한다.

당신의 사랑 셰릴은 위장의 조류막과 검푸른 창자, 간과 비장, 윤기 나는 녹색 손톱에 뒤덮인 손가락끝에 존재하는 꿈틀거림과 떨림이 다. 당신의 사랑 웨인은 동맥과 느리게 흐르는 걸쭉한 주홍빛 혈액, 빠르게 달리는 대식세포, 오래 전부터 저 멀리서 들려오던 중얼거림 을 흔드는 진한 세포의 젤리 안에 존재하는 난류이며 고함이고 지극 한 고요함이다.

셰릴, 172센티미터 키의 당신은 골격이 크고, 뼈밖에 없다고 할 정 도로 바싹 말랐다. 현재 당신의 나이는 52세이다. 당신은 얼굴이 길 고, 광대뼈가 튀어나왔고, 뺨은 움푹 들어갔고, 입술 두께는 중간 정 도이고, 입은 작고 섬세하다. 아주 큰 눈은 갈색이다. 당신은 눈썹을 밀어버려 아침에 일어나 가장 먼저 하는 일이 눈썹 그리기이다. 머리

숱은 많지만 머리카락은 가늘고 머리색은 갈색과 금발의 중간이다. 짧게 자른 머리는 한쪽으로 빗어 넘겼다.

손은 크고 빛바랜 분홍색처럼 핏기가 거의 없다. 손톱은 깨끗하고 약간 길다. 당신은 숫자판이 매우 큰 금색 손목시계를 차고 있다. 그 시계는 남성용이라 줄이 헐겁다. 당신은 몹시 빛이 바래고 여기저기 기우고 이끼처럼 파란 죄수용 티셔츠와 반바지를 입고 있다. 신발은 낡은 러닝화이다. 목에는 필리핀 꼬마들이 해변에서 파는 물건처럼 작은 조개껍데기를 길게 엮은 목걸이를 걸고 있다. 책상에는 2개의 거울이 놓여 있다. 일하러 나갈 때면 당신은 얼굴 상태를 확인하고 손을 본다. 녹색 반바지를 입고 있으면 당신은 여왕이다. 파도 밑 모래에 기어다니는 나새류와 시드니 빈민가에 있는 벌거벗은 개구리, 감옥 벽에 붙은 전구 주변을 날아다니는 나방들에게 있어 아름다움은 필수적인 요소이다.

우리와 거울의 관계에는 어딘가 충동적인 면이 있다. 우리 자신과 동떨어진 곳에서, 우리의 의사표시는 찡그림으로 변하고, 손짓은 팔을 휘두르는 동작으로 변하고, 유심히 들여다보느라 일그러진 얼굴은 폭소로 변한다. 자신이 웃는 모습을 들여다보노라면 우리의 입과 혀와 손가락과 허리에는 선정적인 충동이 퍼져 나간다.

웨인, 당신은 말한다. 거울 안에는 최고의 친구와 최악의 적이 공존하고 있다고. 당신은 세릴보다 키가 조금 작고 대략 일곱 살쯤 어리다. 어깨가 넓고 팔뚝도 굵으며 배는 나오지 않았다. 피부는 아주 검게 그을었다. 바깥 세상에 살고 있을 때는 마라톤 경기를 여러 번 뛰

146

기도 했다. 그랬던 육체에 지금 남아 있는 거라고는 편두통과 메스꺼움, 불면증이 전부이다. 육체가 시들지 않고 내부로 쪼그라들지 않는 것은 스테로이드로 인해 흥분상태에 있기 때문이다. 당신이 입고 있는 상의는 이끼처럼 파랗고 헐렁하며 소매가 긴 가벼운 운동선수용 옷이다. 상의보다 훨씬 더 빛이 바래고 여기저기 기운 선수용 하의를 입었으며 질 좋은 신제품 운동화를 신었다. 당신의 얼굴형은 둥글고, 두터운 흑갈색 팔자수염을 길렀다. 입은 작고 입술은 육감적이다. 합죽이처럼 보이지는 않지만 사실은 이가 모조리 뽑혀 하나도 남아 있지 않다. 눈은 맑고 파랗다. 머리카락은 전체적으로 억세고 반백이며 뒷머리는 짧게 깎았다. 당신은 몸치장을 잘하며 외모에 각별히 신경쓴다. 왼쪽 귀에는 2개의 작은 은귀걸이가 달려 있다. 은목걸이에는 프리메이슨 십자가가 매달려 있다. 왼손에 4개, 오른손에 1개의 반지를 끼고 있다. 웨인, 당신은 잘생겼고 마치 개구쟁이 같다. 당신은 천연덕스럽게 유머를 구사한다. 그리고 맑고 푸른 두 눈에는 뜨겁고 소름끼치는 섬광이 깃들어 있다.

당신은 교활함과는 거리가 먼 사람이다. 당신이 친구를 위해서라면 무슨 일이든 한다는 것을 모르는 사람이 없다. 웨인, 당신은 못 고치는 물건이 없다. 그리고 28개의 컴퓨터 관련 분야 자격증을 가지고 있다. 당신은 직원들의 이력서를 타이핑해주고, 간수들은 프로그램상의 문제를 해결해 달라고 집에 있는 컴퓨터를 당신에게 들고 온다. 당신은 섬세하고 교양이 풍부하다. 여성 직원들에게는 늘 유쾌한 모습을 보여준다. 당신은 여성을 존중하고, 셰릴을 존중한다. 셰릴은 당신에게, 당신을 즐겁게 해주기 위해 혼신의 노력을 다한다. 당신도 셰릴을 숭상한다.

남성은 평균적으로 여성에 비해 훨씬 더 근육질이고 체격도 20퍼센트 가량 크다. 그리고 농사, 산업, 건축 등의 분야에서 힘든 일을 맡아 한다. 남성은 공기 망치로 거리를 뜯어내고, 티모르 해에 유정을 박아 넣고, 시드니 항에 있는 다리에 페인트를 칠하고, 동티모르에 파견되어 평화유지군으로 일하고, 프로 권투선수가 되기도 한다. 사람들은 남성이 질서와 체제를 유지해줄 거라고 기대한다. 최소한 계약한 일은 해줄 거라고 기대한다. 그 일에서 사소하거나 무의미한 점이 발견된다 해도 손해를 감수하고 일을 마칠 것으로 기대한다. 게으르고 사기꾼이며 기생충처럼 살아가는 촌뜨기라는 표현은 그들의 남성성에 있어 모욕이다. 그런 남자들은 무엇보다도 불량한 멋으로 허세를 부리는 것에 열중한다.

웨인, 당신은 사실 셰릴을 아주 좋아한다. 당신은 셰릴이 죽으면 함께 죽겠다고 말한다. 셰릴이 죽으면 당신은 정말로 스스로 목숨을 끊을 것이 분명하다.

관능적인 포옹에는 시체 애호적인 면이 있다. 육체는 무너지면서 해체되고, 침대 시트와 몸은 체액으로 젖는다. 충동과 사향과 미생물이 그 체액을 통해 풀려난다. 쾌락의 불길은 옷과, 목재가구에 묻은 질척한 얼룩과, 원생동물이 득시글거리는 미세한 물방울과, 이름을 알 수 없는 균류나 박테리아로 분해되는 진흙 속에서 타오른다.

웨인, 당신은 컴퓨터 게임을 아주 많이 한다. 당신은 전자적으로 만

148

들어진 사람을 쏴죽이고, 차와 비행기를 폭파하고, 한 국가의 국민 전체를 가루로 만든다. 당신은 전사다. 당신은 15살 때부터 교화시설을 드나들었다. 당신이란 존재는 사회 내부에 있는 악운의 일부이다. 당신은 자의식을 가질 만한 목표를 세워본 적이 없다. 당신의 개성은 교화시설 안에 있는 사회와 어울리지 못하면서 만들어졌다. 당신은 불량소년으로 살면서 — 우리들도 마찬가지지만 — 하면 안 되는 일이 무엇인지, 그렇다면 그 이유는 무엇인지 지속적으로 배우지 못했다. 사람들은 어떤 일을 하면 안 되는 이유를 알려주지 않는다. 사람들이 보는 것은 당신의 반응뿐이다. 누군가가 다가와서 "은행 털러 가자"라고 말하면 당신은 "그래, 가자"라고 말한다. 그리고 은행을 턴다. 하지만 그것은 저급한 쓰레기 짓에 지나지 않는다. 은행을 턴다고 해도 바뀌는 것은 없으며, 과거를 바꾸고 새 사람이 될 수도 없다. 그저 습관을 반복하는 행위에 불과하다.

당신은 체포되고 형을 받는 과정을 반복한다. 당신은 올해로 23년째 감옥에 있다. 결국은 세상이 당신을 이기고, 당신은 끌려다닐 것이다. 현재 당신은 무장 강도죄로 14년 형기를 채우는 중이다. 롱 베이 감옥은 최고의 보안을 자랑한다. 당신은 진짜 행운을 만나지 못하게 방해하는 모든 요소들, 이를 테면 칼을 든 스토커, 조직폭력배, 아동 성추행범 등과 함께 지낸다. 살인자들은 피 냄새를 풍기고 돌아다니면서 사악한 권위를 유지한다.

당신은 그 안에서 셰릴을 만났다. 22년 전의 일이다. 셰릴은 마약거래와 절도죄로 들어와 있었다. 공장에서 일하는 여성들은 손이 거칠고 거부하는 눈길을 보낸다. 사무직 여성들은 손가락을 움직이는 것 밖에 모르며 구역질나는 욕망의 눈길에 냉소적인 시선을 보내는 것이 전부이다. 반면에 셰릴, 당신은 아름답게 꾸미는 것 외에 하는 일이 없었다. 당신은 매춘 말고는 돈 버는 방법을 몰랐다. 수입은 매춘으로 벌어들인 것이 전부였다. 셰릴과 웨인, 당신들은 10년 전에 연인 사이가 되었다.

우리는 감옥을 방문해서 당신들 두 사람과 이야기를 나누었다. 우리는 당신들 같은 사람에게서 이야기를 듣고 싶었다. 당신들은 일탈자이며 범죄성향이 있었다. 우리가 죄책감을 느껴야 하는 사회의 단순한 희생양들이 아니었다. 우리는 괴상하고 웃기고 즐거운 얘기를 들으려 했다.

방해할 수 없고, 피할 수 없고, 극복할 수 없고, 회복할 수 없는 것들은 얼마든지 있다. 태어나면서부터 바보처럼 보이는 사람도 있다. 어린 시절에 폭행을 당한 사람도 있다. 오이디푸스적인 삼각관계를 형성하는 사람도 있다. 자신의 내부에서 동성애적인 성향을 발견하는 사람도 있다. 절망적으로 망가진 관계에 사로잡힌 사람도 있다. 도저히 개선할 수 없는 상태란 얼마든지 존재한다. 그 당시는 물론이고 지금도 어쩔 수 없는 일들 역시 존재한다. 웃는 것 외에는 다른 대책이 없는 일들도 얼마든지 존재한다. 하지만 최소한, 언제든지 웃는건 가능하다. 선천적인 결함을 갖고 태어난 자신을 보며 웃을 수도 있고, 올리브 오일(만화 〈뽀빠이〉에 등장하는 주인공의 여자친구-옮긴이)이나 뉴트 깅그리치(미국 정치인-옮긴이)처럼 생긴 자신을 보며 웃을 수도 있고, 성기가 아주 작다는 사실에 웃을 수도 있고, 죽음을 앞에 두고 웃을 수도 있다.

신경증 환자란 정신적 외상을 입은 사람이다. 다시 말하면 앞서 말한 그런 종류의 재난을 극복하지 못한 사람이다. 그런 사람들은 웃을 수 없다. 정신과 의사는 아무 도움이 되지 못한다. 그들은 대체적으로, 아주 융통성 없게 마련이다! 그들은 환자가 꿈꾸고 생각하는 모든 것을 아주 진지하게 대한다. 어릴 적에 놀림을 당했던 일과 그 시절에 겪은 굴욕 하나하나를 아주 진지하게 고려한다. 그들은 환자를 신경증 안에 가둬 놓는다.

웨인, 당신은 젊었을 적에 수없이 싸웠다. 하지만 칼에 찔린 적은 한 번도 없었다. 쇠막대에 맞은 적은 한 번 있었다. 당신을 쇠막대로 때린 녀석은 지금도 그 일을 후회하고 있다. 당신은 정말로 폭발하기 전에 온갖 헛소리를 지껄이겠지만 일단 폭발하면 말 그대로 폭발한다. 당신은 이렇게 말한다.

"첫번째는 사고였어. 두 번째는 우연이었고. 세 번째는 상대가 먼저 덤볐어."

당신은 자신에 대해서 중언부언하며 헛소리를 늘어놓는다. 하지만 셰릴이 관련되면 그러지 않는다. 누군가 셰릴을 화나게 만들면 그것으로 끝이다. 감옥에는 당신을 좋아하지 않는 사람들이 있다. 그런 사람들도 당신이 셰릴을 위해서라면 목숨을 바친다는 사실 때문에 당신을 존경한다. 사실 당신은 그 누구보다도 친구가 많다.

웨인, 당신의 팔에는 싸움에서 얻은 큰 흉터들이 있다. 하지만 대부분의 흉터는 자해의 결과이다. 당신의 손과 팔은 문신으로 뒤덮여 있다. 왼손 손가락 뿌리 쪽에는 'LOVE'라는 글자가 새겨져 있다. 당신은 칫솔 손잡이에 재봉용 바늘을 붙이고, 그 바늘을 워크맨에서 뽑아낸 모터로 움직여서 오른팔에 계속 문신을 새긴다. 그 문신은 킹스크로스에 있는 복장도착자 카바레에서 인기 있던 무용수, 다이앤 달링을 향한 당신의 사랑을 나타낸다. 다이앤 달링은 감옥에서 에이즈로 죽었다. 당신은 자신이 동성애자라고 생각하지 않는다. 당신을 동성애자로 간주하는 사람은 아무도 없다. 그저 감옥에서 벌어지는 섹스라고 생각할 뿐이다.

셰릴은 52세의 나이에도 불구하고 자신을 소녀 또는 여왕이라고 부른다. 그녀의 가슴은 작고 둥그스름하다. 그녀는 아주 오래 전에 고환을 제거했다. 웨인, 당신은 셰릴을 숭상한다. 그러면서 당신은 마침내 당신만의 길을 찾았다!

우리는 버스 옆좌석에서 졸고 있는 승객의 따뜻한 허벅지를 느끼면서, 경매장에서 입찰에 열중하느라 흥분한 여인의 뜨거운 숨결을 느끼면서, 티베트 사원에서 우리 백인종의 팔에 난 털을 보고 즐겁게 만져보는 승려를 보면서 흥분한다. 단단해지는 남성의 성기, 혈액과 흥분과 쾌감으로 맥박 치는 여성의 음순과 클리토리스는 절대로 거짓말을 하지 않는 우리 신체의 일부분이다.

웨인, 당신의 오른팔에는 커다란 십자가가 그려져 있고 그 밑에는 '추모하는 마음으로'라는 글이 적혀 있다. 당신의 아저씨는 오토바이를 즐겨 탔고, 결국은 사고를 당해 양쪽 어깨가 으스러졌다. 아저씨가 죽었을 때 당신은 장례식에 참석할 수 없었다. 감옥에서 타인에게 문신을 하는 행위는 신체적인 폭행에 해당하고 자기 몸에 문신하는 행위는 자해에 해당한다. 당신은 십자가 문신을 하고 나서 간수를 찾아가 벌을 받겠다고 했다. 돌아가신 아저씨는 당신이 열한 살 때 소년의 집에서 나오자 자신이 운영하는 카니발에 일자리를 만들어주었다. 당신은 거기서 차를 몰고, 롤러코스터와 회전식 관람차를 운전했다. 당신은 카니발과 함께 오스트레일리아 전역을 돌아다녔다. 카니발은 악명이 높았다. 사람들은 카니발에서 싸움이 벌어질 거라고 생각하고 딸들을 집에 가둬 두었다. 당신은 완력을 사용할 수밖에 없었다. 놀이기구를 타러 오는 사내들은 담배와 맥주병을 손에서 놓지 않았다. 그래서 당신은 싸움을 벌였다.

증오는 차가울 수도 있고, 독창적일 수도 있고, 의도에서 벗어날 수도 있다. 사랑은 정해진 길이 없이 변덕스러우며 폭력적이다. 숭상이 생겨나면 우리는 성실성을 배신하고 자신의 개성을 파괴한다. 사랑 때문에 겪는 고통은 단순히 상처를 입히는 게 아니라 우리를 산산이 조각낸다. 웨인, 당신이 셰릴을 숭상하는 행위는 성교를 통해 스스로 더럽혀지는 경험이며, 셰릴을 더럽히는 경험이다. 당신이 사랑하는 셰릴은 더럽혀지고자 하는 갈망이다.

롱 베이 감옥 건물을 구성하고 있는 석재에는 100년이 넘는 시간 동안 바다 안개가 쌓이고 있다. 그 석재에는 죄수들의 더러운 숨결도 쌓이고 있다. 화장실은 다른 사람의 똥냄새를 막아줄 칸막이도 없는 세라믹 그릇이다.

셰릴, 당신은 광적으로 집안에 틀어박혀 있기를 좋아한다. 당신에게는 엄청난 에너지가 있다. 당신은 설거지를 하고 자신과 웨인의 빨래를 개면서 도취한다. 빨래는 멈추는 법이 없다. 당신은 매우 일찍 기상한다. 당신은 모성적인 것이 좋다. 당신은 양말을 꿰매고, 남자들의 옷을 수선하거나 변형하면서 바쁘게 시간을 보낸다. 당신은 짐승들의 빼빼 마른 엄마다. 당신은 옷에 뻣뻣하고 불편한 구석이 있으면 고쳐서 아주 낡은 옷조차 몸에 딱 맞게 만들어주고, 심지어 옷의 주인에게 아첨까지 한다. 당신은 영리하다. 당신은 진공청소기로 교육실 건물 각 층을 청소한다. 그리고 진공청소기를 아파트로 가져가서 먼지 하나 없도록 구석구석 청소한다. 당신은 감방을 아파트라고 부른다. 아파트 크기는 폭 180센티미터에 길이는 3미터가 조금 넘는다. 침대는 나사로 벽에 붙박여 있고, 화장실과 세면대와 물병이 있다. 감방은 복도를 향해 완전히 열려 있으며 그 사이를 가로막는 것은 철창뿐이다.

많은 사람이 당신을 진심으로 싫어한다. 직원들도 그렇고 동료 죄수들도 그렇다. 당신은 비열하게 행동한다. 당신은 사람들이 쓰고 있는 물건을 훔친다. 당신은 겉과 속이 다른 계집이다. 당신 주변에서 무언가를 얘기할 때는 조심해야 한다. 당신이 들은 얘기를 떠들고 다니기 때문이다. 당신은 가십을 교환한다. 새로 들어오는 죄수든 방문객이든 간에 당신은 그들이 감옥에 도착하기도 전에 모든 사실을 들어서 알고 있다.

수감된다는 것은 외적인 삶이 없다는 뜻이다. 따라서 그들에게는 자신의 내적인 비밀이 무엇보다 중요하다. 모든 가십을 안다는 것은 타인의 내적인 삶을 만지고, 조사하고 움켜쥐는 행위이다. 그 타인들에게 삶이라고는 그것밖에 없는데도 말이다. 가십은 감옥에서 꿰뚫고 흔드는 즐거움을 통해 강렬한 내적 삶을 유지할 수 있는 유일한 수단이다. 가십은 즐거움이다. 가십은 먹잇감을 좇고 멜로드라마에 끼어드는 즐거움이며, 독창적이고 교활한 지적 즐거움이다.

그 무감동한 시선이야말로, 그 공허한 시선이야말로, 그 뻔뻔스러운 시선이야말로, 그 냉정한 시선이야말로, 내면으로 침잠한 그 시선이야말로, 그 지배적인 시선이야말로, 그 관능적인 시선이야말로, 그 사악한 시선이야말로, 그 메스꺼운 시선이야말로, 그 고양이 같은 시선이야말로 어린 아이 같고 태연하며 악의가 뒤섞인 여성적 시선의 완성이다.

웨인, 당신은 셰릴을 정중하게 대하라고 폭력까지 써가며 강요한다. 셰릴은 아직 남성의 성기가 있기 때문에 웨인과 함께 남성 구역에 수감될 수 있다. 간수들은 동성 연인이 생기는 것을 선호한다. 그만큼 시설 내의 일반적인 폭력이 줄어들기 때문이다.

바깥세상에서 조화롭게 맺어진 연인은 하루에 최소한 여덟 시간을 떨어져서 지낸다. 일을 해야 하기 때문이다. 웨인과 셰릴, 당신들은 180×300센티미터 넓이의 감방에서 하루에 다섯 시간을 제외하고는 함께 갇혀 있다. 셰릴은 여자이며 경비가 제일 삼엄한 남성용 감옥에 있기 때문에 혼자 돌아다니는 것은 안전하지 않다. 정해진 장소에 있어야 비명소리가 들리면 바로 달려갈 수 있다. 웨인, 당신은 가끔찍 하루에 23시간 동안 셰릴과 함께 지낸다. 그리고 나머지 한 시간 동안은 사무실에서 컴퓨터를 만진다. 다른 사람들 눈에는 이상하겠지만, 당신은 그 한 시간 동안 셰릴을 그리워한다!

"나도 이런 내가 싫어." 당신은 그렇게 말한다. 본인 역시 그런 자신이 싫다고.

성적인 정체성이나 외모, 행동, 언어에 대한 조롱이나 멸시가 가장 마음 아픈 이유는 뭘까? 우리는 이상하다는 얘기를 들으면 특색이 있다는 뜻으로 얼른 바꿔 생각하고, 괴상하다는 얘기를 들으면 예외적이라는 뜻으로 얼른 바꿔 생각한다. 그런데 왜 성적인 문제에 있어서 비정상이라는 말은 곧이곧대로 비정상이라는 뜻으로 들리며 굴욕감을 느끼는 걸까? 우리는 욕망의 문제에 있어서만큼은 서로에게 아주 투명하기 때문이다!

셰릴, 당신은 열다섯 살 때 여자가 되었다. 당신은 정식 간호사가되는 훈련을 받았다. 하지만 약을 훔치다가 붙잡혀 자격을 박탈당했다. 당신은 킹스 크로스로 흘러 들어가서 마약 세계의 일원이 되었다. 당신은 헤로인, 스피드, 코카인, 베니스, 애시드에 손을 댔다. 마리화나 계열은 좋아하지 않았다. 당신은 킹스 크로스에 있는 카바레에서 여성으로 분장하고 레즈비언 여인들 가운데 한 사람의 역할을 맡거나 시몬느, 캔디 등의 이름으로 출연했다. 그 시절에는 감옥을 돌며 순회공연을 하기도 했다. 카를로타는 현재 〈미녀와 야수〉라는 주간 텔레비전 드라마에 출연하고 있다. 그녀는 아직도 당신에게 6개월마다 한 번씩 편지를 쓰고 방송 일정표를 보내준다.

여장 남자들이 끌어들이는 손님의 수는 전적으로 상대의 허를 얼마나 효과적으로 찌르는지에 달려 있다. 그 효과는 일시적이다. 아주 재치 있는 말로 조롱하는 대상의 허를 찌르면 그는 자신을 보며 웃지 않을 수 없다. 동양 무술의 고수는 달려드는 적을 붙들고 그 힘을 고스란히 역이용해서 상대를 던져버린다. 선禪과 여장 남자의 기술은 그런 면에서 흡사하다.

당신들 두 사람은 감옥 안에서 서열이 높다. 그리고 타인에게 엄격하게 대한다. 감옥 안에서 무슨 일이 벌어지는지 잘 알고 있으며, 원하는 대로 흐름을 주도할 수도 있다. 교육 활동이 있으면 사무원으로 일하기도 한다. 당신들 두 사람은 일주일에 24달러를 번다. 돈은 곧 권력이다. 일반적인 죄수들은 일주일에 고작 11~13달러를 번다. 당신들은 가끔 간수에게서 진짜 커피나 초콜릿 비스킷을 받는다. 바깥 세상에 대한 얘기도 들을 수 있다. 심지어 결정 사항에 의견을 반영할 수도 있다. 예를 들면 교육 과정에 드는 비용을 어떻게 사용할지 영향을 끼칠 수도 있다.

셰릴, 당신은 현재 별관에서 진행 중인 수리와 도색 작업을 책임지고 있다. 당신은 사람들을 조직하는 것을 좋아한다. 바깥세상에 있었다면 아주 성공적인 사업가가 되었을 것이다. 당신과 웨인은 교도소장과 친하다. 어떤 죄수의 가석방 심사가 다가오면 좋은 평을 해줄 수도 있다.

웨인과 셰릴, 당신들은 진짜 관계란, 그러니까 당신들과 같은 관계만이 아니라 좋은 친구 사이의 관계도 항상 솔직해야 유지될 수 있다

157

고 믿는다. 가족들로부터는 절대 그런 솔직함을 얻을 수 없기 때문에 사람이란 친구나 주변 사람들에게 늘 그런 솔직함을 구한다는 것이다. 웨인, 당신은 이렇게 말한다.

"감옥에서 이렇게 오래 있다 보니 형기를 치르며 만난 사람만 해도 1만에서 1만 5천 명 정도는 될 거야. 그 중에서 100명 정도가 나를 친구라고 부르겠지. 그 100명 중에서 내가 친구라고 부를 만한 사람은 60명 정도일 거야. 그 60명 중에서 정직하고, 나한테도 솔직하게 굴고, 내가 맹목적으로 신뢰하는 사람은 20명 정도야. 20명 중에서도 내가 목숨을 바칠 수 있고 그를 위해 살인도 해줄 수 있는 사람은 5명이야."

자비어라는 사내가 있다. 그는 마약밀수업자의 운반책 역할을 하느라 브라질에서 오스트레일리아로 왔다가 체포되었다. 그는 기술이 뛰어났다. 빈 깡통 몇 개를 골라 거기에 전선 몇 가닥만 더하면 시계를 만들어냈다. 그는 반짝거리는 장식품이나 육감적인 여성의 사진이나 범죄자의 얼굴 사진이나 잡지에서 구한 교통사고 현장사진을 붙인 커다란 시계를 만들었다. 그 결과 그의 감방 벽은 온통 괴상하고 환상적인 시계투성이다. 그는 이송을 두려워했다. 어느 날 그는 다른 감옥으로 옮겨갔고, 다음날 살해된 채 발견되었다. 그는 형기를 마치지 못했다.

롱 베이 형무소의 정문에는 죄수들이 만든 물건을 방문객에게 파는 작은 가게가 있다. 가격은 교도소측에서 결정한다. 가장 인기 있는 물건은 원주민풍의 점묘화 작품이다. 시드니에 있는 갤러리에서는 원주민풍 점묘화를 비싸게 판다. 그리고 세계 미술품 시장에서는 그런 점묘화에 대한 수요가 아주 크다. 그 가게에서는 자비어가 죽은 뒤부터 그가 만든 시계를 전시하고 있다.

웨인과 셰릴, 당신들은 간수와의 친분을 이용해서 HIV 바이러스를 죽일 수 있을 만큼 강력하며 바늘로 투약할 수 있는 살균제를 손에 넣었다. 감옥 안에는 죄수 전원이 사용할 수 있을 만큼 많은 양의 헤로인이 있다. 물론 간수가 죄수들에게서 11~13달러씩의 돈을 받고 들여온 것이다. 당신들은 콘돔 자판기를 설치해 달라고 주장하기도 했다. 하지만 정작 자판기가 설치된 곳은 직원 구역의 벽이었다. 죄수들은 욕을 먹고 조롱당하면서도 그렇게 간수에게 의사를 표현한다.

사랑하는 두 사람은 바보가 된다. 그들의 대화는 아주 유치해지고, 감상은 아주 소박해지고, 행동은 무척이나 경박해진다! 섹스를 하는 두 사람의 손짓과 몸짓은 얼마나 우스꽝스러우며, 무의미한 애무의 반복은 얼마나 공허하며, 오르가슴을 향해 쌓여가는 충동은 얼마나 맹목적인가! 그럴 때 우리는 문을 잠그고 장막을 친다. 성인용 영화에 등장하는 섹스의 동작들은 하나같이 안무가 스며 있어 우아하고 순서가 맞는다. 따라서 탐욕스러운 충동이 투명하게 드러날 여지가 없다. 성인용 영화의 섹스 장면을 통해 순간적으로 붙잡고 밀어내는 과정을 보노라면 우리는 불쾌감을 느끼고 부끄러워진다. 우리 자신이 사랑을 나누며 취했던 행동을 불현듯 깨닫게 되는 것이다. 우리는 부끄러움에서 빠져나오기 위해 키득거리고, 극장을 나오면서 그 안에서 본 것 때문에 박장대소를 한다.

하지만 다른 사람을 염탐하면서 웃음을 참을 수 없는 경우, 그 웃음은 우리 몸을 뚫고 나가 무책임하고 자유분방한 충동과 함께 퍼져 나간다. 우리는 지저분한 농담을 주고받는다고 해서 더 뛰어난 사람이 될 수도 없고 탐욕스러운 충동과 분리될 수도 없다. 그런 행위는 우리를 감각적인 본성에 푹 빠지게 만든다. 우리는 웃음을 통해 서로에게 투명해진다. 터져 나오는 웃음은 당신이나 나 개인을 표현하는 것이 아니다. 그런 웃음은 조약돌을 호수에 던질 때 발생하는 물결처럼 퍼진다. 개인의 구별은 그 물결 속에 녹아버리는 것이다.

육체의 기능과 진지함에서 육체 자체를 떼어낸 다음, 타인의 노곤하고 흥분된 몸에 그 육체를 풀어놓는 욕망은 바로 몸이 터뜨리는 웃음이다. 성적인 흥분상태에서 오는 몸의 떨림과, 발작적인 반복과, 몸이 움찔거리는 반응과 부조리한 쾌감은 육체와 별개의 것이 아니라 육체 안에서 터지는 웃음이다. 문을 잠그고 장막을 치는 것은 그런 웃음이 금지되지 않고, 나뉘지도 않고 온전히 남기를 바라기 때문이다. 오르가슴은 일반화된 신체의 웃음들이 모이는 소용돌이이다.

체제에 안주하며 일하던 70년대, 여피들의 80년대, 신자유주의의 90년대는 이제 모두 지나갔다. 웨인과 셰릴, 당신들은 60년대의 반체제 문화가 낳은 괴물이다. 당신들은 생존자다. 아니, 생존자보다 더한 전사이다. 당신들이야말로 진짜 활동가들이다. 당신들은 정치가에게 편지를 쓴다. 당신들이 교육 과정에서 일하는 것은 단순히 돈이나 영향력 때문만은 아니다. 당신들 두 사람은 교육에 매우 확고하게 기여하고 있다. 당신들은 원인과 싸우는 것이다. 당신들에게는 임무가 있다.

교도소측은 1985년에 3명의 죄수가 HIV 양성 반응을 보인다는 사실을 알았다. 그 죄수들은 격리 수용되었다. 웨인, 당신은 다이앤 달링이 에이즈 환자 구역에 있다는 걸 알고는 감옥 내의 높은 등급으로 올라간 다음, 그 구역 안으로 들어가서 그녀와 얘기를 나눠도 되느냐고 물었다. 교도소측은 그럴 수 없다고 했다. 마음대로 이동할 수 없다는 얘기였다. 하지만 당신은 계속 고집을 부렸다. 마침내 교도소측도 허가를 했다. 당신은 다이앤을 만나서 얘기 상대가 필요하거나 울고 싶거나 소리치고 싶으면 함께 있어 주겠다고 말했다.

6개월 뒤, 교도소 간부들은 에이즈 특별팀이라는 조직을 꾸렸다. 에이즈 특별팀은 민간인으로 구성되어 있으며, 교도소 안으로 들어와서 죄수들에게 HIV에 관한 교육을 했다. 그들은 당신을 첫 동료 에이즈 교육자로 지정했다. 당신과 셰릴은 약 6년째 HIV, 에이즈, C형 간염 위원회를 운영하고 있다.

셰릴, 당신의 오랜 친구, 킹스 크로스 카바레에서 일하던 아슐레이는 체포된 다음 당신과 함께 롱 베이 카우걸스를 조직했다. 당신은 매우 사치스러운 공연용 원피스를 손수 만들었다. 셰릴, 당신은 다른 성전환자들과 함께 원하는 바를 이뤄 나가고 있다. 당신은 결국 감옥에 들어온 이들에게 많은 도움을 준다. 빠른 속도로 타락한 사람은 홀로 죽을지 모른다는 공포에 심하게 시달린다. 아슐레이는 당신과 웨인이 함께 죽을 거라는 얘기를 듣고 너무나 부러워했다. 당신은 아슐레이가 감옥에 있는 동안 늘 함께했다. 당신은 그녀가 죽을 때도 그 자리에, 그녀와 함께 있었다.

경찰이라 해도 도둑과 마약중독자와 성도착자를 모조리 기소하고 투옥시키는 것은 불가능하다. 하지만 모든 죄수는 평생 고통을 받으며 속죄하는 희생양이다.

머리가 우연과 기회에 온전히 노출되는 뒷골목이나 황야로 나가보라. 그러면 들뜬 상태에서 우리가 우연히 얻게 된 것이 무언지, 우연이 우리를 어떤 존재로 만들었는지 깨닫게 될 것이다. 사랑은 교착상태와 함정 속에서 갑자기 불이 붙는다. 사랑이란 무너지고 기능에 장애가 생긴 육체들 간에 서로를 관통하는 꿈의 연소다. 사랑이란 아주 누추하고 지저분한 상황에서, 최고의 불행 속에서 하얗게 타오르는 행운이다.

원래 거지같은 일은 늘 일어나는 법이다. 웨인과 셰릴, 당신들은 10년째 HIV 양성 반응 판정을 받고 있다. 웨인, 당신은 병원 청소부로 일할 때 환자가 휘두른 바늘에 찔렸다. 셰릴, 당신은 그로부터 몇 주일 뒤 거식증으로 입원했다. 그리고 한밤중에 HIV 양성인 남자 둘이 당신을 강간했다. 당신들 두 사람은 거의 비슷한 시기에 C형 간염에 걸렸다.

웨인, 당신에게는 18개월 전부터 에이즈 증상이 완전히 발현하고 있다. 당신은 장암에도 걸려 있다. 거지같은 일은 늘 일어난다. 당신은 1993년에 온갖 종류의 기회감염에 걸린 바 있다. 셰릴, 당신은 생이 6개월밖에 안 남았다는 판정을 받았다. 혈액은 물론이고 골수에서도 바이러스가 증식하고 있다는 얘기도 들었다. 미국 내에서 당신과 같은 상태에 처한 사람은 단 1명이 더 있을 뿐이다. 거지같은 일은 일어나게 마련이다.

웨인, 당신은 흥부도 감염되었다. 당신의 피부는 카포시육종으로 망가지고 있다. 등에 생긴 육종은 끓는 물 위에 앉은 것처럼 고통스럽다. 밤에 속옷을 벗으면 들러붙어 있던 육종이 터진다. 웨인과 셰릴, 당신들은 그 모든 것들에 체계적으로 대처한다. 당신들은 이렇게 말한다.

"이번엔 이것부터 처리하자. 그러고 나면 저걸 처리하자."

당신들은 매일매일 병을 무시한다. 당신들은 아주 용감하다. 당신들은 살아 있다는 사실을 매일같이 음미한다. 당신들이 만들어내는 에너지의 수준은 곧 의지의 표명이기도 하다. 당신들은 서로의 삶을 유지시켜준다. 셰릴, 당신은 이렇게 말한다.

"우리를 24시간 같이 있게 만들어주는 거라면, 그게 뭐든지간에, 한 시간만 같이 있어도 견딜 수 있게 해줄 거예요."

당신들은 5주일에 한 번씩 교도소 의사를 만날 수 있다. 웨인, 당신은 의사에게 이렇게 말한다.

"잘 들어요. 나는 셰릴이 나를 필요로 하는 동안에는 어떡해서든 살아남을 거요. 셰릴이 나를 찾는 동안에는 죽을 수가 없단 말이오. 당신이 주는 약이 없어도 난 그럴 수 있소. 나는 그런 의지가 있고, 내 안에는 셰릴에 대한 사랑이 있으니 그녀가 나를 찾는 동안에는 살아 있을 수 있단 말이오."

그리고 당신들 가운데 한 사람이 죽는 순간이 오면 두 사람 모두 죽을 거라는 사실을 모르는 사람은 없다.

웨인, 당신은 자신이 아플 때 셰릴이 어떤 영향을 받는지 알고 있다. 그녀는 당신이 아픈 모습을 보기 싫어한다. 그러면 당신은 죄책감을 느낀다. 그녀가 진심으로 걱정하기 때문이다. 당신은 매우 자주 아프다. 그리고 셰릴을 위해서 그런 모습을 보이지 않으려고 애를 쓴다. 하지만 그러고 나서는 스스로를 비난한다. 당신이 생각하기에 두 사람의 관계에서 가장 크고 가장 훌륭한 부분은 다름 아닌 솔직함이기 때문이다. 당신은 셰릴에게 무언가를 감추려 애를 쓰는 건 솔직하지 못한 행위라고 생각한다. 하지만 셰릴이 꼭 알 필요는 없다고 생각할 때도 있다. 셰릴이 그날의 힘든 일을 간신히 끝낸 다음일 때 그렇다. 하지만 당신은, 만약 셰릴이 너무 힘들었는데도 그 사실을 얘기해주지 않는다면 그거야말로 화가 많이 날 거라고 생각한다. 당신들에게 있어 솔직함이란 아주 중요하다.

웨인, 당신은 셰릴을 보호한다. 많은 사람들이 셰릴을 건드리는 사람은 없을 거라고 생각한다. 그녀가 에이즈 환자이기 때문에 그녀를 강간하는 사람은 아무도 없을 거라고 생각한다. 하지만 셰릴에게 구강성교를 시키면 에이즈에 전염되지 않을 거라고 생각하는 인간들이 있다. 그녀의 몸 안에 사정만 하지 않으면 안전하다고 생각하는 자들도 있다. 콘돔을 쓰면 안전하다고 생각하는 자들도 있다. 하지만 수개월 동안 당신에게 접근해서 피를 달라고 하는 사람들도 적잖이 있었다! 당신은 이렇게 말한다.

"피를 달라고 하는 놈들이 있어요. 에이즈에 걸리면 감옥에서 조금이라도 일찍 나갈 수 있다고 생각하거든요. 아니면 최소한 혜택이라도 조금 받을 수 있다고 생각하는 거죠. 자살하고 싶어서 피를 달라고 하는 놈들도 있어요. 마음에 안 드는 상대에게 쓰려는 사람도 있고요."

웨인, 당신은 그럴 때면 상대를 옆으로 끌고 가서 꺼지라고 말한다. 두 번 다시 그런 소리 지껄이지 말라고 말한다. 하지만 친한 친구인 경우에는 얘기가 다르다. 그 중에는 이렇게 말하는 사람도 있다.

"웨인, 이 손 치워. 내 목숨을 가지고 신이라도 된 것처럼 장난하지 말라고."

에이즈에 걸려 죽어가는 사람은 암에 걸리고, 부패성 감염에 걸리고, 눈이 멀고, 광기를 보이고, 고통스러운 통증을 경험하게 된다. 그런 환자를 돌보는 사람은, 그를 사랑하는 사람은 침대 곁을 떠나서 음식을 가지러 다른 방에 가거나, 전화를 받거나, 손님을 맞이하거나, 물건을 사러 가게에 가거나 세탁소에 간다. 그들은 더 이상 옆에서 지켜볼 수 없으면 방에서 나갈 수 있다. 그들은 180×300센티미터 넓이의 시멘트 감방에, 매일같이, 매주같이 갇혀 있지 않다. 감염과 절망과 고통과 섬망 상태와 죽음이 가득한 매일 밤마다 그곳에 갇혀 있지 않다.

우리는 야망과 자신의 가치와 업적을 진지하게 고려하면서 스스로를 우상화한다. 그리고 낙서와 비둘기똥이 그 우상을 곧 뒤덮을지도 모른다는 공포를 떨쳐버리지 못한다. 우리를 원하는 사람도 없는데 태어나버렸다는 생각이 들면, 우리가 그들을 강탈했기 때문에 그들은 우리가 목숨을 부지할 수 있도록 돈을 지불해야 한다는 생각이 들면, 눈을 떠보니 땡벌이 감방 안에서 건방지고 자신감 넘치게 윙윙거리고 있다면, 까불거리는 생쥐가 롱 베이 교도소에서 새끼를 낳기로 마음먹었다면, 우리가 할 수 있는 일이라고는, 해야 하는 일이라고는 웃는 것밖에 더 있겠는가?

셰릴, 당신을 강간했던 두 남자는 현재 죽고 없다. 당신은 이렇게 말한다.

"그 사람들이 편히 쉬었으면 좋겠네요."

당신은 두 사람의 장례식에 참석했다.

"용서하고 잊는 거죠. 잊으면 돼요."

당신은 태어나고 버림받았던 그날부터 모든 것을 기억하고 모든 것을 용서해야 한다.

웨인, 당신은 이렇게 말한다.

"셰릴은 자기 자신을 바꿀 수 없어요."

그것도 당신이 셰릴을 그토록 사랑하는 이유 가운데 하나이다.

사랑은 심연으로 이어진다. 증오는 자신의 정체성에 경계선을 긋는다. 증오하는 사람이 누군지 내게 말해보라. 그러면 당신이 누구인지 말해줄 수 있다. 사랑하는 사람이 누군지 내게 말해보라. 그러면 나는 예전과 달리 당신에 대해 알지 못할 것이다.

'난 정말 운이 좋아!' 셰릴, 당신은 이렇게 생각한다. '지금까지 너무 운이 좋았어! 운이 얼마나 좋으면 웨인을 만났을까. 다른 성전환자들과 달리 혼자 죽지 않아도 되니 얼마나 운이 좋은가. 양질의 삶을 살다니 얼마나 운이 좋은 거야.' 당신이 유지하는 에너지 수준은 이처럼 도전과 흥분의 에너지이다.

셰릴, 어느 날 당신의 옛 애인이 감옥에 나타났다. 당신은 수주일 동안 너무나 큰 고뇌에 시달렸다. 죽기 전에 커다란 정열이 무엇인지 알 수 있는 마지막 기회가 갑자기 나타난 것 같았기 때문이다. 당신이 곁을 떠나면 웨인이 죽을 수도 있다는 건 잘 알고 있었다. 웨인은 무슨 일이 벌어지는지 재빨리 알아채고는 아무 말도 하지 않았다. 그러자 당신은 폭력과 숭상과 욕망으로 구성된 자신의 위대한 정열이 곧 웨인이라는 걸 깨달았다.

그리고 어느 날 교도소 관리가 셰릴 당신을 불러 석방이라는 이름의 선물을 주었다. 당신은 부축을 받으며 감방으로 되돌아가서 심장이 두근거리는 동요 상태에서 녹색 죄수복을 썼다. 롱 베이 감옥의 문이 당신의 등 뒤에서 닫혔다.

교도소측은 당신에게 얼마간의 돈을 주었다. 진짜 총을 사기에는 부족한 금액이었다. 당신은 향수병을 사고, 그걸 스카프로 휘감은 다음 손에 쥐는 연습을 했다. 정오가 조금 지나자 당신은 맥도날드로 향했다. 그리고 다음과 같이 적은 쪽지를 점원에게 건넸다.

나 강도야. 200달러 내놔.

당신은 쪽지 뒷면에 이름과 주소, 전화번호, 죄수번호를 적어두었다. 그리고 한 줄을 더 남겼다.

추신. 신고는 9시 30분이 되면 해줘요. 그 전에는 마음의 준비가 안 될 것 같으니까.

그날 자정 당신은 웨인 곁으로 돌아갔다. 당신은 여장 남자답게 새된 소리로 웃으면서 무슨 일이 있었는지 그에게 얘기해주었다.

IV

이해

이스탄불은 마르마라 해로 들어가는 보스포루스 해협 입구에서 하나로 모이는 3개의 벼랑을 연결하고 있다. 트라키아 인들은 기원전 수천 년 전에 세미스트라를 세웠다. 비잔티온이 기원전 657년에 그곳을 찬탈했고, 아르고스와 메가라에서 온 이주민들이 그곳을 차지했다. 후에 페르시아 인, 스파르타 인들이 차례대로 그곳을 정복했고, 마침내 셉티미우스 세베루스가 지휘하는 로마 인들이 그곳을 차지했다. 콘스탄티누스 대제는 그곳을 재건했다. 그동안 벼랑들은 흙과 돌이 쌓이면서 점점 높아졌다.

내가 맨 처음 방문했을 당시 이스탄불의 인구는 350만이었다. 지금은 인구가 700만 명까지 늘어났다. 나는 학업을 마치고 처음으로 맞이하는 여름철을 이스탄불에서 보냈다. 그로부터 몇 년 뒤, 나는 그 곳에서 도시의 옛 층을 드러내는 발굴현장을 찾아다니면서 또 한 번 여름을 보냈다. 지금 다시 한번 방문하면 개인사를 거슬러 올라가는 셈이기도 하다. 하지만 이번에 다시 보고 싶은 것은 하기아 소피아뿐 이었다.

콘스탄티누스 대제는 기원전 330년에 로마 제국의 수도를 비잔티 움으로 이전했다. 행정의 기반을 이탈리아 반도에서 보스포루스 요 새로 옮겨와 로마 인들의 세계를 유지 및 보전하고, 야만인들을 습격 하기 위해서였다. 콘스탄티누스는 그렇게 고대 마을 비잔티움 위에 로마 인의 도시와 로마군의 요새를 얹어 놓았다. 그리고 노바 로마라 는 이름을 붙였다. 그는 7개의 언덕을 발견하고 광대한 원형지대와 해안 장벽으로 그것들을 에워쌌다. 노바 로마의 대로들은 도시 입구 에서 제국 광장과 만나 그대로 원형 경기장으로 이어졌다. 대로들은 군의 승전행렬에 대비해 설계되었다. 넓은 길에는 역사적인 의미가 담겨 있었다. 길 양옆으로는 주랑이 늘어서 있고, 지붕이 덮인 주랑 현관과 회랑은 수마일에 걸쳐 이어졌다. 수도 거주민들은 그곳에서 제국의 존재 자체가 행진하는 것을 바라보았다. 주랑 현관 뒤에는 거 대한 지중해 제국의 생산품과 전리품을 진열하고 판매하는 시장들이 길게 펼쳐졌다.

제국 도시의 한가운데에는 원형 경기장이 있었다. 제국의 궁전과 행정기관들은 하나같이 원형 경기장과 직접 이어졌다. 제국군은 원 형 경기장에서 훈련하면서 무용을 과시했다. 수도 사람들은 원형 경기장에 모여 전차 경주, 검투사들의 대결, 승전 행렬 등을 보면서 제국의 삶을 경축했다. 원형 경기장에는 모든 상급 신들이 모셔져 있었고 피지배 민족들의 신 또한 전부 그곳에 안치되었다(콘스탄티누스는 죽기 직전이 돼서야 기독교로 개종했다). 원형 경기장의 병영에서 반란 의지를 키운 군부세력들은 거대한 군중의 회합 속에서 승전도 하고 패하기도 했다. 그동안 사람들은 도시의 존재를 재구성하고, 뒤바꾸고, 일신했다.

532년 니카의 반란으로 콘스탄티누스의 교회, 즉 메가레 에클레시아가 불에 탔다. 유스티니아누스는 원형 경기장에서 모반을 일으켰던 4천 명을 학살하여 반란을 진압했다. 그로부터 6주일 후 그는 제국 최대의 교회가 될 건축물을 지으라고 명령했다. 그 건물은 채 6년이 지나기 전에 완공되었고 신에게 바쳐졌다.

그 건축물이 바로 비잔틴 세계의 시작을 연 하기아 소피아이다. 그곳에서 비잔틴식 밤의 숭고함이 탄생했다. 저녁에는 금박으로 장식한 예복을 입은 사람들이 구름 같은 향을 뿌리며 도시를 가로질러 행진했고, 신성한 기념식과 예식이 아침부터 저녁까지 열렸으며, 사치스러운 의복은 호화롭고 관능적인 종교관을 표방하며, 보석을 이용한 모자이크식 시각이 탄생했다. 성상 연구가 활발해지면서 목수의 아들을 숭배하는 엄격하고 피학적인 셈 계통 종교가 관능적이고 신비주의적인 종교로 탈바꿈했다. 다시 말하자면 십자가와 원죄의 구원을 다루는 종교가 아니라 부활절과 육신의 영광을 다루는 종교로 바뀌었다는 뜻이다(비잔틴 교파는 일요일이 되면 게세마네의 고난을 앞

둔 최후의 만찬과 회합을 기념하는 대신 죽은 예수의 부활을 기념한다). 이 종교의 주술성과 예배와 선교신학은 서쪽과 달리 합리적인 교리로 자리 잡지 못했다. 이 종교는 신비주의, 성화의 벽 뒤에 숨겨진 성역의 정체 모를 연기, 기뻐 날뛰는 영혼 상태를 신성시했다. 이 기독교파에게 있어서 신성화란 설교나 정화가 아니라 구제의 변용變容이었다.

로마 인들은 이곳 동쪽에 와서 노바 로마를 지었다. 하지만 하기아 소피아를 건립하면서 새 로마는 새 예루살렘이 되었다. 천국은 하나의 도시였고, 천국의 군주는 도시의 힘과 기능이라는 형태로 현현했다. 역으로 그 도시는 곧 천국이었다. 언덕과 행진로와 숲과 뜰이 있으니 그 도시는 신성 예루살렘의 거울상이었다. 그리고 그 중심에 하기아 소피아가 있었다. 하기아 소피아는 만물이 탄생하고 만물의 질서와 운명이 유래하는 신성한 지혜의 사원이었다.

하기아 소피아는 황제의 공회당인 동시에 비잔틴 제국주의의 중심이었다. 신권이 뒷받침하는 권력이 탄생하는 곳도 하기아 소피아였고, 신성한 황제나 군주가 성스러운 둥근 천장 아래에서 통치에 이용할 율령을 발표하는 장소도 하기아 소피아였다. 비잔틴의 각 주제들은 군주의 모습을 통해 공개적인 생명력을 얻었다. 그 하나하나는 신성한 지도자의 초월적인 존재에 동참함으로써 영광을 얻을 수 있었다.

나는 옛 스탐불의 벼랑에 올라갔다. 옛 스탐불은 아주 높은 곳에 위치하고 있었다. 육중한 기둥과 부벽들, 금속으로 된 둥근 지붕과 반쯤 부서진 둥근 지붕의 물결이 눈에 들어왔다. 그 하나하나에는 별다른 장식이나 외곽선이 없다. 그리고 건물들의 기저부는 복잡하게 부서지면서 하나의 산을 이루고 있었다.

나는 2개의 기둥 사이로 들어갔다. 그곳이 제국의 현관이었다. 나는 전당前堂에 서 있는 셈이었다. 전당은 좁은 홀로, 십자형 둥근 천장과 함께 좌우로 뻗어 나가고 있었다. 전당은 고대의 유적처럼 적나라하게 드러나 있었으며, 벽돌들도 부서져 가루가 되어 있었다. 계몽소 쪽으로 나아가자 공간이 더 넓어졌다. 둥근 천장에는 금박 모자이크가 붙어 있었고 남서쪽 입구 위에는 콘스탄티누스가 도시의 모형을, 그리고 유스티니아누스가 공회당의 모형을 천국의 여왕에게 바치는 모자이크화가 걸려 있었다.

나는 중앙 현관을 통과했다. 이 공회당은 1천 년 동안 지구에서 가장 큰 건물이었다. 그런데 안으로 들어가보니 숨이 콱 막혔다. 건물이 공중에 떠 있었기 때문이다! 지지대들, 솟구치고 추락하는 윤곽선들, 주랑과 기둥 위에서 떨어졌다 올라가야 하는 것들이 보이지를 않았다. 그 모든 것들은 밖에 있었다.

내 눈은 즉시 전설적인 둥근 지붕으로 향했다. 금 서까래에는 모자이크 장식이 있었고, 지붕 아래에는 40개의 창문이 있었다.

저기, 머리 위에, 어두운 허공에 희미하고 거대하게
신성한 건물의 둥근 투구가 걸려 있다
천국의 반짝이는 지붕에 얹힌 것처럼

175

유스티니아누스 황제의 궁정시인인 파울루스 실렌티아리우스는 지붕의 구조를 보고 그렇게 시를 지었다.

내 시선은 둥근 지붕에서 아치와 반아치로 향했다가 그 아래에 늘어선 반원형 지붕들로 이어졌다. 하강하는 곡선들은 상단 벽과 상부 아치가 구성하는 선과 이어졌고 나뭇잎이 무성한 기둥머리를 가로지르며 그 밑에 있는 아치와 만났다. 둥근 지붕과 반원형 지붕, 반원형 지붕과 아치, 회랑과 창문 전체를 아우르는 논리를 주도하고 관장하는 것은 둥근 지붕이었다. 둥근 지붕 밑에는 빛 위에 떠 있는 40개의 창문이 매달려 있다. 건축물 자체는 마치 종과 같은 모양으로, 그 그림자는 지상을 살짝 스치고 있었다.

내 시선은 반원형 지붕과 아치와 회랑을 따라갔다. 힘과 추력이 중량이나 반작용과 맞부딪치는 접합점은 보이지 않았다. 원형 지붕과 아치들은 가장자리를 따라가는 공간만을 형성하면서 선의 리듬을 구현하고 있었다. 원형 지붕과 아치의 하강곡선이 위로 솟는 직선과 만나는 지점에는 이중으로 꼬인 장식선이 새겨져 있어 공기와 공허를 끌어들였다. 공회당의 모서리는 둥근 지붕을 유지하는 원주형 통을 향해 열려 있었다. 지붕을 지지하는 무거운 말뚝은 보이지 않았다. 그 대신 측벽들과 그 위에 놓인, 똑같이 생긴 대리석 판 한 쌍이 눈에 띄었다. 대리석 판에는 맞은편 판의 결이 비치고 있으며, 판의 경계에는 다양한 장식이 띠를 이루고 있고, 톱니 모양의 홈이 나 있었다. 넓은 장식판과 그보다 좁은 가로 띠에는 세로로 긴 직사각형이 덮여 있었고, 그 직사각형들이 기둥과 벽의 무게를 평면 방향으로 분산시키고 있었다. 벽들은 두 층으로 된 아치 속으로 파고들다가 뒤쪽에 있는 거대한 창과 함께 투명해졌다. 가느다란 기둥은 굵기가 일정하며 그 머리 부분에는 아칸서스잎을 담는 바구니가 있었다. 그 덕분에 아치는 구조적인 지지대라기보다 격자 세공으로 변했다.

"이 건축물은 견고한 석조 위에 세워진 것으로 보이지 않는다. 대신 하늘에서 내려온 금빛 둥근 지붕이 허공에 매달려 있는 것처럼 보인다. 건축물의 세부 전체는 믿기 어려운 기술로 공중에서 결합되어 있고, 서로 분리된 채 공중에 떠서 옆 구조물에 살짝 걸쳐져 있으며, 하나의 작품처럼 단일한 최상급의 조화를 이루고, 관람객이 일부분을 자세히 보려고 머무르게 내버려두지 않고 각각의 세부 구조 전체가 저항할 수 없는 힘으로 눈을 잡아끈다. 그 결과 관람객의 시선은 전체의 원형 구조들을 계속해서 따라다니게 된다."[1]

바깥에서 보면 돌로 된 산이지만 안에서 보면 그 물질성이 사라진다. 이곳에서는 부피와 무게가 현실성을 상실한다. 물리성은 표면적인 것으로 바뀌는 것이다.

상부의 유리벽과 수백 개의 아치형 창을 통해서 햇빛의 물결이 뚫고 들어왔다. 햇빛은 중첩되고 교차하면서 점점 더 강해졌다. 이 산의 내부에는 색에 물든 빛의 분수가 있다. 햇빛이 무늬가 새겨진 다채로운 대리석 벽면에 반사되며 반짝거리는 것이다. 줄지어 선 아치 뒤에 있는 둥근 지붕과 반원형 지붕, 구부러진 천장은 모자이크로 덮여 있었다. 모자이크는 금색 나뭇잎이 들어 있는 작은 반투명 사각 유리로 구성되어 있으며, 그 유리들은 사방으로 빛을 반사했다. 모자이크 자체는 빛을 반사하지 않고 반짝거렸다. 금색, 은색, 붉은색, 녹색, 파란색 각석角石으로 이루어진 디자인들은 추상적이었다. 그런 디자인들이 아치형 지붕의 표면과 그 모서리의 선으로 이어졌다. 따라서 벽면은 내부의 빛을 받아 떨리듯 번쩍인다. 벽면은 가로막는 것이 아니라 빛을 발하는 물체이다. 측벽들은 아치형 통로의 격자세공 사이에서 투명하게 존재하기 때문에 중앙의 공간을 고립시키는 것이 아니라 애매하게 만들어주었다.

하기아 소피아는 공간의 신성함 속에서 물질성을 부정하는 작업을 수행한다. 그 공간은 정확한 경계가 없으며 광대하고 빛을 발한다. 번쩍이는 표면도 공간을 한계 짓지 않는다. 방문객이 이처럼 희미하게 빛나는 공간에 머무는 시간이 길어질수록 광대하다는 인상은 점점 짙어지며, 마침내 그는 자신이 하늘에 떠 있는 신성한 원형 공간에 들어와 있다는 인상을 받게 된다. 하기아 소피아는 지상에 있는 모든 것들이 결국은 영광을 되찾고 원래의 자리로 돌아갈 숙명을 지녔다는 통찰을 제시한다. 하기아 소피아는 물질이 번쩍이는 빛과 광채로 변신하는 장소이다.

"이런 작품을 완공할 수 있을 만큼 나를 가치 있는 존재로 만들어주신 전지자를 찬양하고 숭배하라." 유스티니아누스는 하기아 소피아를 바치며 경이에 차서 선언했다. "솔로몬이여, 내가 당신을 이겼나이다!"

1203년, 몽페라토의 보니파체와 베니스의 엔리코 단돌로가 지휘하는 십자군이 해안 장벽을 돌파하고 콘스탄티노플을 강탈했다. 그들은 하기아 소피아를 약탈하고 주교좌에 매춘부를 앉힌 다음 외설적인 노래를 부르게 하여 정교를 모독했다. 그리고 하기아 소피아를 로마 가톨릭에 봉헌했다. 1453년에는 오스만 군대가 지상 장벽을 파괴했고, 당시 21세였던 메메드 2세는 당나귀를 타고 곧장 하기아 소피아로 들어와서 나귀에서 내린 다음 무릎을 꿇고 겸손을 표하는 동작으로 흙 한 줌을 자신의 터번에 뿌렸다. 그는 이 교회의 이름을 아야 소피아 카미 카비르로 바꾸고 즉시 이슬람 성전으로 삼으라고 지시했다. 또한 이슬람 성전용 첨탑을 세우라는 명령도 내렸다. 1923년, 무스타파 케말 아타투르크는 1차 세계대전이 끝난 뒤 그리스의 지배를 물리치고 아야 소피아에서 행해지는 이슬람 숭배를 끝내고는 그곳을 박물관으로 바꾸었다.

지금은 비잔틴 제국의 흔적이라고는 하나도 남아 있지 않았다. 오스만 투르크 제국의 흔적이라고 할 수 있는 것도 터키라는 이름의 조각뿐이다. 쿠르드 독립군이 동쪽 지역에서 전투를 벌이며 야만적으로 탄압하는 바람에 터키의 자원은 전부 고갈되었다. 수많은 전쟁과 학살이 지나가고, 법과 관리자가 바뀌고, 황제와 영웅들이 영광과 갈채로 뒤덮인 전투를 벌이고, 여러 종교가 그곳을 지배했다. 오늘날 남은 것은 건물 그 자체뿐이다. 이 건물은 약 1천 회의 지진을 겪고도 살아남았다.

세상의 종말이 온 것처럼 보였다. 시리아 북부 칼라 사만 부근의 낮은 산들은 아주 오래 된 지형임이 분명했다. 바위 협곡의 단면은 볼 수 없었다. 협곡의 표면을 이루고 있는 바위들이 부서지고 풍화되어서 이제는 진흙 지대조차 남아 있지 않을 정도였기 때문이다. 하늘에는 새가 없었고 독수리조차 보이지 않았다. 시선을 둘 곳이 없었던 나는 무섭게 내리쬐는 태양에 고스란히 드러난 무시무시한 황무지가 이루는 장관을 응시했다. 산 밑에 있는 우리 안에서 관목 덤불을 뜯어먹는 양과 염소떼를 돌보는 목동이 가끔 눈에 띄었다. 그들의 척박한 삶을 생각하니 마음이 아팠다.

산림은 비잔틴 군대가 페르시아와 아랍 침략자에 대항해 작전을 펼치면서 불에 탔다. 그런 산을 헐벗게 만든 것은 분명 양과 염소들이었을 것이다. 내가 지나간 곳은 그 지역 가운데에서도 사람이 살지 않는 도시의 폐허들이었다. 그 계곡은 한때 과수원과 포도밭이 넘쳐나던 곳이었다.

나는 제일 높은 산의 꼭대기에서 육중한 석벽을 앞에 두고 바위에 앉아 있는 노인을 만났다. 대머리였던 그의 얼굴은 햇볕 때문에 검었다. 몸은 아직도 한창때이고 튼튼했다. 그는 환하게 웃으며 내게 인사를 했다. 그의 이름은 무스타파였다. 그는 문법에는 맞지 않아도 이해는 할 수 있을 정도로 영어를 구사했다. 그는 이 지역의 수호자였다. 그 역할을 맡아 온 지도 40년째다. 그는 아래쪽에 있는 골짜기에 살았다. 젊었을 때는 하루에 13킬로미터씩 산을 올랐다고 한다. 지금은 날이 흐리면 관절염으로 고통스럽기 때문에 지인이 트럭으로 데려다 준다고 했다. 소년 시절 코란 학교에서 2년간 배운 것이 교육의 전부였지만 그는 이 지역의 역사는 잘 알고 있었다. 나는 다른 바위 위에 앉았다. 그는 물주전자를 가져와 박하잎을 잔뜩 넣고는 흙화로 안의 아직 살아 있는 숯불에 올려 끓였다.

무스타파의 말에 따르면, 서기 400년쯤에 양치기 한 사람이 사이먼이라는 아들을 데리고 실리시아에서 이곳으로 흘러 들어왔다. 실리시아는 지금의 터키 남부를 가리킨다. 사이먼이 태어난 해는 392년으로 알려져 있다. 사이먼은 13세가 되자 헬리오도루스 마을의 수도원에 들어갔고 10년 뒤 신부가 되었다. 그는 양치기의 삶이 가혹하고 척박해서 그로부터 탈출하려고 수도원에 은둔한 게 아니었다. 그곳의 삶이 너무 안락하다고 생각한 그는 더 엄하기로 소문난 텔라니소스 수도원으로 갔다. 사실 수도원은 군역, 과중한 세금이나 빚으로부터 도망친 사람들의 피난처이기도 했다. 사이먼이 텔라니소스 수도원에서 너무나 금욕적인 생활을 하자 수도원장은 그가 다른 신부들과 어울리지 않는다고 생각하고는 떠나줄 것을 부탁했다. 사이먼은 그 지역에서 가장 높은 봉우리에 올라 커다란 바위를 옮겨 놓고는 그 위에 올라서서 천국을 바라보았다. 친절한 양치기들이 소박한 음식을 가져다주었다. 그들은 사이먼의 얘기에 홀려 매일매일의 생계에서 눈을 떼고 우주로 시선을 돌렸다. 오래지 않아 점점 더 많은 사람들이 그와 얘기를 나누고 그의 옷자락을 만져보기 위해 산을 올랐다. 그는 번거로움을 느끼고 몇몇 양치기들의 도움을 받아 첫번째 바위 위에 또 다른 바위를 올렸다. 그래서 사람들은 그를 만질 수 없었다. 하지만 그를 찾아오는 사람들은 계속 늘어만 갔다. 사람들은 그가 산을 떠나 아래쪽 골짜기로 도망가지 못하도록 막았다. 사이먼은 기둥에 계속 바위를 추가했고 그 결과 높이가 40미터에 이르렀다. 그는 기둥 위에서 39년을 살다가 459년 67세를 일기로 세상을 떠났다.

주전자에서 물이 끓었다. 무스타파는 박하차를 두 잔 따라서 한 잔을 내게 건넸다. 그리고 이야기를 계속했다.

사이먼의 명성은 콘스탄티누스의 귀에 들어갔다. 황제는 신부들을 보내어 장례행렬과 함께 그의 시신을 수습한 뒤 하기아 소피아에 안장했다. 17년 뒤, 레오 황제와 그 뒤를 이은 제논 황제가 사이먼의 기둥 주변에 공회당을 지으라고 명령했다. 결국 그 공회당 옆에 지은 수도원에 500명의 승려들이 살면서 예배를 드리게 되었다.

9세기 비잔틴 군대가 아랍 침략자들에게 반격을 가했고, 이 지역은 육중한 석재 성벽으로 요새화되었다. 승려들은 군인으로 대체되었다. 이 지역은 986년에 아랍 인의 손에 떨어졌지만 공회당만은 살아남았고, 정교회 사제들은 다시 돌아와서 의식을 계속해도 좋다는 허가를 받았다. 수없이 반복되는 지진으로 공회당이 흔들렸고, 15세기가 되자 그곳에 머무르는 사람은 하나도 남지 않았다.

무스타파는 겉옷 주머니에서 종이 한 장을 꺼내더니 5개의 도형을 보여주었다. 비잔틴 십자가, 라틴 십자가, 콥트 십자가, 네스토리우스 십자가, 그리고 원 위에 십자가가 놓인 도형이었다. 원과 결합된 십자가는 시리아 이교도들이 숭배하던 바알이라는 태양을 상징했다. 무스타파는 사이몬의 기둥 부근에 세워진 공회당 폐허 속 기둥에서 그 문양들을 찾아보라고 말했다.

나는 거대한 요새 벽에 달린 철문을 통과하고 비뚤비뚤한 나무 밑을 통과하며 산 정상에 올랐다. 산 정상은 편평하고 그늘진 광장으로 이어져 있었다. 한쪽 끝에는 벽에 금이 가고 지붕이 무너진 석조건물이 있었다. 나는 반대편 끝에 있는 공회당을 보고 충격을 받았다. 성벽 전체는 아직도 선 채로 공회당과 맞닿아 있었고, 조각이 새겨진 파사드의 정문 틀은 우아한 석조 아치와 교차하면서 거의 손상되지 않은 모습으로 남아 있었다. 중앙에는 1미터 50센티미터 정도 높이의 흉한 바위가 있었다. 그게 바로 현재 남아 있는 사이먼의 기둥 일부였다.

나는 땅에 떨어진 바위들을 살피면서 황제의 부하들이 기둥과 입구에 새겼던 5개의 십자가를 전부 찾아냈다. 그런 다음 길고 쓸모없어진 성벽 장식들 사이를 돌아다녔다. 성벽의 커다란 마름돌들은 아주 무거웠기 때문에 산 아래에 사는 마을 사람들이 현대식 건물을 짓기 위해 가져가지 못한 채 남아 있었다. 하늘은 아주 맑았고 희박한 공기는 고요했다. 눈앞에 넓은 원경이 펼쳐졌다.

나는 아주 오래 전 대륙판이 구부러졌을 때 생겨난 바위들로 뒤덮인, 주름진 산들로 시선을 옮겼다. 나는 거기에 서서 아직도 그 산지를 방황하는 양치기들의 삶을 숙고해보았다. 그들의 삶은 배고픔 때문에 생각의 여지조차 들어서지 못할 만큼 절박했다. 그런 사람이 어떻게 우주적 차원에 눈을 뜨고 좁은 바위 위에서만 자리 잡고 살 생각을 했을까! 그저 군중을 피하고 싶은 게 전부였던 양치기가 기독교계 전체는 물론이고 그 너머까지 명성을 떨쳤다니 얼마나 이상한 일인가.

레오와 제논 황제는 그를 잘못 이해했다. 사이먼은 제자들의 무리와 결별하기를 염원했건만, 두 황제는 그를 거대 도시에 있는 제국 교회에 데려다 놓았다. 그들은 사이먼을 기독교 성인으로 삼았다. 하지만 그로 하여금 가장 높은 산 위에 기둥을 쌓도록 만들었던 힘은 팔레스타인에 떠돌던 복음 속에 있지 않았다. 그리고 두 황제가 지배하는 제국 기독교계의 본질도 그 기둥 안에는 들어 있지 않았다.

그 지역에서 사이먼의 목소리를 들을 수 있었던 것은 거의 1600여 년 전의 일이다. 그리고 그는 내가 읽을 수 있는 전언이라고는 하나도 남기지 않았다. 그날 오후 그곳을 찾아온 사람은 나뿐이었다. 설사 그 자리에 정교회나 로마 가톨릭이나 콥트 파나 네스토리우스 교파나 이교도의 사제가 있었다 한들 나는 그들의 교리나 신학을 이해할 수도 없고 믿지도 않았을 것이다.

그곳은 이제 수도원이 아니라 시리아의 국립 박물관이었다. 무슬림인 지역민들은 그곳을 칼라 사만, 즉 사이먼의 성채라고 부른다. 실제로 그 지역에 있는 것은 아직도 건재한, 육중한 성벽이다. 그 성벽은 침략해 들어오는 아랍 왕국에 확실한 공격을 가하기 위해 9세기에 세워진 것이며, 그 아랍 왕국이란 바로 그곳 아래에 있는 골짜기로부터 시작된다. 하지만 이런 생각 역시 그 지역에 대한 또 하나의 오해이다.

오늘날의 정신분석가들은 과거의 방종이나 개인적인 신화를 무시하고, 과학적 유물론을 진실이라고 확신하는 건전한 정신 쪽으로 망상에 빠진 사람을 인도한다. 그런 경우 사이먼의 개인사에 어떤 원인이 있었기 때문에 결국 극단적인 반사회적 이상성격과 과대망상적 강박 상태에 이르렀다는 결론을 내리게 될 것이다. 나도 투명한 하늘을 찌를 듯 솟아오른 그 산 정상에 서서 아래쪽에 펼쳐진 거대하고 황량한 대지를 보았고, 우리가 문명이라고 부르는 어느 먼 외딴 곳에서 쭉 발생해왔고 지금도 발생하고 있는 악의를 품은 군대와, 그들의 증오와, 참상과, 약탈과, 고문 행위를 보았다. 나는 사이먼의 기둥을 보고는 너무 놀라 발도 떼지 못했다. 그 기둥은 이제 추하고 거대한 하나의 바위에 불과할 뿐이다. 무스타파의 말에 따르면 기둥이 그렇게 줄어든 것은 수많은 순례자들이 마법의 힘이 깃든 유물이나 부적이라도 되는 양 바위조각을 떼어 갔기 때문이다. 나도 그 바위와 산 정상의 마법을 느꼈다. 머릿속에서 정신분석가들이 중얼거리는 소리가 들렸다. 하지만 돌의 절대적인 물질성에 의지하고, 하늘의 찬란한 투명함을 통해 거대한 공간에 눈을 뜬 사람이 어떻게 개인적인 망상의 협소한 공간에서 살 수 있겠는가? 그런 사람이 어떻게 미칠 수 있겠는가?

태양은 감지하기 어려울 정도로 조금씩 지고 있었다. 빛도 조금씩 약해졌다. 그러자 햇빛이 내 주위에 있는 나무 밑을 통과하면서 사이먼의 바위를 어루만졌다. 바위는 황톳빛으로 침착하게 빛났다. 아래쪽에서는 산들이 부드러운 노을 위로 떠오르기 시작하더니 천천히 어둠에 잠겼다. 나는 서둘러 입구 쪽으로 내려갔다. 무스타파와 작별할 시간이 되었다. 그는 차가 담긴 컵을 손에 들고 미소를 지었다. 우리는 아무 말 없이 차를 마셨다. 나는 급하게 떠나고픈 생각이 전혀 없었다.

　아야 소피아를 지은 사람들은, 본인들은 몰랐겠지만, 돌과 빛에 머무는 영광을 가져다주었다. 사이먼은 그 영광 속에서 39년을 살았다. 하지만 비잔틴 신학의 폐쇄적인 주지주의 전체와 양치기의 수수께끼 사이에, 수천 킬로미터에 달하는 군대의 전장에서 민족 정체성과 이상을 놓고 싸우는 사람들 사이에는 이해가 이뤄지지 않고 있다.

무시무시하고
신비로운 연회

    카트만두에서 티베트로 가는 비자를 얻으려면 패키지 여행상품을 사야 한다. 나는 3일짜리 상품을 구입했다. 비행기의 여승무원은 영국 제국주의자들이 에베레스트라고 이름 붙이고 티베트 사람들은 초몰룽마, 즉 눈의 모신母神이라고 부르는 산을 알려주었다. 승객들은 카메라를 들고 산에 오르는 등반팀을 찍기 위해 줌 렌즈를 조정했다.

    공항은 라싸에서 75미터 떨어진 곳에 있었다. 나는 새로 지은 다리를 건너고 현대식 고속도로를 달려가면서 중국인들이 절대로 티베트를 떠나지 않을 거라는 사실을 깨달았다. 우리는 홀리데이 여관에 숙소를 정하고 식당에서 저녁을 먹었다. 전 세계에서 가장 높은 지역에서 펼쳐 든 메뉴에는 세계 각국과 중국과 티베트의 요리 목록이 10페이지에 걸쳐 적혀 있었다. 포도주 목록에도 중국, 프랑스, 오스트레일리아, 캘리포니아 산 포도주가 늘어서 있었다.

운전사는 말이 없는 티베트 인이었고 안내인은 중국 사람이었다. 그동안 라싸는 제대로 된 중심도시가 아니라 순례여행의 중심지였다. 침략 이전의 인구는 2만 5천 명에 불과했다. 지금 라싸는 인구 25만의 도시이며, 새로 지은 대로를 따라 아파트 단지와 슈퍼마켓, 백화점, 자동차 전시장, 창고, 기계점들이 늘어서 있다. 점포들의 정면은 에나멜을 칠한 금속판과 상호를 밝히는 네온사인으로 덮여 있다.

한때 달라이 라마의 궁이었던 포탈라 앞에는 대형 광장이 펼쳐져 있다. 광장 가장자리에 초대형 백화점과 식당과 디스코 클럽이 있다. 안내인은 기초 및 첨단 산업, 공산품 산업에 대해 그림을 펼치듯 설명하며 현대식 대도시에 대한 우리의 시야를 넓혀주었다. 다시 말하자면 그는 백화점과 슈퍼마켓에서 살 수 있는 소비재를 한동안 나열했다.

우리는 포탈라로 끌려가서, 그 궁전에 있는 수천 개의 방 가운데 복원된 방 수십 개 사이로 몰려다녔고, 부처의 거대 금불상을 구경했고, 달라이 라마의 여름 궁전으로 갔다. 안내인에 따르면 그 궁전은 1956년에 지어졌으며, 영국령 인도에 있던 영주의 궁전처럼 장식되었다. 그리고 입구에 있는 가게들을 돌아볼 수 있는 자유시간이 주어졌다. 가게에서는 궁전과 수도원에서 가져온 탱화와 신성한 그림들을 팔고 있었다. 나는 2개의 해골 그릇을 보았다. 그 가운데 하나는 안쪽에 은빛 선이 그려져 있었다. 안내인은 나에게 와서 티베트 봉건

시대 당시 반란을 일으킨 농부들이 참수를 당했고, 승려들은 연회에서 농부들의 두개골 윗부분을 그릇으로 사용했다고 말했다. 나는 해골 그릇들을 사버렸다. 안내인은 다음번 여행객들에게는 중국이 이 지역을 빼앗으면서 야만적인 지배를 펼쳤던 모습을 묘사해줄 수 없을 것이다.

사흘간의 여정이 끝났다. 나는 짐을 꾸리고 빠져나가서 구 시가지에 있는 숙소에 머물렀다. 조캉 대사원이 있는, 옛 라싸 유적에서 멀지 않은 곳이다. 석조로 된 집들은 3층 내지 4층이었으며 창틀에는 복잡한 무늬가 새겨져 있었다. 조캉 사원은 하루 종일 인파로 붐볐다. 티베트 사람들이 복잡한 부복 절차를 밟으면서 사원 주위를 돌고 있었다. 나는 옛 티베트 순례자들이 아주 먼 곳에서부터 그렇게 부복하면서 라싸로 왔다는 얘기를 읽은 적이 있다. 절차는 이렇다. 선 자세로 복잡한 인사 절차를 밟고, 땅에 엎드려 몸을 쭉 펴고, 일어나서 몸 길이만큼 나아가고, 다시 절하기를 반복한다.

나는 조캉 사원 주변에 있는 시장을 돌아보았다. 시장에는 채소와 야크 버터와 손으로 짠 전통 티베트 의상과 기도용 윤당輪堂과 기도 깃발들이 쌓여 있었다. 긴 머리카락을 밝은 빨간색 실과 함께 꼬아서 머리 둘레에 감은 사람들도 보였다. 그 사람들은 동쪽에서 온 유목민, 즉 캄바스들이었다. 캄바스들은 1959년 당시 중국이 침략해왔을 때 절망적인 무력저항을 펼쳤던 사람들이다. 나는 지금 현재 티베트 사람들의 눈에 무엇이 보이는지 궁금해서 그들의 눈을 들여다보았다. 그들은 나와 눈을 마주치지 않고 시선을 돌렸다. 나는 조캉 사원

앞에 오랫동안 서서, 주변에 있는 시장이나 나를 보지 않고 다른 꿈에 눈을 돌린 순례자들을 지켜보았다.

나는 호텔 방에 돌아가서 아까 샀던 해골 그릇을 응시했다. 호텔 지배인의 얘기에 따르면 옛날 이 지역은 고지라서 땅이 얼고 나무가 없어 매장과 화장이 불가능했다. 그래서 당시 티베트 사람들은 사람이 죽으면 그 시신을 도시 위쪽 높은 곳으로 가져가서 작은 조각으로 자르고는 독수리의 먹잇감으로 남겨두었다. 이곳에서는 그런 행위를 풍장이라고 불렀다. 모범적인 삶을 살아온 라마승은 임종 직전 자신의 두개골을 잘라 젊은 라마승이 순례를 떠날 때 시주용 그릇으로 쓰도록 하라는 유언을 남겼다.

백문이 불여일견이다. 우리는 눈에 보이고, 만질 수 있고, 소리가 들리는 주변 세계가 실재한다는 사실을 의도적으로, 진심으로 불신할 수 없다. 그런데 우리는 '눈에 보이는 것'이 환상이라는 얘기도 한다. 환상을 구분하고 몰아낼 수 있는 일련의 경계나 과정이 있는 것일까? 사실 우리는 가시적인 것을 지속적으로 보면서 환상을 인식한다. 철학자 모리스 메를로 퐁티에 따르면 우리의 시야는 정말로 눈에 보이는 것과 기억 및 이미지를 저절로 구분한다. 기억과 이미지는 정말로 보이는 것들 사이에 자리 잡는 게 아니라 그것들을 따라다닌다.[1] 앞쪽 길 위에 있는 물은 우리가 가까이 다가가면서 더 잘 볼 수 있게 되면 빛나는 광채로 흩어진다. 세상을 떠났던 연인이 무덤에서 나와 군중 속에 서 있는 모습을 보는 경우, 가까이 다가가면 그 연인은 흐릿하게 사라지고 낯선 이의 뚜렷한 모습만이 남는다.

몽상가와 예언자들이 보는 비전vision이란 무엇인가? 길가메슈(영웅 길가메슈를 주인공으로 한 지금부터 3500~2500년 전의 서사시-옮긴이)와 마하바라타(고대 인도의 산스크리트 대서사시-옮긴이), 오디세이와 니벨룽겐의 반지의 비전이란 무엇인가? 플로티노스와 사도 요한의 비전은 무엇인가? 단테와 윌리엄 블레이크, 제임스 조이스의 비전이란 무엇인가? 시몬 볼리바르와 체 게바라와 넬슨 만델라의 비전은 무엇인가?

인류학자들은 어떤 문화의 신화와 전설에 등장하는 비전을 열거하면서 그것들이 환경과 인간 단체의 상징적인 도해라고 해석한다. 비전이 연결과 관계를 구상화하는 각 상징의 모음이라고 해석하는 것이다. 클로드 레비 스트라우스와 자크 라캉은 사적인 판타지의 상궤를 벗어난 이미지가 개인적인 신화를 구축한다고 얘기했다.[2] '판타지 공간'은 심리요법을 사용하는 의사들이 면밀히 조사하는 영역인데, 하나의 개인은 이 '판타지 공간'에서 의미 있는 상징을 가지고 일반적인 신화의 보편적 의미(또는 오늘날의 경우 과학의 보편적 의미)와 자신이 속한 상황의 특수성 사이에 존재하는 간극을 메꾼다.

인식론 철학자들은 망상과 몽상가들의 비전을 구분하기 위해서 의미를 끌어들였다. 비전은 그곳에 존재하거나 눈으로 볼 수 있는 것을 나타내지 않는다. 대신 영웅과 반신과 악마를 시각화하고 거기에 의미를 결합시킨다. 우리가 알고 있는 인식론은 비전이 시각으로 인지한 대상보다 더 많은 의미를 품을 수 있다고 인정한다. 그리고 비전

이 구상성 도표나 도해의 보편적이고 추상적인 부분보다 더 많은 의미를 품을 수 있다고 인정한다.[3]

하지만 의미와 상징이라는 개념은 몽상가의 비전을 오해하게 만들 뿐이다. 몽상가는 상징체계를 구축하지 않는다. 그리고 상징체계의 구축은 비전이 품은 의미를 해석하는 것으로는 얻을 수 없다. 비전의 진성眞性은 비판과 확인을 거쳐 나온 결과물이 아니다. 가장 회의적인 인식론자들은 일리아드, 솔로몬의 노래, 마하트마 간디의 비전을 검증하는 일련의 기준을 세우지 않는다. 몽상가의 비전은 세상이 흘러가는 방향을 따라 자리를 잡기 때문에 망상과 저절로 구분된다. 우리는 비전이 우리 인생의 항로와 지평선을 넓혀주기 때문에 그것을 비전이라고 인정하는 것이다.

모든 비전에는 몽상가를 크게 위협하는 요소가 들어 있는 것일까? 서사시를 쓴 시인과 종교 저술가의 비전을 해석하는 학자들은 우리가 그 안에 내포된 위험을 느끼도록 내버려두지 않는다. 어쩌면 학계 동료의 무시가 그것보다 훨씬 더 위협적이라고 느꼈기 때문에 그럴지도 모르겠다. 문학과 예술에 정신분석 요법을 적용한 덕분에 밀턴과 조이스의 비전의 근원이 그들의 정신병이었다는 해석은 평판이 떨어지게 되었다. 하지만 바로 그런 불명예 때문에 우리는 비전이 그들 자신과 우리에게 미치는 영향을 간과하고 있다. 몽상가의 비전은 찬란하게 빛나고, 눈을 멀게 만들고, 상처를 입히는 것이다.

알렉산드라 다비드 네엘은 옛 티베트에서 볼 수 있었던 '초드'라는 의식에 대해 서술한 바 있다. 그녀는 초드 의식을 직접 목격했으며 기초를 어느 정도 배우기도 했다.[4] 초드는 참가자 한 사람만이 배우로 공연하는 다소 신비로운 의식이다. 초드는 참여자들을 극도로 겁먹게 만들어서 공연 도중 갑자기 미치거나 쓰러져 죽는 사람의 소리를 듣게 만드는 데 목적이 있다.

초드 공연자를 날뵤르파라고 한다. 날뵤르파는 발로 기하학적 도형을 그리고, 한 발로 돌아서, 예식의 암송문에 맞춰 뛰거나 발을 구르는 의식용 춤을 오랜 시간에 걸쳐 완벽하게 익혀야 한다. 날뵤르파는 도르제라는 종을 울리고, 푸르바라는 마법 단검을 쥐고, 다마루라는 작은 북을 치면서 캉링, 즉 사람의 뼈로 만든 나팔을 부는 모든 과정을 반드시 숙달해야 한다. 춤을 추는 이들은 고행으로 수척해진 수도자들이다. 그들은 누더기 옷을 입고 있지만 더러운 얼굴에서는 엄하고 단호하고 황홀경에 빠진 눈이 빛을 내고 있다.

의식은 무덤처럼 공포심을 불러일으킬 수 있는 야외에서 벌어진다. 끔찍한 전설과 연계되어 있거나 최근에 비극적인 사건이 일어난 곳이면 최적의 무대이다. 초드 의식은 그런 장소에 깃든 주술적인 힘이나 의식적인 존재들을 부르기 위해 고안되었다. 그런 힘이나 존재는 실제로 벌어진 일에 의해, 또는 많은 사람들이 상상한 사념을 한데 모음으로써 발생한다.

의식은 공연자가 모든 열정과 이기심을 짓밟는 길고 신비한 도입부로 시작된다. 공연자는 그 다음 순서로 나팔을 불면서 향연을 차려줄 테니 나와서 먹으라고 배고픈 악마를 부른다. 공연자는 그러다가 갑자기 여신을 본다. 여신은 공연자의 머리에서, 그의 의지에 따라 튀어나오고 칼을 든 자세로 그의 눈앞에 선다. 여신은 단 한 번의 칼질로 날뵤르파의 목을 자른다. 그리고 계속 칼질을 해 공연자의 배를 가르고, 사지를 절단하고, 가죽을 벗긴다. 그러면 송장귀신의 무리가 나타나 향연을 즐기러 다가온다.

공연자의 몸에서는 피가 솟고 장기가 쏟아져 나온다. 그러면 괴물 손님들은 으르렁거리면서 물고 뜯는다. 그동안 공연자는 무조건적인 항복을 뜻하는 주문을 외우면서 괴물들을 흥분시키고 부추긴다.

나는 오랜 세월에 걸쳐 환생하는 동안, 셀 수 없이 많은 생물들에게서 음식과 옷과 내 육신을 유지하는 데 필요한 모든 도움을 — 그들의 행복과 목숨을 희생하여 — 받았다. 그렇게 죽음에 저항하며 편안함을 누렸다. 오늘, 나는 그토록 소중하게 움켜쥐고 있던 육신을 파괴해 바치라고 해 그 빛을 갚는다. 살은 배고픈 자에게, 피는 목마른 자에게, 가죽은 헐벗은 자에게 옷으로, 뼈는 추위로 고통받는 자에게 연료로 가리라. 불행한 자여 나의 행복을 받으라. 죽은 자여 내 숨결을 가져다가 되살아나라. 나를 바치는 데에 주저한다면 그보다 더한 수치가 어디 있으랴! 한심한 악마들아, 너희가 감히 나를 뜯어먹지 않는다면 그보다 수치스러운 일이 없으리라![5]

의식에서 이처럼 '신비로운Mystery' 장을 피의 식사라고 부른다(저자는 바로 앞에서 인용한 알렉산드리아 다비드 네엘의 저서 〈Magic and Mytery of Tibet〉의 제목 일부를 이용해 중의적으로 표현하고 있다-옮긴

194

이). 의식 전수자가 아주 능숙한 사람이라면 검은 식사가 그 뒤를 잇는다. 광란의 연회가 주는 비전은 자취를 감추고 송장귀신들의 웃음과 비명도 사라진다. 우울한 풍경 속에 담긴 완벽한 고독이 송장귀신 잔치의 뒤를 잇고, 극적인 희생이 진정되면서 그 대신 날뵤르파의 고양감이 눈을 뜬다. 그는 이제 불에 탄 인간 뼈의 더미가 되어 검정 진흙이 뒤덮인 호수에 놓여 있다. 그 진흙은 어둠의 시기에 기원을 잃어버리고 무수한 전생을 거치며 몸담았던 곤궁과 도덕적인 타락과 위험한 행위를 상징한다. 그는 희생이라는 관념이 환상과, 무지의 소산과, 근거 없는 자만에 지나지 않았음을 알게 된다. 사실 그는 아무것도 줄 수가 없었다. 그는 무이기 때문이다. 아무 쓸모가 없는 뼈가 진흙투성이 호수에 가라앉아버린다 한들 무슨 문제가 있겠는가! 고행자는 애당초 포기할 만한 것을 가진 적이 없다는 것을 깨달으며 조용하게 포기하고, 희생하겠다는 생각에 솟아올랐던 의기양양함을 완전히 단념하면서 의식을 마무리한다.

초드 의식에서 공연자가 깨닫고 이해했던 모든 것, 그리고 수단과 양분으로 삼았던 모든 것은 거칠고 환상적인, 먹어치우기만 하는 여러 개의 입으로 표현된다. 그 입들은 공연자를 먹어치운다. 초드는 고차원적인 의미가 담긴 새 담론을 제공하면서 끝을 맺지 않는다. 초드의 비전이 보여주는 것은 지고하고 광대 무변하고 신성한 의미의 계시가 아니라 미친 자의 비명과 송장귀신의 웃음 속에서 벌어지는 의미의 성찬이다. 공연 중에 대사가 등장하긴 해도 그 대사는 공연자가 자신의 토막난 시신을 먹어치우는 송장귀신을 자극하고 몰아붙이던 행위를 완전히 단념하는 것을 뜻하는, 의식용 언사일 뿐이다.

공연자는 두렵거나 고통을 느끼는 상태에서 육체를 이루는 물질이 조각나고 뜯어먹히는 경험을 하는 것이 아니다. 그는 무수히 많은 다른 종을 회복시키고, 치료하고, 그들에게 양분을 제공하는 충만감으로 자기 존재의 완성과 충실함을 경험한다. 그는 그들에게 자신의 물질 전부를 제공하는 희열을 통해 그런 충만감을 경험한다. 왜냐하면 모든 희열은 몰수이며, 아무 보상 없이 초과분의 힘을 풀어놓는 것이기 때문이다.

비전은 몽상가를 변용하고 찬미할 때 정점을 찍는 것이 아니다. 비전은 고행자가 조용히 단념할 때 비로소 완성된다. 초드 의식은 극단적인 관대함과, 끝없이 베푸는 태도와, 극단적인 포기와, 그런 몰수를 거칠게 환호하는 것마저 단념하는 행위를 찬미한다.

이와 같은 비전은 우리들에게도 출몰한다. 승려가 아니라 과학자들이 제공하는 우주적인 비전 덕분에 우리 주변에서 움직이고 있는 세계를 보는 시야가 배로 넓어졌기 때문이다.[6] 과학과 기술은 창조주와 프로메테우스의 첩자가 되어, 우리가 직접 만든 법칙만 따르는 우주적인 입법자가 되어 자동적으로 우리의 비전에 기여했다. 오늘날 우리는 과학 덕분에 삼림 벌채, 단일 재배, 가축 사육, 댐 건설, 관개, 농약 살포, 유전자 변형 곡물이 지구에 사는 생물종의 다양성을 파괴하고 땅과 지하수면, 그리고 대양을 오염시킨다는 것을 알게 되었다. 우리는 생태공학 덕분에 우리 종이 행성 단위의 복잡한 환경체계

196

안에서 살고 있다는 걸 알았고, 무수한 다른 종들이 번성하지 않으면 우리 자신도 생존하지 못한다는 것을 알게 되었다. 미생물학은 최초로 세포 형태를 이룬 유기체가 미생물종으로 발전하면서 다른 종과 공생관계에 접어들었다는 사실을 발견했다. 엽록체와 미토콘드리아, 식물과 동물 속에서 산소를 조작해 에너지를 생산하는 세포조직은 본래 독립적인 시아노박테리아와 프로토박테리아였다. 이 박테리아들은 세포 속에 들어가 살다가 결국 식물 및 동물과 결합하였다. 우리 입 안에서는 600여 종의 혐기성 균이 살면서 온갖 식물들이 적을 물리치기 위해 만들어내는 독성을 중화시킨다. 우리의 장에는 400종의 박테리아가 사는데, 그것들이 없으면 우리는 섭취한 음식을 소화시킬 수도 흡수할 수도 없다. 생태과학과 진화생물학은 우리 인간 종이 미생물 진화의 화신에 불과하며 우리의 인격이라는 것도 실은 공생과 군집 위에 떠 있는 추상적인 형상에 불과하다는 비전을 제시했다.

오늘날 비전과 삶 사이에는 얼마나 큰 단절이 있는가! 우리는 인간 중심의 옛 신화와 결별했고, 광대한 우주가 텅 비어 있고, 전체 우주의 시간이 유한하다는 천문학자의 비전을 진실이라고 인정했다. 우리는 모든 생물 종이 인간이 쓰고 소비하도록 만들어졌다는 에덴동산의 신화 또한 떠나 보냈다. 하지만 우리의 경제적 · 정치적인 삶은 과학을 통해 욕구와, 배고픔과, 질병과, 불편함뿐 아니라 심지어 죽음까지 지배하면서 끊임없이 생산에 종사하도록 정밀하게 조절되어 있다.

옛 티베트의 초드는 의식이고, 단순한 비전이 아니다. 그 의식은 비전의 뒤를 따라 형성되는 많은 행동들을 집약해 놓은 형태를 띠고 있다. 우리는 이제 더 이상 식사를 축복하지 않고 축제 속에서 개인주의를 잊지도 않는다. 현대문화는 봉건시대와 신정시대로부터 이어져 내려온 집단적인 의식에서 신화성을 배제하는 대신 상업화시켰으며, 개인적인 의식을 정신병으로 치부해버렸다. 하지만 우리의 삶은 인간 중심적이고 탐욕스러운 비전을 재공연하는 의식들로 가득하지 않던가? 사냥, 관객을 끌어들이는 운동 경기, 익스트림 스포츠 등은 참여주의자가 꿈꾸는 변용된 생명력, 영광을 부여한 권력, 기술, 승리를 좋아하는 동물종의 비전이다.

그리고 소비적인 의식들도 있다. 이를 테면 연회, 무도회, 고급 여성 패션쇼, 요트, 카지노 등이다. 최고급 요리는 지구 문명 전체의 장엄 미사이다. 우리는 나라에서 나라로 여행할 때면 식당에서 황제처럼 대접받으며, 그때 우리 눈앞에는 소비용 물질이, 소비용 식물과 동물이 펼쳐진다. 그러면서 우리 자신을 먹이사슬의 최상층에 올려놓는 것이다. 우리는 지구상에서 유일하게 피식자가 아니며, 대체될 수 없는 존재이다. 즉 우주적인 존엄이다. 우리는 썩은 고기를 먹는 동물과 개와 하이에나가 접근할 수 없는 곳에 시신을 묻기도 하고, 시신을 돌로 만든 영묘와 강철관에 넣기도 하고, 곤충의 유충이 먹어 치우지 못하도록 시신을 미라로 만들거나 포름알데히드를 주사하기도 하고, 심지어 박테리아조차 먹지 못하게 화장하기도 한다.

우리에게는 아주 많이 받고 그만큼 돌려주는 자의 충동을 활성화하는 비전이 없다. 우리의 문화에는 자기 자신을 포기하는 환희 속으로 사람들을 입문시키는 의식이 없다. 자연 그대로의 우주를 축복하고, 오늘날 우리가 대면하고 있는 환경생물학과 진화생물학과 천문학의 비전이 우리 인생 속으로 들어오게 만들려면 과연 어떤 의식을 고안해내야 할까?

소멸했던
종교의 회귀

나는 새 천년 새해 첫날 몽골에 갔다. 나는 울란바토르 국립 박물관에 붙어 있는 가게에서 의식용 나팔을 보는 순간 그것이 아주 오래된 인간의 대퇴골임을 알아차렸다. 그 나팔은 이제 매우 하늘거리는 비단 띠에 싸여 있었다. 나는 그 뒤 전임 달라이 라마의 여름 궁전에 있는 가게에서 또 하나의 나팔을 찾아냈다. 그 가게는 이제 박물관 역할도 하고 있다. 나는 두 가게에서 손짓과 몸짓, '몽골' 및 '미국'이라는 단어를 써가며 그 나팔을 구입하면 몽골 밖으로 가지고 나갈 수 있는지를 물어보았다. 영어를 전혀 못하는 상인은 몽골 어로 쪽지 한 장을 써주고는 웃음과 몸짓을 통해 그거면 공항에서 통과될 거라고 알려주었다.

공항 엑스레이 검색대에서 키 작고 튼튼해 보이는 제복 차림의 여성이 다가오더니 공손하게 말했다.

"실례합니다만, 가방에 뼈가 들어 있습니까?"

나는 가방을 열어 뼈를 꺼낸 다음 가게에서 받은 쪽지를 보여주었다. 여성이 말했다.

"저기, 이건 그냥 영수증이에요. 문화국에서 허가를 받으셔야 해요."

그녀는 영수증에 적힌 가격 때문에 고민하는 듯했다. 뼈의 가격은 각각 50달러와 70달러였다. 사실 나는 처음 예상했던 것처럼 뼈의 국외 반출이 불법일 경우 기꺼이 포기할 생각이었다. 하지만 그녀에게 있어 50달러는 공무원 한 달 봉급에 해당하는 엄청난 금액이었다. 그녀는 내가 무슨 목적으로 몽골에 왔는지를 물어보았다. 나는 기쁜 마음으로 대답했다.

"관광하러 왔습니다!"

왜냐하면 호텔 손님은 나 혼자였고, 한겨울 울란바토르에서는 다른 관광객을 볼 수 없었기 때문이다. 수속이 끝나자 그녀가 오더니 뼈를 가지고 가도 좋다고 말해주었다.

하지만 휴대수하물을 검사하는 두 번째 엑스레이 검색대에 가자 교육을 받고 종교적이지 않을 것처럼 보이는 젊은 공무원은 내가 미신적이고 야만적인 옛 몽골의 증거품을 가지고 나가는 것을 노골적으로 싫어하는 내색을 보였다.

발굴된 2개의 인간 대퇴골은 의식에 쓰이는 나팔이 분명했다. 하지만 불어서 소리를 들어볼 엄두는 나지 않았다. 내가 그와 같은 나팔을 본 것은 국립 몽골 역사 박물관에서 딱 한 번 접해본 경험이 전부였다. 당시 나팔의 이름은 몽골 어로만 적혀 있었다. 책들을 찾아봤지만 설명이 서로 모순되었다. 어떤 책에는 뼈 나팔이 몽골의 원시적인 샤머니즘 종교에서 쓰는 의식용 물건이라고 적혀 있었다. 뼈는 제물로 바쳐진 처녀에게서 취한다고 했다. 또 다른 책에는 성스러운 불교 승려가 임종하면서 절에서 쓰도록 헌납한 뼈라고 적혀 있었다. 후자의 경우 시대에 맞게, 관광객들을 위해서 편집된 버전이라고 생각할 수밖에 없었다. 나는 그처럼 인간의 뼈를 사용하는 행렬이나 의식이 어떤 건지 알 수가 없었고, 몽골 종교의 비전이나 황홀경 상태에서 등장하는 거대하고 악마적인 형상이 어떤 것인지 조금의 단서도 얻을 수 없었다. 인류학자나 역사가라면 내가 그 물건들의 본질에 대해 아무것도 알지 못한다고 결론을 내렸을 것이다.

하지만 의식과 예식에서 쓰이지 않았기 때문에 그 뼈들은 신성하지 않은 것일까 (라틴어 sacrum[라틴어 sacrum은 신전, 봉헌의 뜻이며 복수로 쓰이면 예식이라는 뜻이 된다–옮긴이]과는 별개로)? 신성한 용도에서 완전히 멀어져 되돌아갈 수 없기 때문에, 그것들은 신성 모독적인 용도로 사용될 일도 없다.

나는 그 사람 뼈들을 불어서 그 안에 깃든 노래와 그 속에 있는 고대 의식을 꺼내보지 않았다. 뼈를 놓아둔 얕은 탁자는 이제 우리 집에서 수수께끼의 중심이 되었다. 친구와 손님들이 그 주위에 둘러앉아서 뼈에 얽힌 비밀을 논의하기 때문이다.

뼈를 보고 있자니 우리 집을 가득 채우고 있는, 용도가 분명하고 실용적인 물건들의 수집품으로부터 다시 한 번 억지로 밀려난 것 같은 기분이 들었다. 뼈를 살짝 만져보았다. 하지만 내 손은 움켜쥐거나 표면을 더듬어본다고 해서 그 신성한 물건의 본성을 알아내지 못한다는 점을 이미 알고 있었다. 뼈는 오랜 시간이 흐르고 향수에 젖어 있다 보니 흑갈색으로 변한 상태였다. 뼈의 3분의 1쯤 되는 지점에 비단실들이 띠 모양으로 묶여 있었다. 그리고 처음에는 밝은 푸른색을 띠던 얇은 비단 포장 역시 향수 때문에 갈색으로 변한 상태였다.

　손에 의식용 뼈 나팔을 들고 있자니 죽어가는 승려나 젊은 처녀의 육체 안으로 빨려 들어가는 기분이 들었다. 그들의 뼈는 주인이 죽은 다음에 불교의 주문을 외우고 있었다. 그 느낌이야말로 1천여 년 전, 지금은 남아 있지 않은 오래 전 세대의 불승이나 주술사가 떨리는 손으로 뼈를 쥐고 비단 포장을 풀어낼 때의 느낌일 것이다. 하지만 그처럼 분명하고 설득력 있는 느낌은 종교역사가들 때문에 작은 목소리마저 내지 못하고 사라졌다. 역사에 기록된 시간, 예식과 의식과 개념 속에서 상호 계승된 시간은 진보적이었고, 선형적이거나 다중 선형적이었고, 역전 불가능했다.

　역사의 시간 속에서 얼마나 많은 종교가 소멸했는가! 동식물의 종은 연간 1700개의 비율로 소멸한다. 인간이 사용하는 언어는 약 6800여 개이다. 그 가운데 한 언어의 마지막 사용자가 평균 일주일에 한 사람꼴로 죽는다. 인류학자들은 먼 외국의 밀림으로 달려가서 전 세계를 기술사회로 만들기 위해 길을 부수는 불도저와 전기톱 때문에 사라져가는 사람들의 문화를 발견하고 기록한다. 클로드 레비

스트라우스는 다음과 같은 글을 쓴 바 있다.

　인간은 사물의 근본 질서를 가장 효율적으로 해체하는 일꾼인 것으로 보인다. 그들은 사물을 강력하게 조직하는 일을 서두르고 있으며, 그렇게 조직된 사물들은 점점 더 큰 무질서를 향해 나아간다. 그 무질서는 언젠가 결정적인 단계에 도달할 것이다. 처음으로 숨을 쉬고 음식을 먹기 시작한 이래 불의 발견을 시작으로 원자력과 핵융합 장치의 발견에 이르기까지, 생식행위에 참여할 때를 제외한다면, 인간이 달성한 일이라고는 콧노래를 부르면서 수십 억개의 구조를 해체해서 더 이상 사용할 수 없고 통합할 수도 없는 상태로 만들어버리는 것이 전부이다. 인간이 마을을 세우고 작물을 경작한 것은 사실이다. 하지만 잘 생각해보면 도시화와 농경은 그 자체가 이미 무질서를 위한 도구이다. 그 무질서는 인간이 만들어낸 질서의 양보다 훨씬 더, 무한대에 가까운 비율로 크다. 인간 정신의 창조에 대해 말해보자. 인간이 중요한 이유는 오로지 정신 때문이다. 정신이 사라진다면 인간은 그 즉시 총체적인 암흑으로 빨려 들어갈 것이다. 따라서 전체적으로 볼 때 문명이란 유달리 복잡한 기제라고 표현할 수 있다. 문명이야말로 인간 세계를 구원할 수 있는 기회를 제공할 거라고 생각하고 싶겠지만, 그것은 문명이 물리 용어로 엔트로피, 다시 말해 무질서를 만들어내지 않을 때에나 가능한 얘기다.[1]

　오래 전 어딘가 먼 곳에 존재하던 사람과 관습은 역사가들이 남긴 텍스트 속에서 되살아난다. 그것들은 역사가의 텍스트 속에서 소생하고, 회복되고, 역사 진술 속에 계속 존재한다. 역사가들의 강연은 인간과 관습의 의미 사이에 관계를 규정한다. 역사가들은 과거의 사람들과 사건이 현재의 원인이거나 전제조건이라고 가치매김한다. 역사가들이 이해하는 것은 과거의 물리적·정서적인 힘이 아니라 과거의 의미일 뿐이다. 역사가들은 미래를, 또는 최소한 역사 자체의 미래를 꿈꾼다. 그것은 더 많은 영역을 알아가면서 연속적인 사건을 더욱 완벽하게 그려가는 미래이다. 역사가의 정신은 가장 함축적인 정신이다. 역사가의 정신은, 서로 다르거나 갈라져 나가는 수천 개의 힘의 조직과 정서적인 힘의 조직을, 수동적이고 고요한 기록으로 변화시킨다.

최근의 문화는 어떤가. 우리는 유대-기독교 신화의 표상을 가지고 공들여 만든 신학 개념의 방대한 텍스트와, 종교 역사라는 관점에서 기록하고 개념화한 타 종교의 텍스트 위에 팔다리를 활짝 펼치고 있다. 학자와 지적인 여행자들은, 예를 들어 인간의 뼈로 만든 의식용 나팔 같은 것들을 발견해 인지하고 해석할 때, 우리 체제의 개념과 인류학자들이 만들어낸 해석적인 범주를 이용한다. 그러면 우리는 그런 물건을 법의학자처럼 만지게 된다. 우리는 여러 세대 전에 몽골의 사원이나 동굴에서 그 뼈를 붙들었던 승려나 주술가와 같은 식으로 만질 수 없다는 점을 알고 있다. 역사교육을 받은 정신이 그런 뼈를 만지면서 건질 수 있는 것은 그 의미뿐이다. 뼈를 손에 들어본다 한들 그것이 신성한 물건으로 기능할 때 전해지던 정서나 힘까지는 알 수 없다. 그리고 그 물건을 통해 얻는 의미라는 것도 인류학과 종교사회학에서 사용하는 개념을 통해 우리가 만들어낸 의미일 뿐이다.

인류학자와 역사가의 작업은 복잡하고 다양한 조직을 엔트로피로, 무질서로 바꾸는 일이기도 하다. "서로 나눈 각 단어와 인쇄된 각 문장들은 두 강연자 사이에 소통을 확립한다. 그리고 그 이전까지 다양했던 정보, 다시 말하면 더 조직화되어 있던 정보 간의 차이를 없앤다." 레비 스트라우스는 이렇게 말한다. "(따라서 우리는) 이와 같은 붕괴 과정을 가장 분명하게 연구하는 학문을 인류학anthropology이라는 말 대신 엔트로폴로지entropology라고 불러야 한다."[2]

프로이드는 트라우마를 일으킨 사건에 대한 기억을 돌이키고 복구시켜주면 환자의 강박 증상이 사라진다는 사실을 알았다. 그러면서 강박 증상이란 것이, 원인이 되는 최초의 사건을 위장시키고 다른 것으로 대체하여 재현하는 현상이라는 점을 깨달았다. 공포와 충격과 근심이 증상 속에서 다시 떠오르는 것이다. 프로이드가 회복시킨 기억 역시도 원인이 되는 트라우마의 반복이다. 단, 다른 수준에서 표현을 반복하는 것뿐이다. 트라우마를 남긴 사건을 기억한다는 것은, 그 뒤에 이어진 모든 사건들만큼 긴 시간이 지난 뒤에 멀리서 문제의 사건을 바라본다는 뜻이다. 그러면 직접성과 당시의 공포가 사라진다. 그러면 환자는 트라우마에 대한 진짜 반응을 반복한다. 직접성과 공포를 상상하지도 않고, 기억하지도 못하기 때문이다.

그렇다면, 어떤 사건을 돌이키고 반복하려면 그것을 상상과 결합시키는 것이 아니라 잊어버려야 하는 것은 아닐까? 지금까지 살아왔던 일생을 한 번 더 산다면, 나는 이전 일생과 연결된 기억도 가지지 않게 된다. 니체가 상상했던 영원회귀라는 것은 이전 삶과 똑같은 순서와 인과에 따라 지금 살지 않으면서 그와 동시에 한번 살아봤던 것처럼 상상하는 것이다.

프로이드의 환자가 과거의 사건을 떠올리고 그 의미를 이해하는 것이 옛 사건의 힘을 없애버리는 행위라면, 역사가의 정신도 과거의 기억과 그것이 나타내는 바에게서 힘을 벗겨버리는 것은 아닐까? 역사가는 자신이 설명하는 사건들을 정면으로 직시하고 샅샅이 조사한다. 그 사건들의 힘을 동기삼아 앞으로 나아가는 대신 배치하고, 연계시키고, 판단하고, 평가하고, 선택한다. 종교역사가들은 우리가 몽골 의식용 나팔과 마주할 때 느끼는 감정들을 배제하기만 하는 것이 아니다. 그들은 나팔의 본성과 배경, 기능, 표현의 관점에서 본 의미 등을 기록하면서, 향수 때문에 검게 변색된 인간의 뼈라는 물질과 접촉하면서 손으로 전달되는 떨리는 감정을 없애버린다. 설명이 감정 재현을 방해하는 것이다.

그 모든 힘들을 재현하려면 오래 전 저 먼 곳에서 있었던 사건과 시작들을 잊어야만 하는 걸까? 여기서 말하는 힘이란 사건과 시작에 흘러넘치는 희망과 자긍심의 힘이며, 웃음과 눈물의 힘이며, 축복과 저주의 힘, 사랑과 신뢰와 믿음의 힘이다. 희망과 자긍심은 슬픈 과거의 연속성을 끊어주며, 과거 없이 새로이 태어나는 힘이 되어 솟아오른다. 사랑과 신뢰와 믿음은 과거에 배운 교훈 및 과거에 깨우쳤던 조심성과 결별할 수 있는 힘이며, 순수함과 정직함에 힘입어 솟아오른다. "망각 없이는 행복도, 쾌활함도, 희망도, 자긍심도, 현재도 없

다." 니체가 한 말이다.[3]

　사람은 어떤 본능과 감수성과 취향을 타고난다. 니체가 처음으로, 그리고 끝까지 가졌던 확신은 분명 대학의 학자들이 아니라 자신이야말로 호머와 소포클레스를 제대로 이해했다는 점이었을 것이다. 왜냐하면 니체야말로 그들과 같은 본능, 같은 감수성, 같은 취향을 가졌기 때문이다. "망각이야말로 사상가가 자신의 문제점과 개인적인 관계를 맺고 그 속에서 운명과 고민과 최고의 행복을 발견할 수 있는지, 또는 '비인격적인' 사람이 될 수 있는지를 결정하는 가장 큰 기준이 된다. 비인격적인 사람이 된다는 것은, 그가 할 수 있는 일이 차가운 호기심의 더듬이로 그것들을 만지고 이해하는 게 전부라는 뜻이다."[4]

　자신과 그들이 피를 나눈 형제라는 사실을 깨달았기 때문에 오래 전에 죽은 사상가와 예술들을 이해할 수 있다는 확신은 니체의 성서 해석이 가지는 차별점을 드러낸다. 예수는 그와 피를 나눈 형제 가운데 하나였던 것이다.

　이 확신이 영원회귀 사상의 가장 깊은 원천이라는 점은 의심할 나위 없다. 한 남자가 19세기에 태어났다. 그 남자는 시대에 공감할 수 없었고, 그렇다고 현대적인 인간도 아니었다. 그의 정신은 지식의 단편적인 체계를 하나로 단순하게 모아 놓은 것도 아니고, 불완전한 정보를 쌓아 놓은 것도 아니며, 그가 속한 문화가 환상의 영역을 해체하면서 만들어낸 자연과 역사의 표현으로부터 도출해낸 단속적인 틀들도 아니었다. 유럽사의 후반기에 태어난 사람이라면 고대의 본능과 감수성, 취향, 꿈들을 거의 대부분 돌이켜볼 수 있었다. 모든 고통과, 모든 즐거움과, 모든 사상과, 탄식과, 오래 전에 살던 사람들의 인생사에 있어 형언할 수 없이 크거나 작은 모든 일들은 회귀할 수 있다. 그렇게 만들 수 있는 사람이 누구인고 하니, 예를 들자면 프리드리히 니체 같은 사람이다. 역사가들은 정신을 통해 대상을 이해하려들지만, 니체는 가장 포괄적인 영혼을 통해 그에 대항한다. 그 영혼의 내부에서는 '모든 사물이 진보와 반진보, 밀물과 썰물을 내포하고' 있으며, 오랜 과거에, 저 먼 곳에 존재하던 본능, 감수성, 취향이 언제든지 회귀할 수 있다. 그리고 그 영혼이 존재하고 있는 시간 속에서는 또 다른 시간을 돌이켜 부를 수 있다.[5]

니체가 자신의 나라와 자신이 살고 있는 세기의 언어를 썼으며, 그 언어의 주제와 범주와 분류에 내재된 해석을 통해 이야기했다는 사실은 부정할 수 없을 것이다. 호머와 소포클레스를 이해하려는 사람이 가진 거라고는 그들이 남긴 작품밖에 없으며, 그 작품들을 읽는 사람은 자신이 속해 있는 과학과 문화의 범주와 문법을 기반으로 그것들을 해석한다. 그렇다면 이런 작품과 관련해 남는 것은 사실이 아니라 해석의 해석의 해석일 뿐이라는 점을 부정할 수 없을 것이다. 하지만 니체는 작품에 등장하는 사람들의 생각과 관습과 제도 속에서 그들의 본능과 감수성과 취향이 이끌어내는 효과를 볼 수 있었다. 그리고 그것들이 그의 내부에서 회귀하는 만큼 이해할 수도 있었다.[6]

소포클레스, 리그 베다의 현자들, 예수, 괴테의 의견과 증명과 반증들은 (니체에게 있어 이것들은 본능과 감각과 취향이 유발하는 징후이다)

209

역사가나 지식을 다루는 사람의 내부에서 순차적으로 회귀하여 차례대로 표현된다. 그리고 관념적인 참을성 때문에 진짜 회귀가 끝나버린다. 하지만 니체의 경우, 그런 원시적인 본능이 일단 회귀하고 나면 그것들은 끝나버리지 않고 자체적으로 유지된다. 그것을 가능하게 하는 방법은 단 한 가지, 고차원적인 힘으로 변화시키는 것뿐이다. 니체는 그런 힘을 고귀함이라고 명명한다.

사람이 '고귀해'지려면 어떻게 해야 하는가? ……그러려면 흔하지 않고 특이하며, 거의 광기에 가까운 기준을 사용해야 한다. 다른 이들은 차갑다고 느끼는 대상에서 뜨거움을 느껴야 하고, 아직 어떤 척도도 만들어지지 않은 것으로부터 가치를 발견해야 하고, 미지의 신을 모시는 제단에 제물을 바쳐야 하고, 어떤 명예도 바라지 않는 용기가 있어야 하고, 흘러넘치는 자족감을 다른 사람과 사물에게 줄 수 있어야 한다.[7]

그것은 일종의 격세유전, 사람과 그 이상 가는 무엇의 격세유전이다. 나는 자신이 속한 시대에 보기 드문 인간들을 갑자기 뒤늦게 나타난 과거 문화와 그 권력의 유령이라고 생각하는 편이 마음에 든다.

…… 그들은 이상해 보이고, 흔치 않고, 특별하다. 그리고 그런 힘을 자신의 내부에서 느끼는 자라면 누구든지 그들에게 저항하는 또 다른 세계에 맞서 그들을 양성해야 한다. 그러면 그는 위대한 인간이 되든가, 괴벽스러운 광인이 되든가, 아니면 일찌감치 사멸할 것이다.

예전에는 이런 특질이 흔했기 때문에 특별할 게 없이 보편적인 것으로 간주되었다. 어쩌면 다들 그런 특질을 요구했거나 당연한 것으로 상정했을지도 모른다. 어느 쪽이든간에 그런 사람들 속에서 위대한 인간이 탄생하는 것은 불가능했다. 광기나 고독에 빠질 위험이 없었기 때문이다.

그런 현상은 옛 본능의 재연을 마주칠 때마다 그런 사람들을 보호해주는 세대나 계급에서 두드러지게 발견할 수 있다.[8]

루소는 고귀한 야만인의 심상을 내세웠다. 니체는 그와 대조적으로 너무 늦게 태어난 야만인을, 문명사회 한복판에서 태어난 야만인을 내세웠다. 그를 고귀하게 만드는 것도, 또는 사멸하게 만드는 것도 그 자신이다. 오래 전 저 먼 곳에 있던 것들에 대한 취향을 품고, 지켜 나가고, 그것을 기리고 키워 나가면 명예욕이 없는 용기가 생기고, 다른 사람과 사물에까지 흘러넘치는 자족감이 생겨나게 된다.

그동안 얼마나 많은 신들이 죽었는가! 올림포스의 신들과 테노치티틀란의 신들, 보탄(게르만 신-옮긴이)과 퀘찰코아틀(아즈텍 문명의 신-옮긴이), 토르(북유럽 신화에 등장하는 신-옮긴이)와 아폴로와 아가주, 그리고 폭풍이 부는 2천여 년 전 어느 날 밤 몽골에서 태어난 신들까지. 신들은 다른 신을 믿는 정복자들의 칼 앞에 죽었다. 유럽 인들은 세계 최초로 자신들이 믿던 신을 끝장내버렸다. 유럽은 자신들의 태양을 꺼버렸다. 그 태양은 이제 바깥 우주의 어둠과 공허함 속에 외로이 떠 있는 행성의 주위를 돌고 있다.[9]

자연이 신의 선함과 지배력을 나타내는 증거라고 생각하는 시각, 어떤 신성한 원인에게 경의를 바치는 뜻에서 역사가 도덕적인 세계의 질서와 궁극적이고 도덕적인 목표를 가르치기 위해 존재한다고 끊임없이 해석하는 행위, 신앙심이 깊어 오래 전부터 모든 것이 신의 섭리이자 암시이고 모든 것이 영혼을 구원하기 위해 존재한다고 해석해왔던 사람들의 결론과 자신의 개인적인 경험을 동일시하는 행위…… 그런 행위들은 이제 전부 끝을 맞이했다. 이제는 인간의 양심이 거기에 반대하고 있으며, 이제는 그보다 더 세련된 양심을 가진 모든 사람들이 그런 행위를 점잖지 못한 거짓이라고 생각하고 있다.[10]

하지만 종교적인 충동은 되돌아온다. 특별한 본능과 감수성과 취향은 더 이상 그것들을 지탱해주지 않거나, 기본적으로 그것들을 배척해야 공동 사회에 들어갈 수 있는 문화와 언어와 경제적·사회적 배경 속에서도 존재할 수 있다. 그것들은 문화사文化史와 지성사知性史의 선형적 또는 다중 선형적 선상에 존재하지 않는다. 그것들은 본성의 시간 속에, 주기적으로 되돌아오는 시간 속에 존재한다.

격세유전적인 조로아스터 교도의 본능과 감수성과 취향이 기독교 시대 이후에 태어난 사람에게, 과학이 주도하는 독일에서 회귀된 예는 다니엘 파울 슈레버[11]에게서 찾아볼 수 있다. 그는 세상과 대적하고 고독과 광기의 위험을 무릅쓰며, 위대한 인간이 되든가 괴벽스러운 광인이 되든가 일찌감치 사멸해버릴 때까지 돌보고 지키고 찬미하고 키워야 할 힘을 자신의 내부에서 느꼈다.

기독교는 아주 오래 전에 끝났다. 니체는 이 세상에 기독교인은 단

212

1명뿐이었으며, 그는 십자가에 매달려 죽었다고 선언했다. 하지만 현재 러시아와 중국에서는 수백만이 훨씬 넘는 사람들이 기독교 교회와 바울 교회의 일원이 되어 활동하고 있다. 이 교회들은 예수나 부처 같은 구세주형 존재들의 감수성, 또는 다른 말로 하자면 과민증으로부터 생성된 가르침에 역행하고 있다. 니체는 기독교의 제도와 예식, 신념 속에서 회귀한 것이 예수의 감각과 과민증과 취향이 아니라, 나쁜 소식의 전달자인 사도 바울, 지롤라모 사보나롤라, 토르케마다, 교황 비오 9세, 밥 존스, 제리 폴웰(각 인물들에 대해서는 극단적으로 상반된 평가가 존재한다. 하지만 본문에서 언급하는 바 니체의 기준으로 볼 때 이 인물들은 ― 니체가 본 ― 예수의 직관성 및 감수성과는 정반대로 활동한 인물들의 예이다. 역사적인 결과만 놓고 보자면 이 인물들은 ―기독교계에서 ― 원초적인 종교의 순수성과는 거리가 먼 정치적 활동을 통해 권력을 휘두른 예로 쓰이고 있다. '나쁜 소식의 전달자'란 니체가 사도 바울을 비난하며 사용한 표현이다-옮긴이) 등의 권력을 향한 의지와 증오와 편집증이라는 사실을 보여주는 것을 아주 중요한 임무로 생각했다.

고대의 종교적 본능과 감수성과 취향이 회귀하면, 그것들은 종교와 전혀 관계없는 것들과도 결합할 수 있다. 그리고 그런 방법을 통해 종교적인 색깔까지 숨길 수 있다. 그것들은 종교적인 열정과 광기에 휩쓸려 예술과 정치뿐 아니라 과학의 영역까지 통제할 수도 있다.[12]

그리고 회귀한 종교 본능과 감수성과 취향은 완전히 새로운 별개의 영역에 진출하려고 망을 볼 수도 있다. 그러면 고대의 종교 본능과 감수성과 취향이 다시 등장해서 모든 신들이 사라진 지역에 종교의 씨앗을 심을 수도 있을까?[13]

　……그리고 앞으로 새로 태어날 수 있는 신들은 또 얼마나 많은가! 나의 경우 불가능해 보이는 상황에서도 이른바 신을 만들어내는 종교 본능이 때때로 고개를 들곤 한다. 신성은 늘 새로운 모습으로, 너무나 다양하게 나에게 현현한다! 마치 달에서 온 것처럼 사람의 일생 속으로 떨어져 들어오는 그 측량할 수 없는 순간들, 그때 이상한 것들이 너무나 많이 내 눈앞으로 지나간다. 그 순간 사람은 자신이 몇 살인지 전혀 기억할 수 없고 그가 얼마나 젊은지도 기억할 수 없다.[14]

　이 인용문은 후기의 니체가 쓴 글이다. 여기서 니체는 마지막 문단에서 종교 본능과 신을 만들려는 본능을 동등한 것으로 취급하고 있다. 하지만 초기의 니체는 신을 만들려는 본능이 종교적인 본능을 구체화한 특별한 형태라는 것을 이해하고 있었다.

　나는 아직도…… 신의 표상이 꼴사나운 돌과 나무 덩어리들로부터 완벽한 인간화를 향해 조금씩 진보하고 있다고 믿는다. 하지만 실상은 아직 이렇다. 신성이 숲이나 나무조각이나 돌이나 동물에 깃들고 거기에 머물렀기 때문에, 나는 그 형상이 인간화되는 것과 신이 부재하는 시대 양자로부터 멀리 떨어져 있는 것이다.[15]

　그러면 우리는 신을 만들려는 충동이 사라졌다는 사실을 유감스럽게 생각해야 할까? "이 세상에는 상상이 빚어낸 대상에게 아주 조금

214

이라도 나눠줘도 될 만큼 충분한 사랑과 선함이 존재하지 않는다."[16] 그렇다면 대신 고대의 뼈와 돌덩이에게 나눠줄 사랑을 남겨두면 되는 것일까?

랄리벨라[*]

현재 랄리벨라로 불리는 장소의 옛 이름은 로하였다. 랄리벨라는 에티오피아의 산지 가운데 가장 험난한 곳으로 유명하다. 1995년까지는 그곳에 가려면 아디스아바바에서 나귀를 타고 8일간 여행을 해야 했다. 지금은 길이 있기 때문에 지프나 랜드 크루저를 타고 이틀만 가면 된다.

그곳에 도착해서 바위밖에 없는 산의 측면을 걷다 보면 어느새 깊은 구덩이의 가장자리에 서게 된다. 그 구덩이 안의 바위에는 거대한 그리스 십자가가 새겨져 있다. 그리고 잠시 시간이 흐르면 당신의 발

---

[*]에티오피아 북부의 작은 마을. 예루살렘이 무슬림에게 점령된 이후 제2의 예루살렘으로 불린 바 있으며 유명한 석굴 교회군이 있다 – 옮긴이

바로 밑에 있는 그 바위 십자가가 석조건물의 지붕이라는 사실을 깨닫는다. 당신이 내려다보고 있는 것은 성 조지의 교회인 베트 기오르기스이다. 베트 기오르기스는 단단한 바위를 파고 내려가면서 만들어낸 건물이다. 이 건물을 바라볼 수 있는 광장은 존재하지 않는다. 교회로 접근하기 위해서는 조금 떨어진 곳에서 구덩이 바닥으로 연결되어 있는 좁고 구불구불한 통로를 따라 내려가야 한다. 교회를 받치고 있는 주춧돌에는 곧장 입구로 이어지는 계단이 있다. 분홍빛을 띤 붉은색 바위 곳곳에 노란 이끼가 묻어 있다.

교회 건물과 구덩이 벽 사이의 거리는 겨우 3미터가 조금 넘고, 그 벽에는 수행중인 성직자들의 방으로 연결된 암굴들이 있다. 성직자들 중에는 기도문을 읽고 있는 사람들이 있는데, 당신이 쳐다보고 있다는 사실을 깨달으면 손으로 깍지를 끼고 절을 하며 인사할 것이다. 여러 굴 중에는 산을 통과해서 바닥 높이가 다른 장소로 이어지는 굴이 있다. 그곳을 통과하면 사각형 구덩이 안에 있는 또 다른 교회에 도달할 수 있다. 굴을 따라 오르내리며 나아가면 바위산을 파고 들어가면서 만들어진 13개의 교회들을 볼 수 있다. 그 중에는 기오르기스처럼 다른 무엇에도 의지하지 않은 채 아랫부분만 산과 붙어 있는 교회도 있고, 하나 또는 둘 이상의 벽이 산과 붙어 있는 교회도 있다. 고고학자인 에발 하인과 브리짓트 클라이트에 따르면,

살아 있는 바위에서 이 교회들을 깎아낸 사람이 누구인지, 어떤 순서로 작업을 했는지, 정말로 건축을 지휘한 사람이 시디 마스칼인지,

그는 과연 어느 지방 출신인지, 12~13세기에 맘루크 왕조에게 종교 탄압을 당하다가 추방된 콥트 교도들이 기술을 전수해주어 결정적인 영향을 미쳤는지, 아니면 그들도 흔한 일꾼에 불과했는지 확실히 알려진 바가 전혀 없다. 작업방식조차 아는 사람이 없다. 따라서 기술적인 필요성에 근거한 이론적인 결론을 끌어내보는 것이 전부이다.

세상을 어떤 식으로 인식하는 사람들이었기에 이처럼 하나의 바위로 된 랄리벨라 교회들을 만들었는지는 확실치 않다……. 당시의 대표적인 건축양식은 동방 정교회식으로, 바닥은 끝이 둥글고 기둥이 두 줄로 늘어서 있으며, 지붕은 둥근 구형이었고, 예배에 필요한 3개의 문은 서쪽에 있었고 건물 자체는 동쪽을 향했다.

그리고 애당초 이런 교회를 깎아낸 이유도 불투명하다……. 동굴 안에서 종교예식을 올리던 아가우 부족의 전통이 새로이 표현의 출구를 찾아낸 것일까? 혹시 그들은 파괴되지 않는 불멸성을 추구했던 것일까? 10세기에 벌어졌던 전쟁에서 악숨 문명이 거의 완전하게 파괴되었다는 점을 생각해보면 충분히 설득력 있는 생각이기는 하다. 하지만 세르코스 우크로나 아브레하 아츠베하처럼 바위에서 깎아낸 교회를 보면 파괴되지 않은 것은 사실이지만 그럼에도 불구하고 복원할 수 없을 정도로 손상을 입은 것도 사실이다……. 기오르기스를 만든 사람들은 정치적인 이유 때문에 악숨 수도에 있던 그 건물들을 복제하는 동시에 마법처럼 대지에 의탁함으로써 원본을 넘어서려한 것일까? 그들은 에티오피아의 건국 신화, 즉 계약의 궤를 가져와 새로운 예루살렘을 만들었다는 신화를 이어가려 했던 것일까? 랄리벨라 어디서나 찾아볼 수 있는 '신성한 지형'은 이 가설을 지지해준다. 그런 성소에는 골고다, 데브레 시나(시나이 산이라는 뜻-옮긴이), 베들레헴 등의 이름이 붙어 있고, 산과 강에는 타보르 산이나 요르단 강이라는 이름이 붙어 있다. 이것들 또한 새 지도자들이 랄리벨라 신화에 정치적인 의미를 부여하려는 과거 회귀적인 시도라고 볼 수도 있을 것이다.[1]

하인과 클라이드는 파괴되지 않는 불멸성을 얘기하고 있지만, 오늘날 에티오피아를 방문해보면 어디서나 파괴의 양상을 볼 수 있다. 그런 양상은 올해만 해도 기아 때문에 많은 수가 줄어든 인구에서도 볼 수 있고, 하일레 셀라시에 황제의 폐위와 에리트레아와의 전쟁 이후 이어지는 내전 및 소말리아·수단과의 끊임없는 무력충돌에서도 볼 수 있다.

UN은 개발 정도로 판단할 때 총 174개국 가운데 에티오피아가 171위에 위치한다고 보고 있다. 에티오피아보다 못한 나라는 시에라리온, 차드 공화국, 니제르 공화국뿐이다. 에티오피아의 국토는 지난 몇십 년에 걸친 산림 벌채 때문에 황폐화되었다. 이제 남아 있는 숲이라고는 고작 3퍼센트뿐이며 침식 때문에 매년 수백 만톤의 진흙이 유실되고 있다. 랄리벨라의 바위 교회들도 점점 발판이나 양철 지붕으로 덮여가고 있으며 눈에 띄게 부서지고 있다.

큰 축제가 벌어지는 기간에 랄리벨라를 찾은 수백 만명의 순례자들은 330년에 에자나 왕이 개종해 첫번째 기독교 국가가 된 이래 에티오피아에서 기독교가 지속되어가는 모습을 목격해왔다. 에티오피아의 기독교는 독특한 아프리카식 기독교이며 콥트 기독교의 영향을 받았고, 신학적으로 보면 단성론적 기독교이다. 그리고 그 속에는 탈무드 이전의 원초적인 유대교가 원형을 유지하고 있다. 에티오피아의 제단에는 유럽의 제단과 마찬가지로 진짜 십자가 조각이 들어 있지 않다. 그 대신 태봇tabot, 즉 계약의 궤의 사본이 들어 있다. 에티오피아 인들에 따르면 이 계약의 궤는 시바 여왕과 솔로몬의 아들인 메넬리크 1세가 예루살렘 사원에서 빼앗아온 것이라 한다.

하지만 정작 바위를 깎아내 지은 랄리벨라 교회와 관련된 사실들은 너무나 많이 잊혀져버렸다. 그 기원도, 설계자도, 완공날짜도, 건물들을 만들어낸 정치적 · 경제적 사회조직도, 그 교회들이 가지고 있는 신학적인 의미까지도.

통로 속을 더 많이 돌아다닐수록 랄리벨라 교회들은 내 인지의 범위를 초월해버린다. 나는 1250년쯤에 어떤 통치자나 고위 성직자가 수천 명의 사람들을 산지 정상에 모아 놓고 자신의 꿈을 전파시켜서, 이 산채의 바위로 된 측면으로부터 13개의 교회를 하나씩 깎아내게 만드는 광경을 상상할 수가 없다. 또한 지구 위에서 이런 일이 또다시 벌어지는 모습도 상상할 수 없다. 오늘날 누군가가 자본을 대 그와 같은 13개의 교회를 깎아내려면 중장비를 동원해도 1년은 걸려야 할 것이다.

하지만 일단 랄리벨라에 가면 수주일 동안, 여러 달 동안 머물고 싶어진다. 그리고 랄리벨라의 교회들이 그것들을 개념화하고 계획했던 단성론 신학과 별개이고, 수천 명의 사람들을 부려 그것들을 깎아내게 했던 중세사회와도 별개이며, 그것들을 구체화하고는 망각 속으로 가라앉아버린 역사와도 별개이고, 그뿐 아니라 우리 역사의 그 모든 순간들과도 별개라는 사실을 느끼게 된다. 랄리벨라의 교회들을 드나들다 보면 그것들을 깎아낸 사람들의 본능을 느끼고, 마음속에서 깊은 바위 속으로 향하는 본능과 부동성, 고요함, 형언 불가능함에 대한 감수성이 다시 나타나는 것을 알게 된다. 마음속에서는 바위 속 깊은 곳에 묻히면서 그와 동시에 에티오피아 산지의 정상에 서서 독수리의 시야를 공유할 수 있는 이곳에서 살고 싶은 충동이 되살아난다. 지금부터 어디를 떠돌아다니든지간에, 에티오피아를 횡단하고 아프리카를 횡단하고 바다와 대륙을 횡단하게 되더라도 마음속 어딘가에는 절대 사라지지 않을 순례자가 남아서 신의 의지를 좇아 랄리벨라로 돌아오게 될 것이다.

그 은둔자는 교회 옆 암굴 안에 새겨진 방에서 당신을 보고 형제를 만난 듯 반갑게 인사할 것이다.

부두

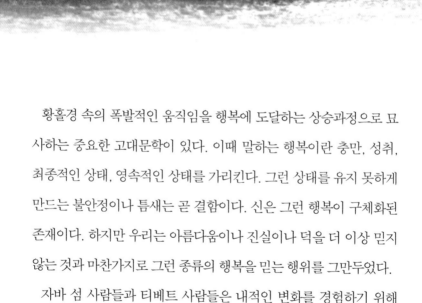

황홀경 속의 폭발적인 움직임을 행복에 도달하는 상승과정으로 묘
사하는 중요한 고대문학이 있다. 이때 말하는 행복이란 충만, 성취,
최종적인 상태, 영속적인 상태를 가리킨다. 그런 상태를 유지 못하게
만드는 불안정이나 틈새는 곧 결함이다. 신은 그런 행복이 구체화된
존재이다. 하지만 우리는 아름다움이나 진실이나 덕을 더 이상 믿지
않는 것과 마찬가지로 그런 종류의 행복을 믿는 행위를 그만두었다.

자바 섬 사람들과 티베트 사람들은 내적인 변화를 경험하기 위해
신성한 장소를 찾아가지만, 우리의 문화는 더 이상 그런 장소를 알지

---

*서아프리카 토착신앙이 아이티에 와서 자리 잡은 것이 부두 교이다. 이 장에서 부두 교가 직접 언급되지 않
는데도 장의 제목이 부두인 것은 그 때문이다 – 옮긴이

못한다. 디오니소스 숭배자들과 몽골 인들과 멕시코의 퀴츨 원주민들은 끔찍하고 기괴한 형태의 종교적 황홀경을 추구했고, 현대의 서양인들은 고급 예술에서 그런 것을 찾는다. 영화 제작자들은 옛 장인들보다 더 신기한 전기 신기루를 만들어내고 있다. 우리는 미지의 힘 앞에서 무아지경 상태에 돌입하는 대신 레이저 광선의 형태로 현현하는 그런 힘들을 즐기고 있다. 하지만 머릿속으로는 전자 기술자들이 사용하는 장비와 그 원리를 잘 알고 있다.

실증주의 철학은 2세기에 걸친 호전적인 노력 끝에 과학시대 이전에 유럽에 존재하던 믿음들을 미신으로 바꾸어 놓았다. 서양인들은 아즈텍 인과 서아프리카에 있는 요루바 족과 이스터 섬 사람들의 교의를 전설로 격하시켰고, 과학적인 냉소주의로 자신들의 종교까지 파괴했다. 오늘날의 과학은 우주와 생물에 대한 이론을 너무나 자주 폐기하고 다른 것으로 대체하고 있으며, 사람들은 인간의 본성, 동물의 본성, 화학적이고 전자기적인 본성에 대한 그런 설명들을 진실이라고 믿고 받아들이고 있다.

서양 국가들은 두 번의 전쟁을 통해 세계를 위험에 빠뜨리고 전 세계를 상대로 약탈을 일삼고 있다. 서양의 대변인들은 바로 그 사실 때문에 더 이상 덕을 가르치려 하지 않는다. 이제 행복하게 살라는 얘기는 쾌락적인 방종의 이미지만 불러일으킬 따름이다.

황홀경은 유용하다. 자원과 생명을 희생하는 행위는 잔치나 흥청망청 노는 행위와 마찬가지로 전쟁의 승리를 가져다주는 소비행위라는 사실이 알려져 있다. 자기희생은 지구상에 존재하는 공동 사회에 평등과 정의를 가져다주는 행위이다. 또한 희생은 다음 생에서 개인적인 구원을 성취할 수 있는 수단으로도 알려져 있다. 역사적으로 볼 때 이성은 개인이 극단적인 상태를 향해 나아가고, 그것에 자신의 일생을 걸도록 하는 방향으로 개발되었지만 그런 이성들은 서서히 줄어들고 있다. 그런 이성들은 다음 생에 대한 믿음을 빼앗아버리고, 목숨을 바칠 만한 가치가 있는 평등하고 공정한 공동 사회에 대한 희망마저 없애버리고, 금욕생활의 황홀경 상태를 추구할 동기를 앗아가버린다.

제도적인 수련이나 텍스트를 통해 능동적으로 추구하는 황홀경에는 으레 고행이 수반되게 마련이다. 육체가 쇠약하고, 감각이 마비되고, 욕망이 억제된 상태에서 영혼이 몸 밖으로 풀려나와 엄청나게 먼 곳을 여행한다는 얘기는 믿기 어려울 것이다. 하지만 정신과 육체와 사회의 심층부에서 황홀경이 솟아오른다는 얘기는 꽤나 그럴 듯하다. 성지를 방문하는 것만으로는 황홀경을 얻을 수 없다. 황홀경이란 인간의 궁핍함과 고난이 녹아 있는 늪지를 한걸음씩 걸어가야 얻을 수 있다. 사람들은 문명의 성지를 방문하면서 황홀경을 체험하는 게 아니다. 황홀경을 다룬 문학들은 영혼이 거치는 밤의 암흑기를 자세하게 묘사하고, 빈민가나 학살 전쟁의 난민수용소에서 신비주의자를 찾아낸다.

거리에 있는 고아들과 거지들 내부에는 문명사회나 경제 공동체 내부에 존재하는 것보다 더 큰 힘, 즉 초자연적인 힘이 있다. 기독교는 그런 힘을 뒤집어버리는 신비주의적이고 피학적인 전통이 있다. 마하트마 간디는 열차의 3등 객실에 타고 인도를 종횡으로 가로지르면서 지배자들의 힘을 목격했다. 그리고 가혹한 자연과 제도 속, 혹은 마음속에서 삶에 가하는 무게를 견뎌내는 힘을 발견하고, 때로는 그 힘 때문에 고통당하는 사람들의 힘을 목격했다. 그는 기차역 주변에 모여 있는 거지떼 속에서 인도를 해방시킬 힘을 목격한 것이다.

우리 내부에 남아 있는 황홀경의 형태는 이성적인 의혹에 따라 여러 가지가 될 수 있다. 고대에는 황홀경이 실제적인 고행이나 지적인 이상주의와 연결되어 있었지만, 이제 그런 결합은 점점 약해지고 있다. 하지만 심리적인 합리성, 사회적인 합리성, 정치적인 합리성 때문에 달리 자리 잡을 곳도 찾지 못하고 있다.

황홀경이란 우리 자신과 멀리 떨어진, 신성한 그 무엇과의 사이에서 이루어지는 소통이다. 따라서 타자와의 소통이기도 하다. 개인적인 황홀경이란 것은 존재하지 않는다. 황홀경은 소통이기 때문에 고독을, 자아를 파괴하며, 역사에 남는 사건이다. 하지만 정치적이고 제도적인 방법을 이용해서 파괴하기 때문에, 황홀경은 정치적인 영향력을 미친다. 사람들은 시간이 흐르고 나면 사회적인 연쇄반응을 통해 그 황홀경을 판단하게 될 것이다. 무아지경의 감정을 막고 있던 수문을 열어버린 지도자는 사람들을 이용하고 조종했던 것일까? 지도자는 결국 사람들을 속이고 배신했던 것일까? 혹은, 실은 가능해진 것은 아무것도 없으며 가능해 보이는 것도 사실 탄압이 다른 모습으로 바뀐 것에 불과함에도 황홀경 순간에 그것들이 정말로 가능해진 것처럼 사람들이 착각했던 것일까? 사회적이고 정치적인 합리성으로 정당화할 수 있는 것은, 이성적인 토론으로 검증하고 재평가한, 이성적인 과정을 통해 정치적인 결정을 얻어내는 민주주의밖에 없다.

2천 년에 걸친 황홀경의 시대는 예수가 십자가에 못 박히면서 끝이 났다. 그 뒤로 우리는 질서정연한 사회 속에서 간신히 연명해가는 이른바 신비주의자라는 사람들을 의심스러운 눈초리로 바라보고 있다. 하지만 우리는 아직도 돈 후안을 읽고 라스푸틴(그레고리 라스푸틴. 러시아 로마노프 왕조의 몰락을 이끈 사기꾼으로 예언자라고 자처하기도 했다. 그에 관해서는 여러 가지 비현실적인 속설들이 전해지는데, 여기서 지적하고 있는 것은 그 중에서도 성적인 능력에 관한 이야기이다-옮긴이)이라는 이름을 기억하고 있다. 그렇다면 우리가 아직도 품고 있는 황홀경의 힘이라는 것은 차마 드러내놓고 이야기할 수 없는 적나라한 욕망인 것일까?

문학작품 속의 황홀경에는 예외 없이 자아의 상실이 수반된다. 그리고 자기 확신, 용기, 육체적인 단일성과 같은 이상의 붕괴가 예외 없이 등장한다. 또한 황홀경에 빠져 자아를 잃는 과정에는 자신을 향한 잔인함이 존재한다. 우리 몸속에는 황홀경에 수반되는 자아상실과 병적인 피학성을 연결시키는 미지의 내분비선과 신경기관이라도 있는 것일까?

대학은 연구와 이성의 세계이다. 나는 그런 곳에서 살았다. 하루에 2개의 강의를 소화하고, 성적을 올려달라고 사무실로 찾아오는 학생과 한 시간 동안 잡담을 나누면서. 그러다가 과의 세미나에도 참석한다. 발표자는 권위 있는 인물의 저작을 인용하고 유럽에서 유행하는 철학적 관용구와 그리스 어와 독일어를 섞어 무게감을 더한 합리적인 논문을 읽는다. 청중들은 그가 논문을 읽는 동안 발표가 끝나면 그에게 던질 복잡한 질문을 생각해내려 애쓴다. 세미나가 끝나면 발표자 및 다른 교수들과 저녁 식사를 한다. 대화는 종신 재직권을 얻은 사람이나 더 좋은 대학으로 옮겨간 사람에 관한 이야기로 흘러간다. 그리고 사람들은 선임교수가 발표자를 환영하는 뜻으로 자신의 담백한 저택에 마련한 환영연 자리로 이동한다. 그런 모임에서는 누군가가 최근에 논문을 발표했다고 얘기하면 축하해주어야 한다. 그는 학생에게 자신의 논문 주제가 어땠는지 묻는다. 그러면 돌아오는 것은 예의 바른 칭찬이다. 나는 보모의 퇴근시간이 다가와서 일찍 자리를 떠야 하는 부부를 유심히 지켜보고 있다가 내일 아침에 약속이 있다는 거짓 핑계를 대고 그 자리를 떠난다.

나는 의무감으로 점철된 하루를 끝내기 위해 뱃속에 독주를 퍼부었다. 그리고 침대에 누워서 〈뉴욕타임스〉를 뒤지다가 작은 기사를 발견했다. 포르토프랭스(아이티의 수도-옮긴이) 공항이 열렸다는 기사이다. 추방당했던 아리스티드 대통령이 이틀 뒤에 귀국한다는 얘기도 덧붙여 있었다. 나는 잔뜩 취한 상태로 침대 위에서 몸을 뒤집어 항공사에 전화를 걸었다. 그리고 다음날 오전 10시에 출발하는 비행기의 좌석을 예약했다. 자정에 친구가 전화를 했다. 나는 그에게 한 시간 뒤에 차를 몰고 뉴욕으로 떠나 포르토프랭스 행 비행기를 탈 거라고 말했다. 그는 30분 뒤 칫솔과 면도칼이 담긴 종이가방을 들고 우리집 1층에 서 있었다.

아이티 인들은 해당 반구를 장악하고 있던 유럽 열강의 식민권력에 대항해 두 번째로 폭동을 일으켰고, 역사상 처음으로 노예 반란에 성공했다. 노예들이 들고일어나서 주인을 학살하는 광경은 토머스 제퍼슨까지도 놀라게 만들었다. 미국이 아이티의 독립을 인정한 것은 자국의 내전이 끝난 뒤였다. 히스파니올라 섬에서 크리올 어를 쓰는 흑인 아이티 인들이 거주하는 구역은 3분의 1에 지나지 않기 때문에 (섬의 나머지 지역은 스페인 어를 쓰는 백인들이 주도권을 잡고 있는 도미니카 공화국이다) 아이티는 인구밀도가 절망적으로 높다. 바위투성이 산악지형에는 계속 나무가 줄어들고 있으며 비가 올 때마다 수톤의 진흙이 낮은 바다로 쓸려 내려간다. 그런 불모의 환경에 그나마 존재하는 부는 1세대 흑백 혼혈들로 구성된 소수 독재자들이 거머쥐고 있으며, 그들은 프랑스 어를 사용하고 프랑스 문화를 즐기는 성향이 있다. 아이티는 독립국가가 되자마자 피에 굶주린 군사 독재자의 손에 넘어가고 그 뒤로도 독재자의 후예에게 계속 지배당한 역사가 있다.

'아들 의사' 두발리에(아이티의 독재자들이었던 두발리에 부자 가운데 아들을 가리킨다-옮긴이)의 집권 말년에 포르토프랭스에 있는 한 교회에서 몸집이 작은 신부가 노예제도에 관한 이야기로 설교를 대신했다. 그의 이름은 장 베르트랑 아리스티드였다. 톤톤 마쿠트('아버지 의사' 두발리에가 운용했던 불법 무장단체-옮긴이)는 그 교회를 폭파했다. 두발리에가 죽고 나자 아이티에 경제적·전략적 흥미를 가진 외국세력이 들어와 선거를 준비했다. 아리스티드는 그 선거에서 대통령이 되었다. 사실상 아이티에서 정기적으로 임금을 받는 노동자들은 300여 곳의 미국 조립공장에서 일하는 사람들뿐이다. 시어스 사는 그 공장에서 만들어진 약 6700만 달러 상당의 직물을 수출하면서 아이티 노동자들에게는 시급으로 17센트를 준다. 하지만 아이티의 법적 최저 임금은 시간당 25센트이다. 아리스티드 대통령은 최저 시급을 37센트로 올리는 법령을 제정했다. 부시 행정부는 아리스티드의 통치를 무력화시키는 작업에 들어갔고 CIA는 〈아이티 진보 발전 전선〉의 암살단을 무장시켰다.[1] 미국 언론들은 아리스티드의 정신에 문제가 있으며 그가 쇠약해졌고 치료를 받고 있다는 소식을 보도했다. 라울 세드라 대령이 정권을 탈취하자 아리스티드는 미국으로 도주해 할렘가에 머물렀다. 그는 기타를 연주하며 저녁시간을 보냈다.

아이티 인 수천 명이 뗏목을 타고 나라를 떠났고, 그 중 일부는 플로리다에 도착했다. 클린턴 대통령은 그들을 아이티로 돌려보내라고 명령했다. 하지만 의회 내 흑인 이익단체가 대통령에게 무언가 조치를 취하라는 압력을 가하기 시작했다. 클린턴 행정부는 아이티에 있는 시어스 사와 기타 미국 회사들의 조립공장을 강제로 폐쇄하는 법령을 시행했다. 밥 돌 상원의원은 의회에서 아이티는 미국에게 있어 전략적인 가치가 전혀 없다고 주장했다. 그리고 아주 솔직하게 아이티는 미국인 한 명의 목숨보다도 값어치가 없다고 말했다. 하지만 그런다고 해서 소규모 뗏목 함대를 막을 수는 없었다. 그리고 뗏목으로 탈주를 시도했던 사람들 상당수는 바다에 빠져죽었다.

클린턴 대통령은 결국 해병대를 투입하기로 결정했다. 미국은 아이티에 전략적인 흥미가 있었던 셈이다. 히스파니올라는 쿠바의 자매 섬이다. 국경 너머에 있는 도미니카 공화국에서는 독재자 트루히요의 마지막 수상이었으며 지금은 장님이 된 에두아르도 호아킨 발라게르가 부정선거를 통해 대통령직에 일곱 번째로 재선된 참이었다. 미국은 그를 대통령직에서 끌어내릴 계획으로 미국 대사는 2년 안에 선거를 실시하라고 그를 압박하고 있었다. 그러니 미 해병대를 아이티에 주둔시켜야 할 시기였다. 미국이 그 다음으로 준비하는 것은 분명 피델 카스트로를 죽이고 그의 집권에 종지부를 찍는 일이었다.

아이티 어느 곳에든 해병대가 있었다. 해병대가 아닌 백인은 전부 언론인들이었다. 나는 흰 반바지와 꽃이 그려진 셔츠와 밀짚모자를 준비해 가지 않은 것이 아쉬웠다. 기자들이 가까운 항구에 있는 미해병대 사무소에서 대통령궁으로 들어갈 수 있는 출입증을 받았다는 얘기를 들었기 때문에 나와 친구는 아침에 일어나자마자 그곳으로 향했다. 기자 신분증을 건넸더니 해병대 장교가 물었다.

"이건 처음 보는 신분증인데요. 어떤 언론사 소속이십니까?"

아차! 나는 몇 해 전 방콕에서 엘리베이터를 모는 운전수에게 그 신분증을 산 이래 제대로 들여다본 적이 없었다. 하지만 장교는 스스로 신분증을 읽어보면서 만족한 것 같았다. 그는 기자가 아닌 외국인이 그곳에 있을 리가 없다고 생각했다. 내 친구는 나와 함께 온 사진기자라고 말했다. 장교가 전화를 받으려고 몸을 돌리는 사이 내 친구는 책상 위에 있던 출입증 양식 사본을 슬쩍했고, 건물에서 나오는 동안 출입증에 내용을 기입했다.

완전 무장한 해병대들이 대통령궁의 흰색 건물을 세 겹으로 둘러싸고 있었다. 장교를 1명씩 통과할 때마다 우리의 신뢰도는 올라갔다. 마침내 우리는 흰색 페인트로 새 단장해 햇빛을 반사하고 있는 궁의 정원으로 들어갔다.

우리는 아리스티드가 10시에 도착한다는 소식을 들었다. 미국 입장에서 볼 때 아리스티드가 도착하는 순간 저격수에게 살해당하는 것이야말로 최악의 상황이었기 때문에 자동차 행진은 열리지 않을 예정이었다. 아리스티드는 그 대신 미군 헬리콥터를 타고 공항에서 궁까지 곧장 날아올 계획이었다. 수천 명의 아이티 인들이 궁의 정원을 완전히 에워싸고 있는 높은 철조망에 몰려들어 사방에서 철제 지지대를 밀어붙이고 있었다. 그들 대부분은 그곳에서 밤을 새웠다. 해병대원들은 헬멧과 방탄조끼를 착용하고 자동소총을 들고 철조망 안쪽에서 그들과 대치해 있었다. 광장 주변의 건물 옥상에서는 무장한 해병대원이 쌍안경으로 군중들을 검사하고 있었다.

여러 시간이 흘렀다. 궁 건물 옆 나무 밑에는 몇 개의 비둘기 우리가 놓여 있었고 기관총을 든 해병대원들이 그 우리들을 감시하고 있었다. 태양이 머리 위에서 열을 뿜어대 공기가 끓어올랐다. 그때 갑자기 맹렬한 폭풍이 몰아치며 거대한 망고나무가 건물 왼쪽으로 뒤틀렸고 커다란 군용 헬리콥터가 나타나 잠시 떠 있다가 지상으로 내려앉았다. 헬리콥터가 저공으로 비행했기 때문에 사람들의 시야가 건물에 막혀 다가오는 모습을 볼 수 없었던 것이다. 우리는 헬리콥터 쪽으로 달려갔다. 철조망 바깥에 있던 군중은 소리를 지르다가 조용해졌다. 덜커덕거리는 헬리콥터의 로우터 아래로 다섯 사람이 내려오더니 기관총을 들고 웅크린 자세로 사주를 경계하는 해병대원들 사이로 빠르게 이동해 건물로 향했다. 헬리콥터의 로우터는 멈추지 않았다. 내린 사람들의 모습이 사라짐과 동시에 헬리콥터가 떠오르며 또 다른 폭풍이 나무들을 강타했다. 그리고 다음 헬리콥터가 등장했다. 거기서 내린 사람들이 궁 건물로 달려가자 그 헬리콥터도 굉음을 내며 이륙했고, 세 번째 기체가 날아 들어왔다. 아리스티드는 아직 보이지 않았지만 알아볼 만한 사람들도 있었다. 제시 잭슨, 존 케네디 주니어, 워런 크리스토퍼 등이었다. 그들은 곧 궁 입구 위에 있는 발코니에 나타나 아리스티드 행정부의 일원임에 분명한 사람들 및 미국 고위 공직자들과 나란히 섰다. 그리고 또 한 대의 헬리콥터가 나타나더니 가슴에 넓은 장식띠를 걸치고 짙은 청색 양복을 입은 작은 체구의 흑인이 내렸다. 아리스티드였다.

그가 군중을 향해 인사하자 해병대원들이 몰려들어서 그를 궁으로 데리고 갔다. 사방에서 일어난 군중의 함성이 그를 향해 해일처럼 밀려들었다. 그 맹렬함에 땅이 울렸다. 함성은 헬리콥터의 소음을 집어삼키고 하늘로 솟아올랐다. 나는 심장이 뛰고 가슴이 들썩거렸다. 그리고 혼란에 빠져 하늘을 보며 숨을 헐떡거렸다. 내 몸은 땅에서 갈라져 나온 천둥에 휩쓸리고 있었다. 하늘은 그 환희의 해일을 담을 만큼 커다란 공간에 지나지 않았고, 그 하늘 아래에서 숨을 쉬며 보호받고 있는 사람들은 한몸이 됐으며, 우리는 앞으로 존재하게 될 것들과도 한몸이 되었다.

빈곤하고 일자리도 없고 기술도 없고 교육도 받지 못한 군중으로부터, 미래도 없고 희망도 없고 아이들에게나 인류에게나 나에게나 줄 거라고는 아무것도 없는 군중으로부터 갑자기 힘이 솟구쳐 나왔다. 그 힘은 전투 장비를 갖춘 해병대원들이나 해안에 닻을 내린 전함이나 하늘을 맴돌며 검은 그림자를 드리우는 전투기나 폭격기들에 뒤지지 않을 만큼 강력했다. 그것은 생명의 힘, 발가벗은 생명의 힘이었다. 아니, 그것은 사람들의 빈곤과 절망의 힘이었다.

아리스티드는 건물 안으로 사라졌다. 몇 분 뒤 그는 궁 계단에 마련된 연단에 모습을 드러내 군중과 마주했다. 저격수의 총알과 군중으로부터 보호하기 위해 방탄유리로 만든 우리가 그를 둘러쌌다. 그는 평화와 화해를 부르짖었다. 그는 고문을 자행했던 톤톤 마쿠트에게 복수하지 말 것을 호소했다. 그는 미 국무부가 미리 준비해 놓은 연설문을 암송하고 있었다. 우리에서 풀려난 흰 비둘기들은 위쪽 창문에 앉아 햇빛을 피하고 있었다.

정원 철조망을 누르며 달라붙어 있는 남자들은 뜨겁게 불타오르는 하늘 아래에서 더 이상 배고픔을 느끼지 못했다. 늙은 여인들은 근육통을 느낄 수 없었다. 젊은 여성들은 아이를 안고 있으면서도 힘들다는 생각이 들지 않았다. 화려하게 나타났다가 사라지는 무언가가, 거리와 깊이와 높이를 인식하는 의식을 가둬두었던 감옥의 문을 잡아

당겨 열어주었던 것이다. 그 무언가란 갑자기 나타나서 모든 것을 파괴하는 폭풍일 수도 있고, 대낮에 하늘을 가르는 번개일 수도 있고, 작고 나약한 한 사람의 인물일 수도 있다. 황홀경을 유발하는 대상이란 관찰행위로 발견할 수 있는 것이 아니다. 그것은 의미 있는 관계들로 이루어진 정황 전체가 편안하게 표상을 형성하는, 표현의 장의 초점이 아니다. 실용적인 기획을 통해 도달할 수 있는 목표도 아니다. 그것은 의미와 연계점과 동기와 기획과는 거리가 먼 곳에 있다.

아이티 인들은 전날 밤 집에서 나와 그 장소로 오면서 실질적인 세상의 장을 떠나왔다. 하지만 황홀경을 유발하는 것은 압축된 심상도 아니고, 완전함과 이상향과 신성함의 표상도 아니다. 그것은 임의적이고, 시시한 경우도 있지만 그럼에도 하늘을 지나 우주에 다다르는, 이름 없고 기쁜 폭풍을 일으킨다.

황홀경의 상태는 미리 기획할 수 없다. 그 상태란 심지어 황홀경이 일으키는 결과와도 무관하다. 황홀경의 상태는 모든 종류의 도덕으로부터 멀리 떨어져 있다. 단 하나 예외가 있으니, 바로 바가바드기타의 도덕이다. 밖에서 보자면, 즉 정치사와 사회사적인 입장에서 보자면 대통령궁 앞에 모여 있는 군중의 황홀경은 사회질서에 위협이 되며, 따라서 군중 자신들에게 위협적이다. 하지만 사실 모든 황홀경은 위험이 가득한 형태로 존재할 수밖에 없다.

"황홀경은 아무것도 설명해주지 않고, 아무것도 해명하지 않고, 아무것도 정당화하지 않는다." 조르주 바타유(프랑스의 사상가, 소설가─옮긴이)가 한 말이다. "황홀경은 한 송이 꽃에 지나지 않으며, 불완전할 수밖에 없고 꽃처럼 죽기 쉽다……. 자, 꽃 한 송이를 취해서 시선이 그 꽃과 조화를 이룰 때까지 들여다보라. 그러면 꽃의 설명과 해명과 정당화가 불완전함과 필멸성을 통해 이뤄진다는 것을 깨닫게 될 것이다"[2] 삶이란 무지해지고, 깜짝 놀라고, 압도당하기 위해서 미지 속으로 뛰어 들어갈 때 가장 강렬해지고 생동감이 절정에 이른다. 그런 힘들이 모조리 금제에서 풀려날 때 인간은 가장 위대한 위험을 찾아 나서게 된다. 삶은 본질적으로 낭비다. 삶은 연결되고 맞물려 돌아가는 세계 속에 존재하는 낭비다.

황홀경에 휩싸인 아리스티드의 환영연에는 이어지는 결과가 없어야 했다. 미국은 아리스티드를 종용해 1년 안에 선거를 치르도록 했다. 그는 처음부터 재선에 출마하지 않겠다고 약속했을 것이다. 1년 뒤, 아리스티드는 대통령궁을 떠났고, 성직을 포기했고, 결혼했고, 무장 경호원들이 둘러싸고 있는 풀장이 딸린 저택으로 이사를 갔다. 다음번 선거가 돌아오자 아리스티드의 추종자들은 그가 반드시 재선되도록 만반의 준비를 하고 그와 함께할 수 있는 의회까지 마련해 두었다. 하지만 다른 나라들은 그 선거결과를 인정하지 않았다. 국제 원조가 보류되고, 아이티의 경제상황은 무방비상태로 방치되었으며, 절망에 빠진 사람들은 더욱 늘어났다.

아이티가 미국인 한 명의 목숨보다도 중요하지 않다는 게 사실이라면 내가 할 수 있는 일도 없었다. 내가 아이티의 경제나 사회에 기여할 수 있는 방법은 없었다. 대통령궁의 정원에서 내가 얻을 수 있는 것, 즉 사고나 통찰, 다른 곳에서 활용할 수 있는 지식 등은 아무것도 없었다. 그 정원 안에서 군중을 관찰하고 있던 나는 외지인이 아니었다. 나의 자아는 군중 속에서, 그 급증하는 군중의 기쁨 속에서 길을 잃고 사라졌다. 나는 대학에서 학생들을 가르쳐야 할 5일 간의 의무 또한 도둑맞았다. 그리고 그 상태로 대학으로, 반복적인 일상으로 돌아왔다.

탈주

힐러리는 대런던의 변두리에 위치한 작은 마을에 집을 구입할 계획
으로, 그 결정을 도와달라며 나를 데리고 갔다. 그 집은 마을과 마찬
가지로 작고, 영국의 여느 마을에서 아주 흔히 볼 수 있는 집들처럼
깔끔하고 틀에 박힌 모양을 하고 있었다. 집주인은 왜 그 정도의 가
격을 제시했는지 제대로 설명하지 못했다. 힐러리는 정말로 그 집을
사도 되는지 경제상황을 계산하고 또 계산해보았다. 집주인은 그녀
를 설득하기 위해서 우리 두 사람을 집 바깥에 있는 아주 큰 정원에
계속 머물게 했다. 앞쪽 정원에는 희귀종 장미와 꽃이 핀 모과가 있
었다. 울타리 쳐진 뒤쪽 정원에는 솟아올라 있는 화단을 판석이 울타
리처럼 에워싸면서 길을 내주고 있었다. 길에서 이어져 있는 휴게실

이 2개로, 그곳에는 클레마티스 덩굴이 덮인 격자 벽이 있었다. 집 주인은 그 길을 따라 우리를 안내하면서 양쪽 화단에 있는 진달래, 동양산 회양목, 취명아주 수국, 취어초, 모란, 일본 붓꽃, 지치, 카르파티아 산 초롱꽃, 디기탈리스, 동양산 백합 등의 이름을 일일이 알려주었다. 화단에는 그밖에도 수천 포기의 튤립, 수선화, 노랑수선화, 시베리아 산 해총 등이 있었다. 집주인은 비록 지금은 그것들이 발육 정지 상태에 있지만 봄이 오자마자 화려하게 꽃을 피울 거라고 말했다. 우리 두 사람은 집주인이 그토록 방대한 식물학적 지식을 갖추고 한없이 근면하다는 사실에 말문이 막혔다. 우리는 평범한 마을의 삶이 단조롭고 틀에 박힐 거라고 생각했지만, 집주인 부부는 그렇게 부지런하다 못해 서로 떨어져 살고 있었다.

그 다음 해 다시 영국에 갔을 때 어느 따뜻한 날 오후에 힐러리를 만나러 갔다. 그리고 집을 제대로 찾아간 게 맞는지 확인하기 위해서 주소를 다시 들여다봐야 했다. 장미와 모과는 사라지고 없었다. 앞쪽 정원에는 아무것도 자라지 않고 텅 비어 있었다. 초인종을 눌러봤지만 아무 대답이 들리지 않았다. 집 밖을 돌아서 뒤쪽으로 가보니 힐러리가 있었다.

그녀는 부스스한 옷차림에 즐거운 표정을 한 채 식물 덤불 밑에 삽을 꽂아 넣으며 뒤집기를 반복하고 있었다. 그녀는 흙투성이 손으로 나를 안아주더니 갈아엎은 보드라운 흙덩이들 쪽으로 이끌었다. 우리는 복잡하게 널린 흙덩이 속에 있는 희끄무레한 뿌리들을 살펴보고는 흙에 손을 찔러 넣어서 종양처럼 토실토실하고 하얀 뿌리줄기와 구근을 뽑아냈다. 그리고 그것들을 하나씩 서로에게 던지기 시작했다. 마침내 어둠이 내려오자 우리는 옷을 벗어서 서로에게 던지고는 따뜻한 대지를 느끼며 껴안았다. 다음날 아침, 이제 정원에 뭘 심을 건지 힐러리에게 물었다. 힐러리는 웃으면서 대답했다.

"아무것도 심지 않을 거야!"

나는 1년 뒤 다시 그녀를 찾아가서 일주일을 묵었다. 집은 대초원에 둘러싸여 있었다. 잡초들과 클로버를 비롯해 온갖 종류의 자그마한 꽃과 부드러운 씨앗주머니가 달린 식물 줄기들이 무릎 높이까지 자라 있었다. 힐러리가 말했다.

"바람에 실려서 저절로 날아온 거야."

작년에 찾아갔을 때만 해도 헐벗었던 맨땅이 태양을 향해 미친 듯이 솟아오르고픈 충동으로 맥동하고 있었다. 그리고 벌써 묘목들이 여기저기서 고개를 쳐들고 생장을 시작하고 있었다. 힐러리는 솟아오른 화단 주변에 다시 판석으로 벽을 만들고 길도 꼼꼼하게 청소해두었다. 그녀가 말했다.

"내가 정원을 그냥 내버려둬서 잡초가 우거졌다고 마을사람들이 민원을 넣었더라고. 그래서 의회에서 공무원이 나왔더라. 나는 식물학자라서 연구 목적으로 각 종을 하나씩 심어둔 거라고 말했어. 그 사람은 완전히 믿는 것 같진 않았지만 그렇게 보고를 올렸고 다시는 오지 않더라고."

우리는 따스한 늦은 오후에 태양을 쬐며 누워서 눈 위에 보이는 희고 작은 꽃들을 무작위로 살펴보았다. 농장에서 보내던 어린 시절이 떠올랐다. 나는 잡초로 완전히 뒤덮인 도랑들을 몇 시간이고 돌아다니곤 했고, 오르가슴이 무엇인지 그때 처음 알게 되었다.

아주 먼 옛날 영장류가 나무에서 내려와 사바나 평원으로 진출하고 두 발로 일어섰다. 지리학자들은 사바나와 대초원과 툰드라와 스텝 지역을 다 같이 초원지대로 분류하지만, 사실 그 지역에 있는 식물들 중에 풀은 일반적으로 20퍼센트에 지나지 않는다. 그밖에도 엄청나게 다양한 콩류와 국화과 식물, 조류, 이끼류, 야생란 등속이 있다. 나무와 나뭇잎은 대부분 섬유소와 목질소로 구성되어 있지만 초원지대의 식물들은 펙틴과 단백질의 함량이 높으며, 그 분포도 조직 전체에 퍼져 있다. 개화식물은 농축된 상태로 영양을 저장한 배胚와 씨앗을 생산한다. 초원지대는 엄청나게 다양한 동물 종의 생명을 유지시켜준다. 곤충은 개화식물과 공진화하고, 조류는 곤충과 식물의 씨앗을 먹으며 살아가고, 그와 동시에 씨앗을 널리 퍼뜨리고 심어준다. 또한 유제류 동물과 덩치가 큰 초식동물과 영장류 등의 크고 작은 포유동물들도 초원 때문에 생존할 수 있었다. 유인원들은 나무에서 그늘을 찾고, 나무 주변에서 쉬고, 안전을 유지하고 시야를 확보하기 위해 나무에 오르는 등 끊임없이 나무와 접촉했다.

윤리학자들은 자연에 맞춰 살고, 자연과 우리 자신의 본성을 존중하라고 말한다. 그때 그들이 염두에 두는 것은 대지에서 태양을 향해 솟아오르는 무성한 들판과 숲의 장관이다. 고대 스토아 철학자들, 에머슨(미국 시인-옮긴이)과 소로(미국 저술가. 《Walden》의 저자-옮긴이), 니체와 헤겔, 줄기가 하나 또는 여러 개인 나무 모양의 계통도를 이용하는 진화학자들, 현대의 생태학자들은 들판과 숲을 인간의 정직함과 정의를 나타내는 자연스러운 상징으로 본다. 영장류에 속하는 우리 인간 종은 직립하면서부터 똑바로 선 것을 존중했다. 우리는 똑바로 서는 것을 위엄과 동급으로 취급하고, 곧음을 공정함과 같은 것으로 평가하고, 눈을 들어 하늘과 우주를 바라보는 행위와 고결한 사람들을 평가하는 데 있어 의젓함과 고귀함과 이상과 신성함을 말한다.

우리는 그 어떤 나무보다 가지가 적으며 7600미터 높이로 올곧게 우뚝 서 있는 세쿼이아 나무에게 가장 고귀하다는 찬사를 퍼붓는다. 세쿼이아 나무들은 2500년 동안 생존하면서 수많은 사람들과 사회와 체제의 탄생과 사라짐을 보아왔고, 우리는 그 지구력이야말로 견고함과 단호함의 상징이라고 보고 있다. 우리는 양심의 가책을 참아가면서 예술가와 여성을, 그리고 교회까지도 상업화시키지만 목재를 얻기 위해 거대한 세쿼이아를 베어버리는 것은 망설인다. 세쿼이아가 건재하는 한 미국에도 무언가 고귀하고 공정한 것이 남아 있다고 생각하는 것이다.

마을 대로에 자리하고 있는 린던나무와 커다란 느릅나무의 가지와 잔가지들을 보노라면 건축학적인 질서, 즉 모든 것들이 질서정연하게 자신에게 어울리는 공간과 자리를 차지하고 있으며 제 기능을 하고 있다는 느낌을 받는다. 다른 말로 표현하자면 매일매일이 공정한 조화 속에서 흘러가고 있다는 느낌을 강제적으로 받는다는 뜻이다. 이파리가 붙은 줄기 하나하나는 올바른 자리에 위치하고 있으면서 목적과 위엄을 드러낸다. 반면에 나무가 없는 도시를 보면 도덕이 붕괴된 지역에 들어선 것 같은 느낌을 받는다.

하지만 들판과 숲에는 다른 감정들도 존재한다. 들판과 숲에서 태양을 향해 솟아오른 줄기와 가지의 아래를 보라. 그곳에는 축축한 땅속에 사는 벌레처럼 부패와 분해에 이끌려 아래를 향해 내려가면서 휘감기고 뭉치고 몸부림치는 뿌리가 있다. 하지만 뿌리는 겉으로 드러나면 안 된다. 태양빛과 지상 공간에 드러난 뿌리는 죽는다. 그러면 식물 자체도 죽고 만다. 들판과 숲의 뿌리를 뽑는 홍수와 폭풍이 재난인 것도 그런 까닭이다.

아프리카와 오스트레일리아에도 2500년 된 바오밥나무들이 있다. 그 나무들은 줄기가 굵고 키가 작으며, 덤불진 가지의 뒤엉켜 있는 모습은 마치 폭풍 때문에 뽑힌 나무의 뿌리처럼 보이고 잎의 수도 매우 적다. 유럽 무역상과 탐험가들은 어둡기 그지없는 아프리카에서 바로 그 나무처럼 뒤집히고 비뚤어진 심상을 접하고 충격을 받았다. 우리는 어떤 행동이나 태도나 의도에서 지하의 느낌, 낮은 곳의 느낌, 비열함, 사악함 등을 본능적으로 느낄 때면 그것들을 어둡고 축축하며 부패하고 분해되는 땅과 연결시킨다.[1]

뿌리들 중에는 유난히 외설적인 것도 있다. 흰색의 맨드레이크 뿌리는 짧고 굵고 구근 모양으로, 흔히 아래쪽이 둘로 갈라져 있는데 두 번 갈라지는 것도 적지 않다. 그 결과 근육질 형상도 머리도 없이 벌거벗고 있는 인간의 몸처럼 보여 외설적인 느낌을 준다. 당근은 남성의 성기와 아주 흡사하고 순무는 부풀어오른 고환과 비슷하다. 이런 심상들 때문에 우리는 자신의 신체에 근원적인 뿌리가 있다는 느낌을 받는다. 밤이 되어 우리의 신체가 직립과 강직함에서 풀려나면 음핵과 남근과 맨 손가락과 발가락은 정해지지 않은 방향으로 향한다. 그처럼 타락한 육체를 태양빛과 공기 중에 노출시키고 그런 신체의 뿌리들을 땅과 어둠 속으로 밀어 넣는 것은 도덕적인 재앙이다.[2] 하지만 강렬한 감정들은 그런 기본적인 신체기관의 내부를 요란하게 통과한 다음 지하에 존재하고 있는 모든 본성 속으로 흘러나간다.

오르가슴의 폭풍은 우리 육체를 뒤집어 놓는다. 우리는 그 순간에 몸을 곧게 펴고 임무를 지향하지 못한다. 자세는 무너지고, 사지와 감각기는 자신에게 할당된 공간과 자리에서 제 기능을 하며 한 곳으로 집중되지 못한다. 눈도 올바른 길을 찾으려고 환경을 조사할 수 없고, 시선도 표류한다. 팔과 다리는 목적이나 위엄을 상실한 채 마음대로 굴러다닌다. 손가락은 아무 목적 없이 타인의 신체에 있는 언덕과 구멍을 애무하고 새로 배우는 것도 새로 발견하는 것도 없이 반복적으로 움직인다. 타인의 한숨과 신음은 맥동하면서 우리의 신경망 속을 흘러다닌다. 타인의 육체에서 발생한 고통과 쾌락의 경련이 흘러와 우리의 뺨과 배와 허벅지를 떨리게 만든다. 그리고 흥분은 땀과 생식적인 분비물과 입 밖으로 흘러나온 뜨겁고 축축한 호흡 속에서, 봄철의 대지처럼 축축한 침대 위에서 소멸한다. 오르가슴의 갈망과 흥분 속에서, 옛 사람들이 식물(vegetative '성장' '생장하는' 이라는 뜻도 있다. 본문에서는 중의적으로 쓰였다 - 옮긴이) 같은 영혼이라고 불렀던 무엇인가가 경련을 하면서 우리는 깊은 곳에서 살아 숨 쉬고 있

243

는 본성 및 깊은 곳에 존재하는 식물 같은 본성 속으로 뛰어드는 것이다.

페루 남부에는 아레키파라는 이름의 하얀 식민도시가 있다. 그 도시 안에 있는 저택과 무데하르 교회와 사원들은 조각이 새겨진 하얀 화산석회 벽돌로 지어졌다. 나는 그곳에서 네 시간 반 동안 트럭을 타고 먼지투성이 도로를 따라 이동하며 미스티, 치아코, 피치피치 화산을 돌아보았다. 그 일대 지형은 전부 화산석회로 이루어져 있어 마치 그릇에 담겨 있던 흰색 빵가루를 들이부은 것처럼 하얀 가루가 소용돌이치고 있었다. 불모나 다름없는 토양이어서 식물이라고는 눈 씻고 찾아봐도 발견할 수 없었다.

나는 마침내 대륙 지각판이 거대한 규모로 갈라진 낭떠러지, 즉 콜카 캐니언에 도착했다. 아주 깊은 협곡 바닥에는 구불구불한 강이 흐르고 있었다. 바로 그 강이 점점 파고 내려간 덕분에 콜카 캐니언은 지구상에서 가장 깊은 협곡이 되었다. 협곡 측면에 아래로 내려가는 길이 있고, 협곡 바닥 여기저기에는 작은 원주민 촌락이 있었다. 그곳에 사는 사람들은 잉카 제국에게 외면을 받았으며, 오늘날에는 너무 이질적이고 가난하다는 이유로 페루에도 편입되지 못하고 있다. 나는 밤을 보낼 숙소를 구할 수 있었다. 그날 밤에는 보름달이 투명하고 찬란하게 빛났다. 협곡의 좁은 절벽 사이로 올려다보자 마치 관을 통해 바라보는 것 같았다. 협곡 위쪽 끄트머리에서 달빛이 빙하 위로 쏟아져 내리는 듯했다.

나는 좁은 골목길을 돌아다니면서 조심스럽지만 신뢰가 가는 이방인들의 검은 형체가 가까워지는 것을 느꼈다. 내가 도착한 곳은 4명의 젊은이가 각각 라마 가죽으로 만든 북과 갈대 피리와 현이 달린 두 대의 조롱박을 연주하고 있는 방이었다. 그 리듬이 야성적이어서 나도 모르게 자리에서 일어나 춤을 추었다. 곡조는 가슴이 찢어지리만큼 비극적이었다. 한 젊은이가 적당한 스페인 어로 다음날 아침에 안내인 노릇을 해주겠다고 제안했다. 그의 이름은 산티아고였다.

그와 나는 4시에 출발했다. 빙하가 완전히 드러난 바위 위로 흘러 침식으로 만들어진 경사면과, 강이 깎아 놓은 깊은 협곡에 이르기까지 모든 것들이 자연적으로 형성된 지형이었다. 그리고 그 모든 것 속에 배치되어 있는 단면과, 절벽과 바위와 진흙의 색깔은 하나같이 새로웠다. 사람들은 여러 세대에 걸쳐서 미세한 시선과 다이아몬드 조각도처럼 단단한 인내심으로 거대한 협곡에 조각을 새겨 넣었다. 강으로부터 수백 피트 위에 위치하는 대협곡 측면에는 바위를 깎아 만든 단들이 있었다. 그 단에서는 빙하가 녹은 물과 샘물과 지상으로 내려가는 폭포수들이 키우는 퀴노아(고단백 곡물. 남미가 원산지이다-옮긴이), 감자, 그리고 여러 품종의 고지 옥수수가 자라고 있었다.

그런 단의 아래 촌락에는 다채로운 색상의 불룩한 치마를 입고 챙 넓은 모자를 쓴 여인들이 있었다. 나는 협곡을 따라 산을 돌면서 여인들이 살고 있는 촌락별로 달리 생긴 모자를 쓰고 있다는 사실을 깨달았다. 후에 아레키파로 돌아가면서 나는 페루 원주민의 인구 구성을 다룬 책을 읽었다. 그에 따르면 대협곡에 정착한 원주민에는 두 종류의 분파가 있다. 그들은 서로 다른 아푸, 즉 서로 다른 신성한 산을 숭배한다. 각 분파는 자신들이 모시는 신성한 산의 형태를 머리에 직접 반영한다. 즉 아이가 태어나면 머리에 틀을 씌우는데 한 분파는 아이의 두개골이 원통형으로 자라도록 하고, 다른 분파는 두개골 윗면이 편평해지도록 한다. 선교사들은 그들을 레둑시온이라 부르는 요새화된 촌락에 모으고, 아이의 두개골을 변형시키는 행위를 금지하고 스페인 옷을 입도록 했다. 그러자 첫번째 분파는 높은 원통형 모자를 만들어냈고 다른 분파는 높고 위가 편평한 모자를 만들었다.

높이 솟아 있는 산들은 양쪽 면 모두 얼음에 덮여 있었지만, 사방카야 화산은 짙은 연기구름을 뿜어내고 있었다. 산티아고와 나는 마카라고 불리는 장소에 도착했다. 산티아고에 의하면 2년 전 지진으로 인해 한 촌락이 무너졌는데 지금 같은 지점에서 다시 지진이 발생하고 있다고 한다. 우리는 아래로 내려가서 커다란 균열을 바라보았다. 산티아고는 그 지역 사람들의 얘기를 듣더니 내 손목시계를 보고 몇 시간 전을 가리키면서 바로 전날 밤 생긴 균열이라고 전해주었다. 우리는 발밑에서 부서지는 자갈들을 보며 천천히 그리고 힘겹게 협곡을 올라갔고, 우리의 노력과 생명이 지질학적 연대에 맞서고 있다는 것을 체감했다. 지질학적인 시간 속에서 우리의 존재는 미미했으며, 그 시간 속에서는 우리가 협곡에 남긴 족적을 비롯해 일생 동안 남긴 그 어떤 업적도 결국은 침식되고 무기물로 분해될 운명이었다.

우리는 코카잎을 씹으면서 제일 위에 위치한 단까지 힘들게 등반했다. 그리고는 마침내 협곡 바닥으로부터 가장 멀리 떨어진 '콘도르의 십자가'에 도착했다.³ 콘도르의 십자가 역시 3600미터 높이의 바위 속을 칼로 파놓은 것처럼 아주 좁은 길이었다. 바닥에는 수은처럼 주름진 강이 있었다. 해가 떠오르자 사방을 둘러싸고 있는 안데스의 빙하가 빛을 뿜기 시작했다. 그 중 가장 높은 것은 미스미 화산이었다. 미스미 화산의 빙하는 녹아서 아마존 강의 수원이 된다. 몇 시간 전 해가 뜨기 이전에 지나온 사방카야 화산에서는 유황 증기가 흘러나와 공중에서 물결치고 있었다. 우리는 그처럼 사람이 살 수 없는 산지에서 커다란 바위를 찾아 그 위에 앉았다. 인간이 만든 기업 가운데 그곳을 손에 넣을 수 있는 곳은 존재하지 않았다. 나는 그 지역을 대상으로 해서 어떤 기획도 세워볼 수 없었다. 탐험을 위한 도보여행 기획조차 불가능했다. 설령 산티아고가 사용하는 언어의 단어들을 알고 있다거나 그 반대로 산티아고가 내 언어를 알고 있다 해도, 나는 원주민 동반자에게 질문은커녕 단 한 마디도 건넬 수 없었을 것이다. 길을 찾아야 하고, 자리와 그에 대칭되는 자리를 찾느라 정신이 산만해서 아무 생각도 할 수 없었기 때문이다. 태양이 안데스 봉우리들 위로 모습을 드러내자 구름 한 점 없는 하늘이 마그네슘처럼 하얗게 변했다. 태양의 복사열이 얼굴과 손을 뒤덮자 따뜻함이 느껴졌지만 폐 속으로 빨려 들어온 옅은 공기는 차가웠다.

꼼짝도 않고 오랜 시간을 보낸 뒤 정신을 차려보니 해가 중천에 떠 있었다. 그리고 우리는 미처 눈으로 확인하기도 전에, 소리 없이 드럼을 연타하는 것처럼 빙하 위에 펼쳐진 하늘을 날고 있는 콘도르의 존재를 알아챘다. 우리 두 사람은 텅 빈 태양광 속에 등장한 작은 점에 이끌렸다. 그 점은 아주 조금씩 커지더니 날개를 퍼덕이지도 심지어 움직이지도 않고 거대한 새로 변해서 아주 높은 곳에서 협곡 속으로 미끄러져 내려오더니 우리 두 사람 눈앞을 지나 점점 더 아래로 내려가 시야에서 사라졌다. 나는 그때 콘도르를 난생 처음 보았다. 콘도르는 날개를 폈을 때의 길이가 5미터 정도에 달하는 지구상에서 가장 큰 새이다. 내가 본 콘도르는 갈색의 어린 암컷이었다. 아마도 죽은 동물의 시체를 찾아 황량한 절벽과 눈 쌓인 곳을 탐색하는 것 같았다. 또는 이미 배를 채우고 고지의 하루를 즐기는 것일 수도 있다. 그때부터 한두 시간쯤 지났을까? 우리는 두 마리의 콘도르를 보았다. 그때 역시 눈으로 보기 전에 콘도르들의 존재를 느낄 수 있었다. 두 마리의 콘도르는 바짝 붙은 채 바람이 불지 않는 높은 하늘을 다정하게 돌았다. 나는 그들이 머리 위를 날고 있을 때 얼마나 높은 곳에 있는지 가늠해보려고 했다. 그리고 대협곡의 깊이 절반에 해당하는 높이에 떠 있는 거라고 짐작했다. 즉 5500미터 높이에서 날고 있다는 얘기였다. 나는 당시 내가 서 있던 4000여 미터 높이까지 등반하는 것도 쉽지 않은 사람이었다. 그런 나의 시선과 갈망은 콘도르들이 존재하고 있는 거의 비물질적인 영역에 매료되어 곤두박질쳤고, 죽음의 영역으로 떨어져 올라갔다. 우리는 하나의 시선, 하나의 갈망, 콘도르의 비행에 매달려 있는 삶에서 흘러나온 행복감의 발로에 지나지 않았다. 콘도르들은 기억되지 않는 과거에서 날아왔고, 예상할 수 없는 미래 속으로 날아오른다. 우리는 닻을 내리지 않고, 당김줄도 없이 풀려나와서 공허한 하늘을 표류했다. 느껴지는 것이라

248

고는 희박하고 차가운 공기뿐이고, 볼 수 있는 것은 얼음에 덮인 안데스 산들의 정상과 그 아래에 있는 대협곡의 화강암 벽뿐이다. 우리를 살아있게 해주는 것은 콘도르들의 육체와 비행뿐이었다.

고래를 보기 위해 시드니 항의 바위투성이인 만 안쪽과 곶을 오르고, 재빠르고 미끌거리는 바다표범에게 놀림당하다 보면 지치게 마련이다. 우리는 못 생긴 피부 주머니 안에 들어 있는 80킬로그램 무게의 육체, 그것도 무게 대부분이 소금물인 육체를 끌어올리는 것만으로도 다리가 꺾이고 근육이 상하며 관절에 통증을 느낀다. 돌고래와 고래가 본래 육지에서 진화한 포유류였으며 아주 오래 전에 바다로 되돌아간 동물들이라니 그 얼마나 이해하기 어려운 일인가! 게다가 뱀과 치타를 보면 알 수 있듯이 진화의 관점에서 볼 때 지표면으로 옮겨갔다는 것은 단순한 실수가 아니다. 따라서 산소통과 지느러미를 붙들어 매면 사람도 결국 고래나 바다표범처럼 바다로 되돌아갈 수 있다는 얘기가 된다.

나는 폐관시간이 다 되어가는 맨리 수족관으로 들어갔다. 수족관 직원은 스쿠버 장비를 지니고 여러 시간을 보낸 다음에야 상어 수조 안으로 들어가도 좋다는 허락을 해주었다. 만약 관절이 있는 다리 위에 나 정도의 체중이 나가는 몸을 얹어 놓고 대륙 표면을 걸어다니는 것이 아주 꼴사나워 보인다면, 부력 보정기와 산소통과 눈금이 새겨진 조정기와 얼굴 가리개와 웨이트 벨트(운동이나 잠수 시에 무게를 더하기 위해 착용하는 허리띠-옮긴이)와 잠수용 오리발을 착용하고 비틀

249

거리면서 수족관 바닥을 걷는 건 더더욱 우스꽝스럽기 그지없을 것이다. 하지만 일단 수조 안에 들어가서 부력을 받으면 오리발을 이용해서 그 안을 미끄러지듯 돌아다닐 수 있다. 물의 빛과 색이 수족관 관람객용 통로 쪽에서 볼 때와는 너무도 달라 놀라서 입이 다물어지지 않았다. 물론 그래봐야 인공적인 모래톱 안으로 들어가는 것에 불과했다. 하지만 맨리 수족관은 엄청나게 컸기 때문에 (그곳 수조에는 4600만 리터의 물이 들어 있다. 직원들은 그 안에 얼마나 많은 생물이 살고 있는지 정확히 알지 못했다. 아마도 수천 마리는 될 것이다) 그 안에 사는 동물들의 행동은 바다에서 볼 수 있는 것과 크게 다르지 않았다. 그리고 바다에 뛰어들면서 한평생을 보낸 사람이라 한들 거대한 상어를 가까이에서 볼 수 있는 기회가 몇 번이나 오겠는가! 직원들은 상어를 갑자기 마주보지도, 그 녀석들의 몸에 손을 대지도 말라고 주의를 주었다. 상어의 몸에는 끈적거리는 물질이 덮여 있어 박테리아 감염을 막아주는데 손을 대면 그 보호막이 손상될 수 있다는 것이 이유였다.

나는 한 시간 동안 불과 몇 인치 앞에서 아주 거대한 상어가 지나가는 모습과 커다란 가오리가 머리 위쪽에서 몸을 접는 모습을 구경했다. 그들이 유난히 유연하게 움직일 수 있는 것은 뼈 때문이 아니라 체내에 있는 연골 덕분이다. 우리 인간들이 지상에서 두 발로 서서 걸어다니는 것은 공기역학적으로 볼 때 비효율적이지만 상어와 가오리의 유선형 신체는 유체역학적으로 볼 때 유리하다. 가오리는 과학적인 분류상 상어와 같은 과에 속하지만 움직임은 완전히 다르다. 가오리는 흔들거리면서 활주하는 원반이다. 그들은 몸 전체를 음악적으로 연주하며, 그 움직임에는 사심이 없다. 그들에게 있어 움직임은 삶의 본질이다. 냉혈동물은 온혈동물보다 훨씬 적은 양의 음식만 섭취해도 살 수 있다. 상어는 아무것도 먹지 않고 수주일을 지낼 수 있으며, 심지어 겨우내 음식을 섭취하지 않는 경우도 있다. 맨리 수족관에서는 관람객들의 즐거움을 위해 상어에게 먹이 먹이는 것이 힘든 일이다. 상어들은 그냥 돌아다니기만 하기 때문이다. 수족관 직원인 리즈는 상어의 입에 억지로 물고기를 들이밀지만 상어는 보통 입에 물기를 거부한다. 그리고 수조 안은 상어가 옆을 지나가도 겁을 먹지 않는 수천 마리의 작고 느린 물고기들로 가득 차 있다.

거대한 상어가 옆으로 미끄러져 가다가 바로 코앞에서 멈추면 나의 눈과 작고 레몬처럼 노란 상어의 눈은 서로를 마주본 채 멈춘다. 늘 열려 있는 상어의 입 안에는 이빨들이 늘어서 있다. 내 눈은 상어의 눈이 보는 것을 한정지을 수도 조사할 수도 없으며 예견할 수도 없다. 나는 내 눈과 영혼과 크고 뚱뚱한 육체가 창백하고 빛을 반사하지 않는 상어의 눈앞에 완전히 노출되어 있는 것을 느낀다. 유인원이 지표면을 단 한구석도 빼놓지 않고 점거하고 다른 모든 종들을 지배하고 몰살시킬 수 있었던 것은 한정짓고 조사하고 예견할 수 있었기 때문이다. 상어는 사실상 세 번의 빙하기를 거치면서도 달라진 것이 없으며, 육체가 누구와도 견줄 수 없을 만큼 완벽하다는 이점 덕분에 심해의 지배자가 되었다. 상어는 호랑이보다는 콘도르에 가깝다. 몸이 불편하거나 죽어가는 물고기의 움찔거림을 감지하는 것은 상어의

251

눈이 아니라 전기적인 감각이다. 그리고 상어는 그 물고기를 먹어서 영원히 움직이는 자신의 생명 속으로 흡수한다. 나는 아무것도 두렵지 않았다.[4]

하지만 나는 상어와 내가 서로를 주시했으며 우리의 눈이 소통했다고 절대적으로 확신한다. 상어의 눈은 움직이지 않았고 무표정했다. 반면 축축한 눈구멍에 들어 있는 우리 인간의 눈은 육체만큼이나 불안하다. 우리는 애써 노력해야 무섭게 보이고 방심하지 않는 시선을 유지할 수 있고, 그래야 눈을 통해 의도적으로 한정짓고 조사하고 예견할 수 있다. 그런데 상어와 마주보고 있는 내 시선은 부지런함을 상실하고, 원시적이고 유아적인 기쁨의 상태로 되돌아갔다.

카이로에 갔을 때 수단에서 피난 온 와엘이라는 젊은이를 만났다. 그는 자신이 사는 곳으로 나를 데려갔다. 그곳은 광활한 불모지로서 도시에서 배출된 쓰레기를 수세기 동안 모아 놓은 장소였다. 그 지역은 풀 한 포기 찾아볼 수 없을 정도로 오염이 심했다. 카이로에서 가장 궁핍한 사람들이 그곳에서 오물을 이용해 벽돌과 그릇을 만들고 있었다. 그곳에는 물과 젖은 점토를 담아 둘 수 있는 구덩이들이 맞붙어 있었고, 벽돌공과 도공들 자신은 쓰레기더미 속에 파놓은 굴 속이나 진흙으로 벽을 세우고 녹슨 철판을 주워다가 덮은 오두막집에서 살았다. 오두막들 위아래에는 진흙 벽돌을 굽는 가마가 있었는데, 그곳에서 흘러나온 검은 연기가 그 지역을 낮게 떠다니고 있었다. 마치 도시 문명이 멸망하고 난 뒤 새출발하는 장소 같아 보였다. 그들은 사방에서 오물과 직면했고, 그들의 움직임도 그 안에 사로잡혀 있었으며, 그들의 시선과 감각도 그 안에 갇혀 있었고, 그들의 생각도 어쩔 수 없이 지상에 종속되어 있었다. 나는 그들을 똑바로 바라보지 못하고 곁눈질만 했다. 언론을 통해 접했던 그들의 외국인에 대한 적대적인 시선을 느꼈기 때문이라기보다는, 잘 사는 외지인이 그들의 집과 궁핍함을 보고 있을 때 사방에서 뿜어져 나오는 핍박받는 자들의 증오를 느꼈기 때문이다.

하지만 와엘과 나는 그런 오두막 가운데 한 곳으로 들어갔다. 와엘의 어머니는 나를 환영한다는 뜻으로 항아리에 담겨 있던 물을 점토로 만든 컵에 따라주었다. 나는 갑자기 문명이 시작된 발상지에 간 듯한 느낌이 들었다. 인류가 손으로 맨 처음 제작한 것이 점토로 만든 그릇이었기 때문이다. 최초의 그릇은 물을 떠서 입으로 가져갈 수 있도록 모았던 두 손이고, 점토로 만든 최초의 그릇은 바로 그 동작을 본떠 만들어졌다.

그 불모지 너머로 기자의 사구와 피라미드들이 보였다. 다음날 그곳으로 향했다. 우리는 책 속의 사진이나 영화, 뉴스, 그리고 담배 광고에서 사구와 피라미드를 쉽사리 볼 수 있다. 그런 매체들 속을 떠도는 동안 우리 눈과 귀와 피부의 표면에서 수집된 심상과 인상들은 이미 몇 번이고 투사되었던 심상과 인상이다. 나는 그런 심상과 인상을 넘어서서 피라미드가 정말로 무엇인지 느껴보려고 애썼다. 우리는 왕들이 자신에게 신성을 부여하기 위해 만든 무덤이자 기형적이고 비정상적인 자의식을 기념하는 거대한 구조물이 바로 피라미드라는 사실을 초등학교에서 배우고, 책을 읽어 알고 있다. 그것은 야만적인 도굴꾼들이 피라미드를 바라보던 시각이기도 하다(하워드 카터 이후에도 그와 같은 야만인 도굴꾼 두목은 계속 등장했다. 하워드 카터는 영국 돈으로 14000파운드를 받고 투탕카멘 왕의 묘에서 훔쳐낸 약탈품의 절반을 뉴욕 메트로폴리탄 박물관에 팔았다). 그런 식이라면 중세의 성당에서 주교나 왕의 무덤이 발견되었다는 이유로 성당을 커다란 묘라고 간주할 수도 있을 것이다. 피라미드와 같은 초대형 건축물은 일종의 우주적 기념물이다. 우주에 무언가를 남기는 것이 근본적인 목적이라는 이야기이다. 하지만 사실상 그것들이 자리하고 있는 우주의 모든 좌표는 불가해하다.

관광객들이 버스 또는 에어컨이 설치된 식당 안으로 들어가 한낮의 열기를 피할 때 나는 쿠푸의 대형 피라미드로 들어가는 입구를 향해 이동했다. 진작부터 야자수 그늘 속에 앉아 있던 이집트 출신 안내인 중 몇 사람이 나를 보더니 달려왔다. 나는 혼자 피라미드 안에 들어갈 수 있도록 내버려두면 관광지 안내 대가를 지불하겠다고 했다. 그들이 바라는 금액이라고 해야 고작 일인당 몇 달러에 불과해, 나는 피라미드 안에서 두 시간을 혼자 보낼 수 있었다.

무덤실은 놀라우리만큼 작고 텅 비어 있으며 아무런 조각도 없었다. 그리고 피라미드 중심부에 위치하고 있지도 않았다. 내용물이 없는 석관은 그저 돌로 만든 상자에 불과했다. 파라오의 영혼이 그 방에 존재한다는 어떤 기운도 감지하지 못했다. 내가 마주한 거라고는 위쪽과 아래쪽 등 사방이 돌이라는 어마어마한 현실감뿐이었다.

254

나폴레옹은 기자에 있는 거대한 3개의 피라미드에 쓰인 돌을 이용하면 3미터 높이에 폭 30센티미터짜리 성벽으로 프랑스를 감쌀 수 있겠다고 계산한 바 있다. 피라미드에 쓰인 돌은 채석장에서 일정한 크기로 잘라낸 석재가 아니었다. 다시 말해 그 돌들은 크기도 다르고 각 면들이 이루는 각도도 제각각이다. 피라미드를 만든 사람들은 현장에서 돌을 깎았고, 그 결과 틈새에 칼조차 들어가지 않을 만큼 정교하게 맞아 들어가는 석재가 탄생했다. 그들은 피라미드의 바깥 면뿐만 아니라 모든 층을 그토록 공들여 만들었다. 그 돌들에서는 완전히 초월적이고 측량할 수 없는 가치가, 노동자가 일생을 바쳐 모든 힘을 다한 노력이 느껴졌다.

나는 나일 강을 따라 올라가며 룩소르와 '왕들의 계곡'으로 향했다. 그곳의 땅속에는 죽은 파라오들이 깊이 묻혀 있었다. 나는 메르넵타 4세의 무덤에 갔다. 홍수 때문에 벽화의 상당수가 유실되어 관광객이 거의 들르지 않는 장소였다. 실제로 무덤 안에 들어가보니 사람이라고는 나뿐이었다. 통로는 길고 가팔랐으며 그 깊이는 수백 미터에 달했다.

내려가는 도중에 머물 수 있는 곳은 한 군데였고, 통로 끝에 화강암 바위를 파내고 아주 커다란 기둥을 세워 놓은 방이 있었다. 방 중앙에는 새 것에 가까우리만큼 보존 상태가 좋은 검정 석관이 놓여 있었다. 검정 돌로 만든 관 뚜껑에는 파라오의 얼굴과 팔을 접은 모습이 양각과 음각을 이용해 새겨져 있었다. 수백 만톤 무게의 바위 밑에서 쉬기 위해 땅속 깊숙이 들어왔던 사람의 존재감이 나를 덮쳤다. 그 사람은 지면의 소란스러움과 너무나 멀리 떨어진 곳에 있었고, 방 안에서 두어 시간을 거닐다 보니 나 또한 그런 소란스러움과 아주 멀리 떨어져 있는 듯했다. 나는 지구의 중심에 있는 바위가 그 방에 머무르라고 단호하게 말하는 소리를 들었고, 밀회를 약속하는 황제의 고요한 부동상태와 위엄 있는 복종을 느꼈다.

V

침묵

'DENKEN IST DANKEN.' 하이데거가 한 말로서 '사유는 곧 감사'라는 뜻이다. 감사하다는 말은 주어진 것을 기꺼이 받아들인다는 것이고, 그것을 꼭 붙드는 것이고, 다른 이에게 그것을 보여주고 그들과 함께 나누는 것이다. 눈으로 보고 경험한 것, 즉 받았던 것을 말하고 쓰는 행위는 사유와 감사의 대상이 될 수 있다. 사려 깊은 말과 글은 자료, 다시 말해서 받은 것에 내재된 힘, 구조 전부, 아주 세부적인 면모와 내적인 관계들을 밖으로 표현하고 그것들을 다른 이와 나눈다.

사려 깊음이란 받은 것에 마음을 열면서 시작된다. 그러면 약점이 생기고 위험이 따른다. 진실이란 보일 수도 있는 가능성을 넘어선 것, 차마 보기 힘든 것, 생각 가능한 것을 넘어선 것을 말한다. 조르주 바타이유는 이렇게 말했다. "극단적인 기쁨을 경험한 적이 없고 극단적인 고통을 경험한 적이 없다면 그것이 무엇인지, 그 순간에 어떤 일이 일어나는지 알 수 없을 것이다!"[1]

말을 하면 약점이 드러날지도 모른다는 감각에 저항하며 자신을 내밀게 된다. 그 대신 사려 깊은 말을 하면 자신이 봄으로써 받았던 것을 다른 이에게 제공할 수 있는 길을 추구할 뿐이다. 사려 깊은 글을 쓰면 자신을 향한 시선을 거두고 특정 인물이 아닌 모든 사람을 위한 글이 된다. 나라는 사람은 자아는 없고, 보거나 축복하거나 괴로워함으로써 받았던 것을 독자에게 제공하는 사람에 불과해진다.

하지만 감사—사려 깊음—는 침묵하게 할 수도 있다. 당신이 밤에 산에서, 사막에서, 얼음으로 둘러싸인 곳에서 외로움과 육체적인 고통에 시달리다가 우연히 망각을 좇던 한 사람을 만나 반응을 보이려 할 때 그런 일이 발생한다. 당신과 그 사람은 언어가 달라서 아무 말도 건넬 수 없다. 그럴 때 도시인으로서의 자각이나 개인사도 벗어던지고 온 사람은 흔적 없는 상처와 어두운 흥분의 심연, 즉 자신의 몸을 제공하게 된다. 당신은 자신을 포기하고 터무니없는 키스와 애무에 몸을 내던진다. 당신은 자신을 버리고 낯선 이의 낯선 열정에 몸을 내던진다. 목이 졸리거나 강간을 당하거나 학대를 당하거나 모욕을 당하거나 증오에 찬 고함을 듣거나, 끔찍한 열정에 자신의 모든 것을 내맡기는 위험을 무릅쓰면서까지 몸을 내던진다. 당신은 짐승 같은 파충류의 열정에 휩쓸려 자신을 잃어버린다. 그리고 보상이나 강제적으로 받을 수 있는 보수도 없이 떠난다. 다시 같은 언어를 쓰는 사람들 속으로 되돌아왔을 때 그 일에 대해서는 아무 말 하지 않게 된다.

가장 강렬하고 관능적인 기쁨을 받았건만 그에 대해 입을 다물고 침묵하게 되는 것은 왜일까? 상대가 낯모르는 이가 아니라 당신과 아주 잘 소통할 수 있는 사람이라면, 또는 정말로 같이 사는 사람이라면, 그 사람이 당신에게 온 몸을 바쳐 관능적인 쾌락을 제공했다면 그 또한 입을 열 수 없게 만들지 않는가?

물론 단어란 일상적이다. 단어는 특별한 상황을 위한 것이 아니라 통상적으로 등장하는 일련의 사물이나 사건을 가리키기 위해 만들어진 것이다. 하지만 우리는 단어만이 아닌 어구나 문장을 이용해 말한다. 그리고 1년치 신문이나 1년 동안 녹음한 대화내용을 살펴보아도 사려 깊은 문장이 똑같이 되풀이되는 것을 발견하기란 어렵다. 물론 우리는 사물들을 아주 대충 표현한다. 윌리엄 포크너(노벨상을 수상한 미국 소설가-옮긴이) 같은 사람은 방대한 어휘를 이용해서 사건이나 느낌의 윤곽을 정확하게 표현하지만 말이다. 하지만 현란한 서술이 화자의 언어적 기량과 재치를 드러내는 데 그치는 경우에도 아주 간단한 표현, 예를 들어서 '오, 우와!' 같은 표현이 우리 눈앞에 얼마나 놀라운 일이 벌어지는지를 간결하게 알려주는 경우는 얼마든지 있다.

소설가들은 언어를 진지하게 다룬다. 그리고 실제로 언어는 진지하다. 하지만 그 진지함은 웃음 한 토막에 깨지기도 한다. 소설가들은 자신의 저작을 '일'이라고 부르곤 한다. 어쩌면 그들은 그냥 기술자나 건설 노동자와 그리 다르지 않은 방식으로 돈을 번다는 것을 암시하려고 그렇게 표현하는 건지도 모르겠다.

하지만 언어를 들여다보면 정말로 일과 유사하다. 일이란 목표와 결과물과 미래를 위해서 점진적이고 연속적으로 에너지를 쏟아붓는 행위이다. 언어는 계속 이어지는 단위를 이용해, 즉 단어와 어구를 이용해서 경험을 공식으로 만들고 시간을 순간의 연속으로 바꾸어 놓는다. 연설이나 저술은 문맥 속에 집어넣은 경험에 의미를 부여하고, 그것을 평가하고, 그것이 얼마나 좋은지, 그것의 효용이 무엇인지를 공식화한다. 하지만 공식화를 마친 후 그것이 아무 소용이 없다고, 즉 그 뒤에 이어지는 건 아무것도 없다고 말한다 해서 단어들이 끝장나는 것은 아니다. 문장은 이어지는 문장을 부른다. 문장은 자신을 수식하는 문장을 부르고, 자신을 정당화하거나 근거를 제시해주는 문장을 부르고, 자신을 토대로 그 위에 쌓이는 문장을 부르고, 결과나 결론을 표현하는 문장을 부르고, 자신에게 반대하는 문장을 부른다. 자신이 불러내고 필요로 했던 문장이 곧 그 문장 자신을 이용하게 된다. 그것만이 아니다. 모든 언술은 선행 언술이 있어야 의미를 가지며, 선행 언술과 연결되어 있다. 사라지는 것은 아무것도 없다. 언어는 일과 마찬가지로 습득이고 전유이고 소유이다.

그러고 보니 경험도 전유물이지 않던가? 무언가를 경험한다는 것은 단순히 떠다니는 감각의 양상을 물려받는 게 아니다. 우리의 시선은 환경 중에 나타난 무언가를 향해 밖으로 나가고, 그것과 우리 자신을 관계 짓는다. 우리는 그것을 이용해 다른 것을 찾기도 하고, 그것에 매달리거나 앞으로 사용하기 위해 그것을 마음에 담아 둔다.

하지만 우리는 사물에 대해 만들어 두었던 의도나 설계가 지워지는 순간을 경험할 때가 있다. 주어진 것을 끌어안고 우리 자신을 내던질 때가 바로 그때이다. 우리는 서쪽으로 가서 그랜드 캐니언의 비인간적인 웅장함을 묵상하고, 바다로 가서 산호해에 뛰어든다. 우리는 절벽에서 뛰어내려 바람에 몸을 맡기며 패러글라이딩을 한다. 그저 거대한 세쿼이아를 보기 위해 캘리포니아에 가기도 한다. 그것들은 우리를 우뚝 설 수 있게 해줌과 동시에 우리는 그것들에게 마음을 여는 것이다.

거대한 세쿼이아의 웅장함은 우리의 자의식을 쪼그라들게 만든다. 그 앞에 서면 특히 우리가 세쿼이아를 가져다 쓰려고 했던 실용적인 목적들이 초라해지고 부끄러워진다. 우리는 목표로 미래를 장식하고, 그것에 목적과 의미를 부여하기 위해서 눈앞에 미래를 그린다. 하지만 무시무시한 세쿼이아의 존재감 앞에서는 그것들이 사라져버린다. 과거도 마찬가지다. 과거 속에는 당면한 일에 조직적으로 헌신하기 위해서 계획했던 결정과 해결책들이 들어 있다. 세쿼이아 앞에 서면 그것들과의 연계도 끊어진다. 심지어 세쿼이아를 보기 위해 캘리포니아 여행을 준비하고 계획했던 것들도, 그 때문에 했던 예약들도, 수백 마일을 차로 이동하느라 쌓였던 피로들도 사소한 일로 바뀌어 모조리 사라져버린다. 우리는 지금 현재 하늘로 치솟으며 표류하는 자신을 발견하게 되는 것이다. 하지만 조용히 하늘을 향해 상승하는 산을 오르느라 느꼈던 피로함은 노동과 정반대이다. 그리고 그동안 산과 관련해 축적해 놓은 관념과 정보들은 하늘을 향해 올라가는 산의 존재가 구체적으로 다가옴에 따라 흩어져버린다. 그런 순간은 덧없이 짧다. 일단 산을 떠나면 아무리 묘사해보려 해도 그 순간을 복구할 수는 없다. 우리는 산에 갔건만 아무것도 가져오지 못한 것이다.

낯선 이를 끌어안는 순간 나는 더 이상 교수도 자기 결정능력이 있는 성인 남성도 아니다. 그 순간 나는 돌봐주어야 할 유아가 되고, 욕정적인 익명의 동물이 된다. 나는 관능적인 황홀함에 빠져 자신을 잊고, 자신에 대한 평판을 돌아보는 것도 잊고, 명성도 잊고, 위엄이나 신분도 잊고, 더 이상 자신의 것이 아닌 육체도 잊고, 다른 사람에게 끌려다니며 다른 사람에게 주어진다. 나는 관능적인 환희에서 아무것도 배우지 못하고, 아무것도 얻지 못하고, 시간을 낭비한다. 현재는 저절로 쇠퇴하고, 스스로를 강화하면서 소비된다. 그런 경험은 누적되지 않는다. 환희의 절정에서 자신을 잊고픈 갈망은 반복적인 충동이기 때문이다.

의무와 수정해야 할 일과 완료할 일과 달성할 목표를 떠올리는 순간 그런 경험들은 흩어져버린다. 그런 경험은 흥분까지, 그 시발점까지도 끊어내버린다. 자기 자신에게 무슨 일이 벌어지는 건지, 왜 좋은지, 얼마나 좋은지, 그 의미가 무엇인지 언어를 통해 묻기 시작하는 바로 그 순간 현재의 황홀경은 사라져버린다. 가장 강렬한 즐거움을 느낄 때 우리의 머리는 텅 비고, 자아는 소멸해버리고, 탐욕스러운 단어의 노동은 잠잠해진다. 오래 전 우연히 만나서 사랑을 나누었

264

던 여성 또는 남성을 수십 년 후 늙어 다시 만나게 된다면, 우리는 그처럼 열정적인 황홀함이 살아오면서 받았던 가장 훌륭한 선물이었노라고 함께 추억하게 될 것이다. 다시 밤이 찾아오고 그 사람과 함께 베란다에 앉아 있으면 그 추억 때문에 우리는 입을 다물 것이다.

텔레비전 뉴스 방송들은 똑같은 홍수, 화산 폭발, 지진, 먼 나라들 간의 전쟁, 부고와 유명인, 복권당첨 소식들을 사진 찍듯 상세하게 말로 보도한다. 정신과 의사들은 수첩과 녹음기를 사용한다. 사회학자들은 설문지를 준비한다. 역사학자들은 입법 활동과 재판기록과 과세용 재산평가와 판매보고서를 뒤적거린다. 그리고 스포츠 관련 연대기 작가와 신문의 지방 소식란들은 보고하고 해설을 추가하면서 개인과 집단의 중요한 사건들을 더 길게 연장시킨다. 이처럼 언어를 광적으로 생산해내면 모든 대상은 필연적으로 사용 가능한 자원이 되어버린다. 멀리 떨어져 있는 나라의 정세불안 소식은 기업 투자자들이 주목할 것이고, 부고란은 장의사와 부동산 전문 변호사가 읽을 것이며, 1만여 년 전에 죽은 신원미상 인간의 유골 일부가 발견되었다는 고고학 소식은 관광업체들의 눈길을 끌 것이다.

하지만 우리가 제일 고맙게 여기는 극단적인 경험들은 침묵 속에 숨을 것이다. 침묵은 공허하지 않다. 그 안에서 부족하고 필요한 부분은 감사가 차고도 넘치게 채워준다. 감사는 너그럽다. 우리는 그와 같은 환영의 오아시스로 다른 사람을 안내하고 싶어질 것이다. 우리는 그들이 누구인지 절대 알 수 없을 것이고, 그들에게서 대가를 바라지 않을 수도 있을 것이다. 우리는 세쿼이아를 보기 위해 캘리포니아로 여행을 떠나려면 무엇을 준비하고 어떤 계획을 세워야 하는지 그들에게 말해줘야 할 것이고, 꼭 필요한 것들을 예약하고 준비하는 일을 도와줘야 할 것이며, 웃어줘야 할 것이다. 그러면 그들도 웃으면서 수백 마일에 걸쳐 차를 모느라 쌓였던 피로를 날려버릴 수 있을 것이다.

진실이란 볼 수 있는 가능성을 넘어선 것을 보는 것이며, 차마 보기 힘든 것을 보는 것이며, 생각할 수 있는 가능성을 넘어선 것을 보는 것이다.

저자주

파사드

1. 클리포드 기어츠, 《네가라 : 19세기 발리의 극장 국가Negara: The Theatre State in Nineteenth Century Bali》, Princeton: Princeton University Press, 1980.

2. 요한 루트비히 부르크하르트, 《시리아와 신성한 땅을 여행하며Travels in Syria and the Holy Land》, London: John Murray, 1822, 428-429.

3. 에드워드 로빈슨, 《팔레스타인, 시나이 산, 아라비아의 페트라를 통해 본 성경 연구Biblical Researches in Palestine, Mount Sinai, and Arabia Petraea》, Boston: Crocker and Brewster, 1856.

고리들

1. 클로드 레비 스트라우스, 마르셀 모스의 《사회학과 인류학》을 통해 본 '마르셀 모스의 업적 소개', Paris: Presses Universitaires de France, 1960, xlvii-xlviii.

남자

1. "그녀는 더 이상 여자가 아니었다." "그녀는 자신이 여자라는 것을 증명

267

했다." "그녀는 진짜 여자이다." 우리는 이런 말을 할 때 문화보다 깊고 생물학보다 폭넓은 어떤 특질을 인식하고 있는 것일까? 윌리엄 포크너의 작품에는 여성답지 않은 여성들이 등장한다. 그녀들은 남성이 하는 일을 소극적으로 피하지 않고, 결정적인 순간이 오면 자신이 여성이라는 것을 보여준다. 회사 간부들 중에는 활발하고 침착하고 성공적으로 활동하다가 개인적인 삶에서 위기의 순간이 닥쳐오거나 그에게 인생을 맡기고 있는 사람들에게 위기가 오면 여자임이 드러나는 사람들도 있다. 전쟁에 참여하거나 피난민 캠프에서 활동하는 간호사들, 그리고 수녀들은 결정적인 순간이나 뜻깊은 순간이 오면 여성적인 모습을 드러내기도 한다. 여성이 된다는 것은 단순하게 생물학적으로 여성이라거나 성숙해졌다는 뜻이 아니다. 그리고 여성이 된다는 것은 자신을 '여성스럽게 만든다'는 식으로 구성하거나 구축하거나 수행하는 것이 아니다.

사회적으로 구축되었던 남성성을 해체하겠다는 운동이 있다. 그런 일을 시도하겠다는 것은, 남성성이란 것이 사회 속에서 이득을 얻기 위해 의식적으로 구축한 범주이며 평가 가능한 대상이라는 뜻이다. 무법자, 도박꾼, 풋내기, 도시에서 닳고 닳은 청소년, 여장 남자, 남자 동성애자 등의 표현처럼 말이다. 하지만 우리는 윤리적인 판단이나 사회적인 판단을 내리기에 앞서 남성적인 사람이 되고 싶다는 열정이나 진짜 남자를 친구로 두고 싶은 열정이 무엇인지를 먼저 이해해야 한다. 그리고 진짜 여성이나 남자 동성애자나 여장 남자가 되고 싶은 열정 또한 이해해야 한다.

또한 열정이 어떤 식으로 오가는지를 더 깊이 이해해야 한다. 남성성을 전파하는 것은 문화적인 관습과 언어 속에 심어진 범주가 아니다. 남성성을 다른 이들에게 전파하는 것은 바로 남성성 그 자체이다. 영웅심에 불을 붙이는 것은 다름 아닌 영웅심 그 자체이며, 왕성한 기개를 퍼뜨리는 것은 바로 왕성한 기개 그 자체이다.

2. 존 허시, 《조약돌 하나A Single Pebble》, New York: Knopf, 1963, 100-101.

3. 마누엘 푸익 저, 토마스 콜치 번역, 《거미 여인의 키스The Kiss of the Spider Woman》, New York: Vintage, 1991, 63.

이해

1. 프로코피우스, 《건물들에 관하여De aedificiis》(하인츠 캘러 · 시릴 망고 저, 《하기아 소피아》에서 인용), New York: Praeger, 1967, 35.

무시무시하고 신비로운 연회

1. 모리스 메를로퐁티 저, 콜린 스미스 번역, 《지각의 현상학Phenomenology of Perception》, London: Routledge and Kegan Paul, 1962, 341.

2. 슬라보예 지젝, 《삐딱하게 바라보기 : 대중문화를 통한 자크 라캉의 이해Looking Awry: An Introduction to jacques Lacan through Popular Culture》, Cambridge, Mass.: MIT Press, 1992, 156-157.

3. 비전의 핵심은 고요함 속에 존재한다. 다시 말해 다른 것들을 침묵시키는 통찰이야말로 비전의 본질이다. 하지만 우리가 비전을 경험했다고 생각할 때, 사실 그 대부분은 종교적인 기록, 서사시, 신비주의적인 문서, 제임스 조이스와 사무엘 베케트의 저서, 체 게바라와 넬슨 만델라의 연설에서 보고 들은 것들이다. 그 다음 순서로 언어가 등장한다. 서사적이고 예언적이고 사변적인 언어들이 비전을 전달해 주는 것이다. 그뿐 아니라 비전 속에도 언어가 존재한다. 언어는 응축하면서 언사가

되고, 다시 간구와 간청이 된다. 그리고 그런 목소리가 인간이 아닌 대담자를 불러낸다. 그 대담자의 목소리에 담긴 주술적인 힘은 형식을 갖춘 의식과 암송을 통해 드러나며, 그러고 나면 대담자의 개별적인 목소리는 익명의 영창에 휩싸여 사라진다. 이런 경우 대담자의 목소리가 말을 할 수 있는 가시적인 존재를 불러내거나 오로지 목소리만 가지는 어떤 존재를 불러내는 경우를 흔히 볼 수 있다.

4. 알렉산드라 데이비드 닐, 《티베트의 마법과 신비Magic and Mystery in Tibet》, New York: Dover, 1971, 148-152.

5. 같은 책, 150-151.

6. 초드에 등장하는 피의 식사와 검은 식사는 아주 오래 전의 티베트로부터 유래하는 비전이며, 이제는 우리가 삶이나 상호작용이나 제도나 전통에서 최대한 배제하는 비전이다. 그런 비전은 티베트 서적과 입문식 전통에 규정되어 있는 대로 오랜 시간에 걸쳐 준비과정을 거치고 나서 행하는 의식의 도중에 나타난다. 하지만 비전이란 현실적인 생활양식이나 구체적인 제도나 전통을 관통하면서 나타나는 법이다. 비전이란, 원리와 주의와 형식과 개념의 틀과 표현을 꿰뚫어야 함은 물론이고 현현의 광채 속에서 스스로를 드러내야만 한다. 또한 비전이란 관습이라는 이름의 닻을 끌어올려야만 한다. 아일랜드 가톨릭과 아일랜드식 가톨릭이 도대체 어떻기에 제임스 조이스가 밀턴과 단테의 비전을 이어받았을까? 첨단 기술의 군도에서 살아가는 현대의 삶이 도대체 어떻기에 우리는 밀턴이나 단테가 아니라 제임스 조이스에게 매료되는 것일까?

소멸했던 종교의 회귀

1. 클로드 레비 스트로스, 《슬픈 열대Tristes Tropiques》, Paris: Plon,

1955, 478.

2. 같은 책.

3. 프리드리히 니체 저, 발터 카우프만 번역,《도덕의 계보학On the Genealogy of Morals》중 '두 번째 에세이', New York: Vintage, 1969, #I.

4. 프리드리히 니체 저, 발터 카우프만 번역,《즐거운 지식The Gay Science》, New York: Vintage, 1974, #345.

5. "이해력이 아주 좋은 영혼은 자신의 내부에서 가장 먼 곳까지 달려가고 탈선하고 방황할 수 있다. 그리고 무엇보다도 순수한 기쁨에서 빠져나와 기회 속으로 뛰어들 수 있는 영혼이야말로 꼭 필요하다. 그렇게 존재해 온 영혼은 비로소 발달과정을 시작한다. 그런 영혼은 욕구와 의지를 갈구한다. 그런 영혼은 자신으로부터 도망쳤다가 가장 먼 곳에 있는 자신을 따라잡는다. 현명한 영혼은 어리석음이 달콤하게 타이르는 소리에 귀를 기울인다. 그런 영혼은 자신을 가장 많이 사랑하고, 그런 영혼 속에서는 만물이 몰려왔다가 쓸려 나가고 썰물이 되고 밀물이 된다. 아, 최고의 영혼이란 내부에 최악의 기생충을 품을 수밖에 없는 것이다!" 프리드리히 니체 저, 발터 카우프만 번역,《차라투스트라는 이렇게 말했다Thus Spoke Zarathustra》, New York: Penguin, 1980, 208-209.

6. "의견이란, 모든 근거와 반증과 지적인 겉치레 전부가 그렇듯이, 취향이 변한 결과에 지나지 않는다. 아직도 많은 사람들이 착각하고 있지만, 의견은 절대로 취향이 변하는 원인이 아니다.

일반적인 취향은 왜 바뀌는가? 권력을 쥐고 있고 영향력이 큰 사람들은 아무런 부끄러움 없이 '이건 어리석고 저건 부조리하다'고 얘기한다. 다시 말하자면 그들은 조금도 창피한 줄 모르고 취향과 혐오감을 드러낸다……. 그런 사람들 개개인의 느낌과 취향이 그토록 다른 이유는 일반적으로 생활양식이나 음식이나 소화 상태가 유별나기 때문이다. 그리고 혈액이나 두뇌에 무기염이 부족하거나 너무 많은 것도 이유 가운데 하나일 것이다. 간단히 말해 그 원인은 물리적인 변화에 있다는 뜻이다. 그런 사람들은 용감하게도 물리적인 변화를 좇고 그로 인해 발생하는 요구를 아주 미묘한 수준까지 신경 쓴다. 그들이 내리는 윤리적이고 도덕적인 판단은 물리적인 변화의 '미묘한 수준'에 기인하는 것이다."

니체, 《즐거운 지식The Gay Science》, #39.

7. 같은 책, #55.

8. 같은 책, #10.

9. "세상 만물의 특색과 의미는 계속 변한다. 우리는 고대인들이 가장 자주 접했고 그들에게 아주 친숙한 것들을 이제 더 이상 공통적으로 경험하지 못하고 있다. 예를 들자면 낮과 아침 기상이 그렇다. 고대인들은 꿈을 믿었기 때문에 잠에서 깬다는 것에는 지금과 다른 의미가 있었다. 인생 전반에 대해서도 같은 얘기를 할 수 있다. 인생은 죽음과 죽음의 중요성 때문에 의미를 가졌다. 하지만 우리에게 있어서 '죽음'은 전혀 다른 의미를 가진다. 모든 경험은 그 안에 신이 깃들어 있기 때문에 다른 빛을 띠게 된다. 먼 미래에 대한 모든 결정과 조망도 마찬가지다. 고대에는 신탁과 은밀한 전조가 있었으며, 고대인들은 예언을 믿었기 때문이다. '진실'을 경험하는 것도 고대와는 다르다. 옛 사람들은 광인을 진실의 대변인으로 받아들일 수 있었다. 하지만 우리는 그들을 보면 겁에 질리거나 비웃어버린다."

"모든 죄들이 사람의 감정에 끼치는 영향도 달라졌다. 고대인들은 사회적인 처벌과 불명예뿐 아니라 신의 징벌도 두려워했기 때문이다. 악마와 유혹자의 존재를 믿는 사람이라면 노년의 즐거움을 어떻게 받아

들이겠는가? 옆에서 돌아다니며 기다리고 있는 사신이 보인다면 열정

은 어떤 의미를 지니겠는가?……"

　"우리는 사물에 새로운 색을 입히고 있다. 끊임없이 채색해가고 있는

것이다. 하지만 그런 우리의 노력이 오래 된 주인, 즉 고대인들이 입혀

놓은 호화로운 색과 대치한다면 과연 무슨 소용이 있겠는가?" 같은 책,

#152.

10. 같은 책, #357.

11. 다니엘 파울 슈레버 저, 이다 매칼파인 · 리차드 A. 헌터 번역, 《한 정

　　신병자의 회상록Memoirs of My Nervous Illness》, New York: New

　　York Review Books, 2000.

12. "예술은 종교의 압박이 느슨해지는 순간에 고개를 든다. 그럴 때면 종

　　교가 만들어냈던 분위기와 감정의 주도권을 예술이 쥐게 되고, 예술은

　　분위기와 감정의 주도권을 그 중심부로 되쏘면서 더 심오해지고 숭고

　　해진다. 그 결과 예술은 예전과 달리 환희와 열의를 나눌 수 있게 되었

　　다. 종교적인 감정은 점점 풍부해지며 불어나다가 급류가 되고, 계속

　　해서 앞으로 전진하며 새로운 영역을 정복해 나가게 된다. 하지만 계

　　몽 운동이 성장하면서 종교 교의는 토대가 무너졌고 종교에 대한 근본

　　적인 불신이 촉발되었다. 그 결과 종교의 영역에서 쫓겨난 감성이 예

　　술 속으로 투신했다. 그밖에 개별적으로는 정치적인 삶 속으로 투신하

　　기도 했으며, 심지어 곧장 과학의 영역으로 합류한 경우도 있었다. 인

　　간의 노력이 더 숭고하고 어두침침한 색으로 물드는 곳을 발견하게 된

　　다면 거기에는 영혼의 두려움과 향내와 교회의 그림자가 여전히 들러

　　붙어 있는 거라고 생각해도 좋을 것이다." 프리드리히 니체 저, R. J. 홀

　　링데일 번역, 《인간적인, 너무나도 인간적인Human, All Too Human》,

Cambridge: Cambridge University Press, 1986, vol. 1, #150.

13. "아, 한때 이상적으로 그려졌던 모습 그대로 시인들이 다시 도래할 수만 있다면……. 가능한 일을 얘기해주는 현자들은 그렇게 말한다. 시인들이 미래의 덕목을 미리 느끼게 해줄 수만 있다면! 또는 우주의 다른 곳에는 존재할지 몰라도 이 지구상에는 절대 존재할 수 없는, 자주색으로 빛나는 은하나 아름다운 은하수 전체의 덕목을 느낄 수 있게만 해준다면! 이상을 찾아 헤매는 천문학자여, 그대는 어디에 있는가?" 프리드리히 니체 저, R. J. 홀링데일 번역, 《아침놀Daybreak》, Cambridge: Cambridge University Press, 1997, #551.

14. 프리드리히 니체 저, R. J. 홀링데일 번역, 《권력에의 의지The Will to Power》, New York: Random House, 1967, #1038.

15. "인간의 상상력을 길들여 그런 자리까지 오르게 하려면, 종교적인 숭배나 종교적 외경심의 마법 바깥에 위치하는 시인이 있어야 한다. 하지만 그런 시인의 자유로운 영향은 더 경건한 분위기와 더 경건한 순간의 무게에 눌려 물러날 것이며, 신성함 또한 예전처럼 괴이하고 초자연적이며 아주 유난히 비인간적인 영역에 남게 될 것이다…… 그리고 신은 아주 오래 된 신의 심상 속에 깃듦과 동시에 그 안에 숨을 것이며, 자신의 존재를 암시하면서도 눈에 띄게 드러내지는 않을 것이다. 아폴로가 실은 나무로 만든 첨탑이라고 생각하거나 에로스가 실은 돌덩어리라고 생각한 그리스 인은 한 명도 없었다. 별 볼일 없는 조각 실력으로 사지를 그려 넣거나 여분의 신체기관을 추가하면서 꾸며 놓은 나무 우상에도 같은 말을 할 수 있을 것이다. 예를 들자면 팔이 넷이고 귀가 넷인 스파르타의 아폴로가 그렇다. 그런 형상들은 불완전하거나 암시적이거나 꾸밈이 너무 과하기 때문에 인간적인 요소를 완전

히 배제하고 무시무시한 신성을 내포할 수 있는 것이다……. 인간을 경외하는 마음과 신을 경외하는 마음이 하나가 되는 것은 다음과 같은 경우뿐이다. 그 하나는 종교적인 숭배와는 거리가 먼 세속적인 경쟁이 벌어지는 곳에서, 경쟁에서 승리한 기쁨이 아주 커 거기서 흘러나온 물결이 종교적인 감각의 호수에까지 넘치는 경우이다. 또 다른 하나는 승리자의 동상이 사원의 뜰 안에 우뚝 서고, 인간의 강함과 아름다움이 물리적·정신적으로 나란히 서 있는 모습에 독실한 사원 단골손님의 눈과 영혼이 자의에 의해서든 타의에 의해서든 어쩔 수 없이 익숙해지는 경우이다. 우리는 그런 다음에야 신성한 심상이 정말로 인간화되는 것을 두려워하지 않을 수 있으며, 웅장한 양식으로 빚어진 플라스틱 예술의 대형 투기장을 열 수 있을 것이다. 하지만 그런 때가 오더라도, 숭배가 일어날 때마다 원시적인 형태와 원시적인 추함이 고스란히 남아서 성실하게 복제된다는 한계는 계속 남을 것이다." 니체,《인간적인, 너무나도 인간적인Human, All Too Human》, vol. 2, #222.

16. 같은 책, vol. 1, #129.

랄리벨라

1. 에발 하인·브리지트 클라이드,《에티오피아-기독교적인 아프리카 Ethiopia-Christian Africa, trans. John M. Deasy》, Ratingen: Melina-verlag, 1999, 110-111.

부두

1. FRAPH(아이티 진보 발전 전선)는 이마누엘 '토토' 콘스탄트가 1993년에 결성한 준군사조직이다. 콘스탄트는 1991년부터 CIA에서 급료를 받았

다. 그는 1994년에 미국으로 망명했다.

2.《조르주 바타유 전집Georges Bataille, Oeuvres completes》, Paris: Gallimard, 1973, 26:296-297.

탈주

1. 조르주 바타유 저, 알란 스토클 번역,《넘침의 비전Visions of Excess》, Minneapolis: University of Minnesota Press, 1985, 13.

2. 같은 책.

3. 콜로라도에 있는 그랜드 캐니언은 최심부의 깊이가 1638미터이다. 한 편 콜카 대협곡의 깊이는 4174미터에 이른다.

4. 본래 상어는 인간을 먹이로 삼지 않는다. 오래 된 해도를 보면 콜롬부스의 선원들이 크게 두려워했던 바다괴물들이 그려져 있는데, 그 중에 상어는 없다. 역사상 상어가 인간을 잡아먹은 경우는 두 번이었다. 그 첫 번째는 노예무역 시기였다. 아프리카 사람들을 태운 배가 대서양을 건너는 데에는 수개월이 걸렸고, 그러다 보니 열대 폭풍과 만나는 일이 아주 잦았다. 그런 경우 노예상인들은 전원을 선창 안에 가둬두고 입구를 잠근 다음 폭풍으로부터 도망쳤다. 선장이 남긴 일지에 따르면 여러 날이 지난 뒤 입구를 열고 질식해 죽은 사람들의 시체를 바다에 버렸다고 한다. "그야말로 상어들의 잔칫날이었다!" 두 번째는 1차 세계대전 시기였다. 그때 잠수함들은 어뢰로 배를 공격했고, 피를 흘리는 시체들을 바다에 던져버렸다.

침묵

1.《바타유 전집Bataille, Oeuvres completes》, 3:12, 10.

276

길 위에서 만나는 신뢰의 즐거움

초판 1쇄 인쇄   2014년 5월 3일
초판 1쇄 발행   2014년 5월 16일

지은이 알폰소 링기스
옮긴이 김창규
펴낸이 박영철
펴낸곳 오늘의 책

책임편집 이성옥
디자인 엔드디자인

주소 121-894 서울 마포구 잔다리로 7길 12 (서교동)
전화 02-322-4595~6 **팩스** 02-322-4597
이메일 tobooks@naver.com
블로그 blog.naver.com/tobooks

등록번호 제 10-1293호(1996년 5월 25일)
ISBN 978-89-7718-349-0 03100

이 도서의 국립중앙도서관 출판시도서목록(CIP)은 e-CIP 홈페이지(http://www.nl.go.kr/ecip)와
국가자료공동목록시스템(http://www.nl.go.kr/kolisnet)에서 이용하실 수 있습니다.
(CIP제어번호: 2014012904)